LES CONTEURS ÉTRANGERS

LE CRATÈRE

DE

FENIMORE COOPER

ADAPTATION ET RÉDUCTION A L'USAGE DE LA JEUNESSE

PAR

A.-J. HUBERT

ORNÉ DE 24 GRAVURES SUR BOIS

D'APRÈS LES DESSINS DE BRUN ET MOUCHOT

TOURS
ALFRED MAME ET FILS,
ÉDITEURS.

LE CRATÈRE

1re SÉRIE GRAND IN-8°

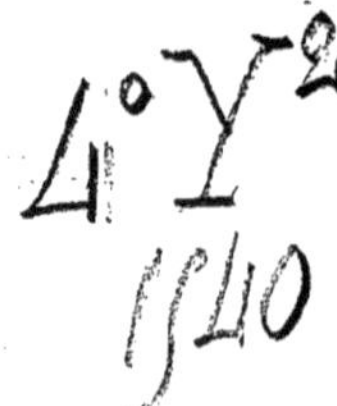

Marc était un beau et grand garçon de cinq pieds six pouces.

LES CONTEURS ÉTRANGERS

LE CRATÈRE

DE

FENIMORE COOPER

ADAPTATION ET RÉDUCTION A L'USAGE DE LA JEUNESSE

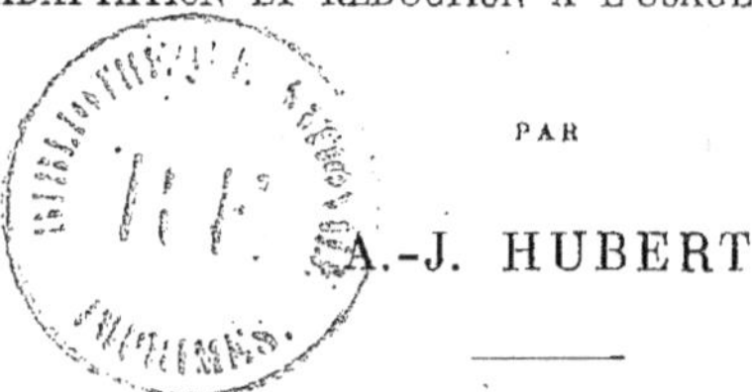

PAR

A.-J. HUBERT

ORNÉ DE 24 GRAVURES SUR BOIS

D'APRÈS LES DESSINS DE BRUN ET MOUCHOT

TOURS

ALFRED MAME ET FILS, ÉDITEURS

M DCCC LXXXVIII

AVANT-PROPOS

« Adaptation et réduction à l'usage de la jeunesse, » avons-nous écrit en tête de ce volume : ces quelques mots suffiraient, pensons-nous, pour donner une idée exacte de ce travail, et justifier les modifications forcément apportées par nous aux ouvrages que nous publions sous ce titre général : LES CONTEURS ÉTRANGERS.

Cela est vrai, mais pour ceux-là seuls qui connaissent à fond l'œuvre de Walter Scott et de Fenimore Cooper, et qui de plus l'ont étudié au même point de vue que nous, afin de pouvoir le mettre sans danger entre les mains de la jeunesse. Dans les traductions ordinaires et plus complètes, il faut renoncer, en effet, à trouver une lecture qui puisse être faite en toute sécurité autour du foyer, le soir, en famille.

Ceux qui n'ont point songé à cela ne sauraient comprendre l'*adaptation* ni la *réduction*, et peut-être nous accuseront-ils d'avoir défiguré à plaisir l'œuvre des maîtres, de leur avoir manqué de respect.

Défigure-t-on un tableau de Raphaël ou une statue de Michel-Ange en les réduisant à de moindres dimensions par la gravure ou la photographie? Manque-t-on de respect aux grandes productions du génie en leur donnant des proportions qui permettent à tous d'en avoir un exemplaire sous les yeux?

Nous avons eu entre les mains une édition de l'excellente traduction de Defauconpret, ayant appartenu à une femme très intelligente et très distinguée, qui se plaisait, devenue grand'mère, à lire à la veillée, — elle lisait admirablement bien, — à ses enfants et à ses petits-enfants Fenimore Cooper et Walter Scott; tous les volumes portent la trace de discrètes et habiles corrections; bien des parenthèses s'ouvrent qui suppriment à coups de crayon, là un mot ou une phrase, ici de longues pages et des épisodes tout entiers.

C'est là précisément ce que nous avons fait nous-même, en donnant toutefois une traduction entièrement nouvelle, qui ne laisse point soupçonner les coupures et rétablit l'équilibre entre les diverses parties du livre ainsi remanié.

Walter Scott et Fenimore Cooper excellent dans le genre descriptif; mais, de l'aveu de tous, ils en abusent quelquefois; ils surchargent leurs récits de trop de détails, de longueurs, disons le mot, dont souffre le jeune lecteur, — et nous pourrions bien ajouter : le lecteur français en général, accoutumé à des procédés plus courts et plus vifs, emporté par l'intrigue et désireux d'en connaître le dénouement. La mise en scène des situations et des personnages est trop considérable, surtout dans une traduction, qui ne saurait avoir ni le piquant ni le charme de l'original.

Plusieurs de ces ouvrages renferment aussi des discussions philosophiques, psychologiques, politiques même; la controverse religieuse et le parti pris s'y laissent entrevoir de temps en temps; on y rencontre, traitées parfois longuement, des questions commerciales, sociales aussi : toutes choses intéressantes pour l'Anglais ou l'Américain, mais que *saute* invariablement le jeune lecteur français.

L'*adaptation* et la *réduction* ont eu pour but de dégager le récit de ces longueurs, superfétations admirables, si l'on veut, comme œuvres littéraires et dans l'original, mais entraves assurément à notre point de vue.

Je n'ajouterai point qu'il y a aussi par-ci par-là, dans ces livres, plus d'une situation particulièrement délicate et passionnée, qu'il importait de remanier de fond en comble pour pouvoir les donner impunément à tous les enfants.

L'œuvre du maître reste donc entière; elle n'est point défigurée. Nous n'avons point manqué de respect à l'auteur; nous avons gardé la forme originale, autant que nous l'avons pu, conservé la marche des événements, la façon de voir et les jugements de l'auteur; les caractères demeurent entiers; les situations sont les mêmes. Avant tout nous nous sommes attaché à faire revivre l'émotion simple et vraie qu'excitent à chaque pas dans ces romans d'une école étrangère la sensibilité naturelle et la bonne foi de l'écrivain, en leur donnant une allure plus vive et en les dégageant d'accessoires trop lourds et parfois encombrants.

Les enfants au moins nous sauront gré d'avoir mis à leur portée les œuvres de Fenimore Cooper et de Walter Scott, qu'une censure justifiée pouvait trouver trop longs, fatigants et parfois dangereux pour eux.

A.-J. H.

Une illustration nouvelle et soigneusement étudiée donnera aux récits des *Conteurs étrangers* un charme nouveau, en rendant plus vivantes encore les scènes si dramatiques qu'on y rencontre à chaque pas. Le texte y gagnera, l'intérêt sera augmenté d'autant, et le but final sera atteint : donner à la jeunesse un livre utile en même temps qu'agréable.

LE CRATÈRE

CHAPITRE I

Le héros de notre histoire naquit à Bristol, petite ville du comté de Bucks, dans la province de Pensylvanie, il y a une soixantaine d'années, avant que le goût des noms modernes, aussi pompeux que ridicules, eût fait invasion en Amérique; aussi reçut-il tout simplement le nom de Marc. De nos jours, on n'eût pas manqué de l'appeler Philémas ou Amindas, à moins que ce ne fût Marindas : les Kate, les Dolly, les Betty étant complètement passés de mode.

Le docteur Woolston, son père, assez habile pour son temps, jouissait d'une certaine réputation dans la contrée; il avait comme voisin, comme rival, pourrait-on dire, un autre médecin nommé Yardley, qui n'habitait pas à un mille de distance de sa maison. C'était, comme lui, un homme bien posé, suffisamment instruit; ils allaient de pair, sauf sur deux points. Ce dernier jouissait d'une belle fortune, et il n'avait qu'une fille, unique héritière de tous ses biens; Woolston, au contraire, était pauvre, et il avait une famille nombreuse. Marc, heureusement pour lui, était l'aîné : il fut mis de bonne heure au collège, — ce qu'on ne put faire pour ses frères plus jeunes, — et il jouit ainsi du bénéfice d'une instruction plus soignée, dont les débuts heureux décidèrent son père à en supporter les charges, même lorsque sa famille s'augmenta de façon à les rendre trop lourdes pour son budget.

Vers 1780, époque à laquelle débute notre histoire, un collège en Amérique représentait à peu près une bonne école primaire de nos jours. On y enseignait la grammaire; on y donnait quelques notions des sciences, et ce bagage suffisait pour permettre d'aspirer au titre de bachelier ès arts. Marc n'eût point manqué de prendre ce grade si une circonstance imprévue, et qui eut une influence considérable sur sa vie tout entière, ne fût venue subitement déranger les prévisions de son père et détourner le jeune nourrisson des Muses de la carrière des honneurs académiques.

Les grands vaisseaux, comme chacun sait, ne remontent guère la Delaware au delà de Philadelphie, bien que cette rivière soit parfaitement navigable jusqu'à Trenton-Bridge. Le fait, pour rare qu'il fût, se produisit néanmoins, précisément comme Marc venait d'avoir seize ans : un bâtiment gréé en carré vint jeter l'ancre près du quai de Burlington, bourgade située en face de Bristol. Marc était alors en vacances, et, comme tous les autres jeunes gens du pays, il n'eut bientôt plus d'yeux que pour le beau navire; il traversait la rivière sur une petite barque plusieurs fois par jour pour aller l'admirer de plus près, et sa joie ne connaissait plus de bornes quand il pouvait mettre le pied sur le pont, descendre dans les soutes ou grimper dans les vergues. Le soir, rentré à la maison, il ne tarissait plus sur ce sujet; il rapportait tous les détails de son excursion ; il y mettait un feu et une précision incroyables; rien ne lui avait échappé; on l'eût dit dans son élément : c'était une vocation qui se révélait. Marc ne rêva bientôt plus qu'à l'Océan. Sa mère et sa sœur aînée, inquiètes de la tournure que prenaient les idées du jeune collégien, s'efforcèrent de résister à ce courant qui menaçait de mettre le désordre dans tous les projets d'avenir formés pour Marc; les prières ni les larmes n'eurent aucune prise sur le cœur du jeune homme, pourtant affectueux et bon. Il voulait être marin.

Le docteur, à son tour, essaya de faire quelques représentations; mais tout fut inutile, Marc tint bon, et toutes ses vacances se passèrent à discuter cette importante question ; il finit par emporter le consentement de ses parents. Peut-être aussi le père, en voyant les goûts de son fils si prononcés pour l'Océan, avait-il réfléchi aux lourdes charges que lui imposerait le soin de pourvoir à l'éducation d'abord, plus tard à l'établissement de ses autres enfants; il dut se dire tout bas que l'aîné, pourvu et en état de se suffire à lui-même, créait une situation plus avantageuse, bien faite pour diminuer ses embarras.

A cette époque, le commerce de l'Amérique était déjà prospère, et Philadelphie avait pris dans le pays une très réelle importance. Les relations avec les Indes Orientales devenaient de jour en jour plus fréquentes, et le docteur Woolston n'ignorait pas que plusieurs de ses compatriotes avaient déjà réalisé dans le trafic de grosses fortunes; même un de ses parents avait épousé la fille d'un capitaine de bâtiment marchand ; le docteur s'adressa à lui pour le consulter, pour lui recommander Marc. Le capitaine Crutchely, ayant vu l'enfant, déclara qu'il le prendrait avec plaisir à son bord, et il promit au bon docteur d'en faire un marin, et qui plus est, un officier.

Le jour où Marc vit la mer pour la première fois, il venait d'avoir seize ans ; c'était un beau et grand garçon de cinq pieds six pouces, bien bâti, robuste déjà pour son âge, agile, actif et admirablement découplé. Nul n'eût paru mieux préparé que lui à la carrière dans laquelle il entrait. Ce n'était pas un savant; mais après ses trois années de collège, il en savait assez pour se débrouiller dans sa nouvelle position ; il avait des notions encore confuses sur bien des points ; vienne la pratique, il saurait en tirer parti. Il était ingénieux, observateur, prompt à l'action, ne regardant jamais à sa peine, ne se rebutant devant aucun travail. Ajoutez à cela qu'il avait un grand fonds de bonne humeur; aussi sut-il, dès les premiers jours, se concilier l'affection de ses chefs, et il ne lui fallut pas longtemps pour se sentir aussi à l'aise sur le pont du *Raucocus* que dans la maison paternelle. Le capitaine Crutchely, en le voyant si alerte et si gai, doué de tant de bonne volonté, avec tant de ressource dans l'esprit, ne manquait point de dire : « Voilà un jeune gaillard qui fera son chemin ! »

Le pauvre Marc Woolston, — et nos lecteurs sensibles ne l'en estimeront que davantage, — n'avait pourtant point perdu la terre de vue sans se sentir le cœur un peu gros. Il aimait bien tendrement son père, sa mère, ses frères et ses sœurs, et, — comme notre histoire perdrait tout son intérêt si nous ne le disions pas franchement dès le début, — il nous faut ajouter qu'il avait voué dès sa plus tendre enfance un attachement bien sincère et bien vif à une amie de sa sœur, à Brigitte Yardley, la fille unique du redoutable confrère de son père, toujours en discussion avec lui.

Étant donnée la rivalité des deux médecins, les enfants n'auraient jamais dû se connaître; ils s'étaient liés très intimement dès leur plus tendre enfance. L'opposition des deux Esculape allait chaque jour grandissant, et l'affection des enfants ne faisait que s'accroître chaque jour; les choses arrivent souvent comme cela.

Les deux médecins, — bien à contre-cœur, sans doute, mais par une triste nécessité de leur situation, — étaient obligés de se voir de temps en temps. Ils étaient appelés ensemble en consultation par bon nombre de malades ; ils ne tombaient jamais d'accord ; il fallait toujours faire venir un médecin de la ville pour déterminer la prédominance de l'une ou de l'autre opinion, et la question se tranchait toujours dans le sens de celui qui soignait habituellement la famille, parce qu'il avait soin de n'admettre en tiers qu'un confrère pensant comme lui. Les malades n'en mouraient pas moins, leur heure venue; mais cette uniforme conclusion ne rétablissait point l'harmonie entre les deux rivaux.

Les deux femmes étaient aussi divisées que leurs maris. Elles se rencontraient dans le monde chez des amis communs, mais il n'y avait aucune similitude entre leurs goûts et leurs sentiments. Pour mettre le comble, leurs idées religieuses étaient complètement différentes; elles n'appartenaient point à la même secte, elles ne fréquentaient point la même église, et chacune d'elles était acharnée pour la sienne.

Les ressources du canton n'étaient pas considérables : il n'y avait dans tous les environs qu'un seul pensionnat de jeunes filles. Mistress Yardley, aussi bien que mistress Woolston, n'avaient pas le choix; Anne, la sœur aînée de Marc, et Brigitte, toutes les deux du même âge, suivaient les mêmes cours, assidues aux mêmes heures, livrées forcément aux mêmes études, aux mêmes travaux, et les meilleures amies du monde. Il est juste de dire que leurs mères ne mettaient aucun obstacle à cette liaison. En Amérique, on laisse sous ce rapport une bien plus grande latitude aux enfants que dans la plupart de nos pays d'Europe, beaucoup plus qu'en France surtout; ils choisissent leurs amis ou leurs compagnes à leur gré, et souvent en dehors des relations de leur propre famille; nul ne les contrarie, nul ne s'inquiète de leur choix. Anne et Brigitte s'aimaient donc de toute leur âme : se voyant chaque jour à la pension, elles se rencontraient encore davantage au dehors, nullement frappées de l'idée que leurs parents ne se fréquentaient point; elles n'avaient d'ailleurs ni l'une ni l'autre entendu parler de la rivalité qui existait entre leurs pères, ni de la divergence d'idées qui séparait leurs mères. Au contraire, elles s'imaginaient, dans la simplicité de leurs cœurs, que leurs pères étant médecins tous les deux, que leurs mères appartenant toutes les deux à la classe aisée, c'était un motif de plus de rester étroitement unies. Elles étaient bonnes, bien élevées, délicates et charmantes. Anne avait des traits plus réguliers, Brigitte une expression plus vive, un air plus enjoué; le ciel leur avait départi presque également et avec profusion tous les dons de l'esprit et du cœur. Elles étaient sur le point, à l'heure où commence notre histoire, de franchir cette limite difficile à tracer, mais si réelle pourtant, qui distingue la pensionnaire de la jeune fille entrant dans le monde: très naïves, très timides, ne sachant rien de la vie que les caresses du foyer, que les misères et les déboires affreux que crée forcément pour l'élève, en présence des exigences et de la rigidité de la maîtresse de classe, l'obligation de faire une page d'écriture bien propre ou de trouver la solution d'un problème; délicates, confiantes, remplies d'excellentes qualités, ayant du bon sens et de la droiture, pleines de raison, natures nobles et élevées, et, il faut le dire, avec tout cela, faute de direction, prêtes à suivre, au hasard de la première rencontre, la première impulsion de leur cœur.

Marc avait deux ans à peine de plus que sa sœur, et Brigitte était un peu l'aînée d'Anne; il était naturellement admis depuis de longues années en tiers dans leur intimité. Il avait été convenu, dès le début de ces relations, qui avaient eu un passé dont les relations mondaines les plus enviées ne sauraient jamais se vanter, il avait été convenu que Marc serait également le frère de Brigitte, comme il était celui d'Anne. C'était, du reste, justice après tout, puisque Brigitte était fille unique et qu'Anne avait à foison et des frères et des sœurs, et que d'ailleurs Brigitte déclarait hautement que de tous les jeunes gens de Bristol c'était Marc qu'elle préférait avoir pour frère. Ajoutez que rien ne paraissait naturel et charmant aux deux jeunes filles comme d'avoir le même frère; et alors, partant de là, c'étaient d'interminables conversations sur l'avenir de Marc. Elles faisaient des projets pour leur frère : il achevait brillamment ses études; il embrassait une belle carrière, — pas la médecine, par exemple, elles en avaient assez toutes les deux; il faisait une belle fortune; il était l'objet de l'admiration de tous, tous l'aimaient...; mais il fallait bien le marier aussi, c'était de toute nécessité; là les deux amies ne pouvaient manquer de s'entendre. Anne n'entrait point ici en ligne de compte, il ne restait que Brigitte.

De ces relations, de ces entrevues multipliées, de cette intimité toujours croissante, de ces rêves aussi, où l'imagination entraîne le cœur après elle, était né un attachement très précoce et très vif entre Brigitte Yardley et Marc Woolston. Cette affection, beaucoup plus profonde qu'on aurait pu le croire dans d'aussi jeunes cœurs, devait exercer une influence considérable sur leur vie; ils ne s'en doutaient point encore quand la vocation de Marc se déclara, quand son départ fut résolu. On se fit des adieux touchants, force promesses; on échangea beaucoup de gages : Brigitte et Marc agissaient encore comme de vrais enfants, et personne ne songeait qu'il pût en être autrement.

Marc ne lut au fond de lui-même que le jour où il perdit les caps de vue : son cœur involontairement se serra, une larme un instant obscurcit son regard, en pensant que Brigitte et Anne continuaient là-bas cette douce intimité, parlant maintenant sans cesse du jeune marin absent et des périls qu'il allait courir.

Mais Woolston était une ferme et franche nature; il n'était point homme, si jeune qu'il fût, à se consumer en regrets : il donnerait à ses rêves une part légitime dans ses heures de loisirs, et saurait se mettre vivement à la besogne sans négliger jamais son service à bord. Il voulait devenir un bon marin, et pour l'instant c'était ce à quoi il allait travailler. Il y mit un si grand zèle, une telle attention ; il sut si bien inspirer la confiance autour de lui, qu'avant d'avoir doublé le cap de Bonne-Espérance, il avait déjà son poste dans les hunes, et qu'il fut affecté au gouvernail lorsque le navire entra dans les mers de Chine.

Les expéditions du genre de celles dans laquelle était engagé le jeune Woolston duraient ordinairement un an; la campagne du *Raucocus* ne fit pas exception : ce fut la faute de Messieurs les Chinois. A la rigueur, trois mois auraient suffi, et de bons Américains n'en auraient pas demandé davantage; mais le thé ne voyage pas sur les canaux du Céleste-Empire comme le froment sur les routes de la grande république, même quand elles sont aussi raboteuses qu'elles l'étaient alors.

A l'âge de Marc, une année amène de grands changements, surtout quand cette année est remplie par des travaux sérieux. L'activité qu'il avait déployée dans sa nouvelle profession, l'ouverture d'esprit qu'il devait à ses études mieux dirigées, aux grands spectacles qu'il avait eus sous les yeux, aux dangers qu'il avait courus, ajoutez la fréquentation des étrangers et la vie à bord, en avaient fait un homme. Il n'y avait pas quarante-huit heures qu'il était débarqué, que tous les jeunes gens de Bristol le regardaient avec une admiration mêlée d'une pointe de jalousie. D'aucuns ne lui pardonnaient point ses façons dégagées, sa belle prestance, ses airs un peu superbes et quasi dédaigneux. A la vérité, il n'était point devenu orgueilleux, et il rapportait la même simplicité et le même cœur aimable et droit; mais il avait doublé le Cap, visité des pays étrangers; il avait une veste de marin qui lui seyait à merveille; un vrai foulard des Indes laissait coquettement pendre l'un de ses coins au bord de sa poche de côté, tandis qu'un autre foulard, non moins authentique, était négligemment enroulé autour de son cou. Comment, avec tout cela, ne pas faire de jaloux? Il convient de dire néanmoins, pour l'honneur de l'humanité, que Marc avait encore un plus grand nombre d'admirateurs. Il y avait d'abord, parmi ces derniers, tous les frères et toutes les sœurs du jeune marin; Anne, plus que tous les autres, s'émerveillait des changements survenus dans la personne de son frère bien-aimé, et c'était là un intarissable sujet de conversations entre elle et son amie Brigitte, pour qui Marc, — c'était convenu, — était aussi un frère; d'autant plus qu'Anne, aussi bien que Brigitte, avaient également mis cette année à profit : elles avaient grandi. Devenues maintenant deux belles et aimables jeunes filles, elles aimaient Marc comme à l'envi l'une et l'autre, et s'étudiaient à le gâter. Le mois que le jeune Woolston passa dans sa famille fut bien court; mais il eut le temps, comme la chose devait arriver, de s'apercevoir qu'il aimait Brigitte de tout son cœur et qu'il était amplement payé de retour. Ils ne pouvaient point songer au mariage de sitôt, ils étaient trop jeunes tous les deux; Marc, d'ailleurs, — ils le comprenaient, malgré leur inexpérience de la vie, — devait avant tout se faire une position. La pensée leur vint de demander, avant de s'engager, l'assentiment de leurs parents; malheureusement la vieille rivalité des deux médecins n'avait fait que s'accuser; ils ne se voyaient plus, même en consultation. Ils préféraient avoir recours à des docteurs étrangers, plutôt que de se trouver ensemble auprès du lit d'un malade, et amener ces interminables discussions, ressemblant fort à des querelles, et que provoquaient forcément désormais toutes leurs rencontres.

Brigitte et Marc échangèrent des serments, sanctionnés par la seule présence de la sœur aînée; ils se firent des promesses, prirent des engagements, et s'en tinrent à eux seuls du soin de leur donner une garantie; d'ailleurs à quoi bon? Le temps viendrait où ils s'ouvriraient à leurs parents et leur feraient connaître leurs résolutions; jusque-là, fidèles l'un à l'autre, ils travailleraient chacun de leur côté à se rendre plus dignes de leur bonheur : telle fut la conclusion solennelle adoptée par Anne, l'unique mentor des deux jeunes fiancés.

Ce projet paraissait absolument sage et raisonnable à ces trois enfants. Pourquoi le fils d'un médecin laborieux et estimé n'épouserait-il pas la fille d'un confrère? Parce qu'ils ne s'entendaient pas sur le nom d'une maladie ou l'emploi d'un remède? Cela n'était point admissible. On ajoutera avec raison qu'ils ne devaient point s'engager vis-à-vis l'un de l'autre sans l'avis de leurs pères et de leurs mères. Rien n'est plus juste; mais il faut prendre garde à l'état de la société américaine à cette époque; il faut songer aux mœurs de ce pays, à la liberté qui y règne, à l'espèce d'abandon dans lequel on laisse le plus souvent la jeunesse, qui dispose toute seule de son avenir et n'a, au point de vue de la loi, nul besoin, pour se marier, du consentement de ses auteurs.

Marc reprit la mer, désolé d'une séparation qui lui était si pénible, mais le cœur rempli d'espérance. Il n'était pas à son bord depuis huit jours, qu'il avait secoué toute mélancolie et qu'il était le boute-en-train de l'équipage, communiquant à tous sa gaieté et sa belle humeur.

Le *Raucocus* n'allait point directement à Canton, comme à son premier voyage; il avait pris un chargement de sucre pour Amsterdam. Il vint ensuite à Londres, et en repartit avec une cargaison pour Cadix. C'était à l'époque où la Révolution française venait d'éclater et jetait le désarroi dans la marine européenne. Le capitaine Crutchely reçut l'ordre de faire du cabotage sur les côtes des différents pays belligérants et d'amasser ainsi un nombre suffisant de dollars pour acheter à Canton une magnifique cargaison. Ce plan devait conduire le *Raucocus* dans presque tous les ports de l'ancien monde, et fournir à ses officiers le moyen facile et pratique d'apprendre au plus vite leur métier et dans les meilleures conditions. Marc était plus qu'aucun autre en état de profiter de circonstances si favorables; et il y mit tant de zèle, tant de courage, qu'âgé de dix-huit ans à peine, il fut nommé second lieutenant, et, chose plus extraordinaire, c'est qu'il se trouvait être parfaitement en état de remplir de pareilles fonctions.

Le voyage de Londres à Canton prit du temps; le *Raucocus* était bon voilier, mais il ne pouvait communiquer sa vitesse aux lourds bateaux chinois, et l'on fit encore plus lentement la route de Canton à Philadelphie, si bien que Marc allait avoir dix-neuf ans quand le vaisseau doubla le cap May. Le capitaine, en débarquant, promit à Marc de lui donner pour la prochaine traversée le titre de premier lieutenant, et le jeune homme, heureux de cette promesse, remonta en toute hâte la rivière pour gagner Bristol.

Marc retrouva Brigitte et sentit encore son affection grandir pour elle; fidèles tous les deux à leurs engagements, ils reprirent aussitôt leurs habitudes de douce intimité, que rien n'avait gêné jusqu'à cette heure. Une circonstance parut d'abord devoir les rendre plus faciles. Pendant la dernière absence du marin, la mère de Brigitte était morte, et cette perte avait encore rapproché les deux amies. Leur liaison, devenue plus étroite, favorisait les projets de Marc; mais ses assiduités donnèrent sans doute l'éveil au docteur Yardley, et, un beau jour, il chercha querelle tout à coup au fils de son voisin et le pria froidement de ne pas remettre les pieds dans sa maison.

Quelle pouvait être la raison de cette rupture subite? Le docteur, voyant Marc stupéfait, ne refusa point de lui donner l'explication de sa conduite, et il le fit avec une brutalité parfaite, mêlant à l'ironie la plus cruelle les insinuations les plus pénibles : par la mort de sa mère, sa fille était devenue une riche héritière. Cela avait sans doute donné à Marc l'idée de courtiser sa fille; sa fille, pauvre innocente, qui ne manquerait point de se laisser prendre aux belles paroles d'un marin qui avait vu le monde; d'autant mieux que c'était pour elle un camarade d'enfance dont elle ne saurait se défier, et de la sorte, concluait le docteur, sa fortune à lui s'en irait grossir celle de son adversaire! il aurait travaillé pour lui, en définitive, pour enrichir les enfants d'un rival abhorré!

Hélas! pauvre Marc! il n'avait jamais songé à la fortune de Brigitte. Il fut profondément blessé; il n'essaya même pas de se justifier, bien que cette scène se fût passée en présence de Brigitte, toute pâle et prête à défaillir. Il sortit en toute hâte, laissant la jeune fille bien persuadée qu'il s'en allait sans espoir de retour. Anne la consola de son mieux; car le vieux docteur, dans l'emportement de son accusation contre Marc et toute la famille Woolston, avait fait une exception en faveur de l'amie de sa fille et avait déclaré qu'il ne s'opposerait point, le frère mis dehors, à ce que leurs relations continuassent comme par le passé. C'était de sa part une grande faute; la suite de cette histoire est là pour en fournir la preuve.

CHAPITRE II

Le respect de la loi de Dieu et surtout la fidélité au précepte qui nous commande d'honorer nos père et mère sont des conditions nécessaires au bonheur de l'homme ici-bas. L'oubli de ces grands devoirs conduit le plus souvent à la misère, à l'infortune, au désespoir. Il faut néanmoins en convenir, il n'y a point de pays où les liens de la famille soient plus relâchés qu'en Amérique, et où, en même temps, les lois du mariage soient si élastiques. Nous l'avons déjà dit, on laisse au nouveau monde une telle liberté aux jeunes gens; on s'inquiète si peu de surveiller leur présent, ni de préparer leur avenir, qu'il n'est point étonnant de les voir s'engager dans des unions contractées tout à fait contre le gré de leurs parents. Mais le commandement de Dieu n'en est pas moins là, et on ne saurait l'enfreindre sans s'exposer à de justes châtiments, même en ce monde; et nous n'hésitons pas à croire que Marc et Brigitte ne furent si malheureux dans la suite, que parce qu'ils avaient bravé en face l'autorité paternelle.

La scène qui s'était passée entre le père de Brigitte et

Marc ne tarda point à être connue du docteur Woolston. Apprenant la façon dont son fils avait été traité, il défendit à sa fille de remettre les pieds chez son confrère. Anne dut obéir; mais Brigitte, qui l'aimait presque autant que Marc lui-même, ne put prendre son parti d'abandonner ses relations avec son amie; elle essaya d'amener son père à recevoir Marc, afin qu'elle pût reprendre ses relations avec sa sœur. Le vieux médecin fut inflexible. Brigitte, très péniblement affectée, tomba malade. Son père, pour la distraire et la guérir, l'envoya à Philadelphie chez une de ses tantes. Il ne prit pas garde que le navire de Marc était précisément amarré dans le port de cette ville, et que les deux jeunes gens trouveraient bien l'occasion de se voir; ou bien il imagina qu'il pouvait compter sur l'obéissance de sa fille et la vigilance de sa sœur, qui saurait bien interdire sa maison au jeune marin.

Marc, de retour à son bord et sachant Brigitte à Philadelphie, se mit à sa recherche et ne tarda point à la rencontrer. Le jeune lieutenant se présenta à la maison de la tante, qui refusa de le recevoir et défendit à Brigitte d'entretenir avec lui aucune relation. On obéit encore moins à une tante qu'à un père; les jeunes gens se virent en secret. Dès lors, étant données les habitudes de notre pays et la façon de faire ordinaire des jeunes gens, l'issue n'était point douteuse. Au bout de quelques semaines, Marc, péniblement affecté à l'idée de laisser la jeune fille, qu'il regardait comme sa fiancée, entre les mains de ses ennemis, persuada aisément à Brigitte que son honneur à elle, sa sécurité à lui ne pouvaient être sauvegardés que par un mariage. Elle avait des intentions très pures, mais aussi une tendresse bien vive pour le jeune homme; elle se laissa convaincre. Il fut décidé entre eux deux que leur mariage resterait secret et qu'au jour de sa majorité, Marc Woolston, sans crainte comme sans reproches, viendrait ouvertement réclamer son épouse au docteur Yardley, qui serait surpris sans doute, mais qui ne manquerait pas assurément de donner son consentement au fait accompli. S'ils raisonnaient l'un et l'autre en enfants, il n'y a pas trop lieu de s'en étonner : n'étaient-ce pas encore en réalité deux enfants ?

Quand un mariage est résolu en Amérique, il n'est pas malaisé de le conclure ; les formalités sont simples et peu nombreuses : il suffit de trouver un ministre qui consente à vous bénir et deux témoins qui vous assistent. Nulle réglementation gênante, point de pièces à produire ; ni publications, ni consentement des parents, ne viennent mettre d'entraves à une union consentie par les deux parties. Il n'est point nécessaire de se rendre à l'hôtel de ville ; il n'y a nulle obligation de se présenter au temple ; les registres civils ne s'ouvrent point pour prendre bonne note de vos engagements. Le nouveau monde n'avait point accepté, sur ce point, les traditions des peuples européens.

Marc se souvint fort à propos qu'il avait dans la ville un ancien camarade de collège devenu ministre ; il résolut d'avoir recours à sa bonne volonté. Celui-ci, homme simple et sans malice, ne se fit point trop prier pour célébrer la cérémonie. Tout fut conclu en très peu de temps et, en vérité, sans trop d'embarras.

Un matin, Brigitte sortit de chez sa tante, comme de coutume, pour faire sa promenade habituelle, accompagnée d'une de ses amies, et elle se rendit bravement à bord du *Raucocus*. Marc l'introduisit dans la grande cabine, dont le capitaine, absent pour le moment, lui avait laissé la libre disposition ; ce lieu semblait prédestiné pour la célébration du mariage de deux jeunes gens qui devaient courir sur mer tant et de si singulières aventures.

Le navire commandé par le capitaine Crutchely était un bâtiment superbe, construit à Philadelphie ; ses dimensions étaient considérables : il était du port de quatre cents tonneaux; la cabine était vaste et spacieuse, propre, soignée ; Brigitte lui trouva en entrant le plus ravissant aspect. On n'était pourtant point tombé, pour son aménagement, dans les extravagances dont nous sommes témoins aujourd'hui : la cabine du *Raucocus* n'avait ni meubles en bois de rose, ni piano en palissandre; mais, en revanche, elle était placée sur le pont même, par conséquent claire et aérée : ce qu'on ne rencontre pas dans les cabines, même les plus luxueuses, lorsqu'elles sont placées en bas.

Outre le ministre officiant, le mariage de Marc et de Brigitte eut ses deux témoins réglementaires : l'amie qui avait accompagné la jeune fille à bord et un marin, fidèle compagnon de Marc dans ses précédents voyages; c'était le gardien du bâtiment, chargé de veiller à tout durant l'absence des officiers, tous à terre en attendant l'ordre de rembarquement. Ce marin, qui n'était plus très jeune, — il avait une quinzaine d'années de plus que Marc, — se nommait Robert; mais tout le monde, selon l'usage des abréviations pour lors très en faveur, l'appelait Bob. Il était encore garçon; il montrait même, pour tout dire, une aversion assez prononcée pour le mariage, et en son âme et conscience, bien que se prêtant volontiers à ce qu'il regardait comme une fantaisie de son lieutenant, il trouvait que Marc avait tort de se marier; mais, après tout, ce n'était pas son affaire, le second en pouvait prendre à son aise, pourvu qu'il ne l'obligeât point à le suivre sur ce terrain dangereux.

Bob était né sur la côte; dès son berceau il avait humé l'air de la mer; à huit ans, il avait été embarqué comme mousse sur un cabotier ; depuis lors il n'avait cessé de naviguer. Pendant la guerre de la Révolution, il avait constamment servi tantôt sur un bord, tantôt sur un autre, et il avait toujours eu la chance assez rare de n'être jamais fait prisonnier; il en restait très fier, disant à qui voulait l'entendre que ceux qui n'avaient pas été aussi heureux étaient des maladroits : « Que diable! on ne laisse pas prendre ainsi par l'ennemi; on veille sur sa personne! » Et il se lançait dans des considérations à perte de vue sur ce sujet, son thème favori, sage et raisonnable sur tous les points, absolument insensé, — les grands hommes ont leurs faiblesses! — quand il traitait celui-ci.

Le capitaine Crutchely, qui avait engagé Bob après la paix de 1783, avait remis le jeune Woolston entre ses mains à son arrivée à bord, le chargeant de son éducation. Il ne pouvait rien arriver de plus heureux pour Marc, Bob étant plein de ressources, très ingénieux, ne rencontrant jamais, en vrai marin américain, un mauvais pas sur sa route dont il ne sût se tirer, ni presque rien qu'il ne fût en état de faire avec ses dix doigts. Il était très grand, très fort, d'une admirable carrure et, de plus, mécanicien très habile, quoique plutôt ouvrier que constructeur. C'était d'ailleurs un caractère assez tranché; plein de dévouement pour ses amis, il ne voulait pas voir en eux l'apparence d'un défaut, pas plus qu'il ne consentait à reconnaître une seule bonne qualité dans un ennemi. Il se prit vite d'amitié pour Marc Woolston, et il vit son rapide avancement avec le plus grand plaisir. Dès la seconde traversée, montrant son élève qui traversait le pont à ses camarades de l'avant, il avait dit : « Voyez-vous ce Marc Woolston? C'est un gaillard qui ira loin. Le plus beau jour de ma vie sera celui où je m'embarquerai sur un navire ayant pour capitaine Marc Woolston. Je vous dis que dans son temps il fera un fameux loup de mer! »

La prophétie de Bob commençait à se réaliser : Marc allait reprendre la mer avec le titre de premier lieutenant.

Les cérémonies du mariage furent aussi simples que les préliminaires avaient été courts; on n'en dressa pas moins deux contrats en bonne et due forme, signés du jeune ministre et des deux témoins; Marc en donna un à Brigitte et garda l'autre pour lui. Cela fait, les deux jeunes filles retournèrent au domicile de la bonne tante, le ministre s'en alla à ses affaires, et Marc et Bob demeurèrent bientôt seuls à bord. Le jeune lieutenant suivit du regard la fille du docteur Yardley, filant rapidement sur le quai et se perdant bientôt dans la foule qui encombrait les abords du bassin; il resta encore un instant silencieux et immobile, puis, se retournant vers son matelot, il lui recommanda la plus entière discrétion sur tout ce qui venait de se passer. Bob s'engagea de la façon la plus formelle; puis, clignant de l'œil, il dit à son ami d'un air assez narquois :

« Que voulait donc dire tout à l'heure le ministre, quand il a marmoté : « Je te donne tous mes biens en ce monde... »? Allez-vous, monsieur Marc, en être désormais plus riche ou plus pauvre?

— Ni l'un ni l'autre, mon pauvre garçon, répondit le jeune marin en souriant; il n'y a rien de changé pour moi sous ce rapport; en tout cas, je ne suis pas près d'être renseigné sur ce sujet.

— Comment! la demoiselle n'a rien? J'avais entendu dire que ces mariages faits ainsi un peu... vite étaient souvent l'occasion des meilleurs coups de filets.

— Je crois bien, répondit Marc sans se choquer de la plaisanterie, que Brigitte est comme moi et qu'elle n'a rien du tout. Quand je viendrai dans deux ans la réclamer à son père, je doute fort qu'elle soit en meilleure condition. Je suis sûr d'ailleurs que son père, qui lésine sur tout, lui en donnera le moins possible...; c'est ce à quoi nous n'avons songé ni l'un ni l'autre. »

Marc Woolston était de bonne foi; il ne savait point que Brigitte possédait trente mille dollars, qui lui étaient assurés depuis la mort de sa mère, et qu'elle devait toucher à sa majorité ou en se mariant, pour peu qu'elle fût âgée de dix-huit ans. Il l'apprit pourtant quelques jours après; Brigitte le lui dit, en le conjurant de renoncer à la mer, l'assurant qu'elle serait bientôt en possession d'une fortune devant suffire à tous leurs besoins. La lutte fut vive dans le cœur de Marc; il aimait son état, et il lui semblait aussi indigne de lui de vivre désormais aux charges de sa femme que s'il l'eût épousée pour son argent.

Il céda pourtant et partit pour Bristol afin de tout raconter à son père, livrant ainsi spontanément, au bout de huit jours, un secret qui devait être gardé au moins deux grandes années; en avaient-ils fait assez souvent serment avec Brigitte avant la conclusion de leur mariage! cela leur avait paru de toute nécessité dans leur grande sagesse.

Aux premiers mots du marin, le vieux docteur Woolston bondit sur sa chaise; il se calma pourtant, au moment même où il allait se mettre en colère, se souvenant fort à point que la fille de son confrère était jeune, agréable, douce et point dénuée absolument des biens de ce monde; après tout, c'était peut-être le plus riche parti de tout Bristol. Sans doute, c'était la fille d'un rival; mais, que voulez-vous! il y avait là plus d'une considération capable de faire taire l'amour-propre offensé. Marc avait été un peu bien vite; il aurait pu consulter son père; mais il ne l'avait pas fait. Le père en prit son parti peut-être avec une joie secrète, à la pensée que la fortune de la femme de son collègue et la sienne propre, finalement deviendraient la propriété de son fils. Au reste, il y mit des formes; il écrivit au docteur

Yardley une lettre fort convenable, agréablement tournée, et qui permettait de tout arranger à l'amiable, pour peu qu'on y mît un peu de bonne volonté. Les choses tournèrent autrement : le docteur Yardley, en apprenant cette équipée de sa fille, fut pris d'un tel accès de colère, qu'il en eut une attaque d'apoplexie qui fut sur le point de l'emporter.

Il se remit pourtant assez vite. Dès qu'il fut sur pied, il courut chercher sa fille à Philadelphie. La loi eût autorisé Marc à réclamer sa femme et à la ramener dans la maison de son père; le docteur Woolston ne permit point à son fils de s'engager dans cette voie; il ne voulait point de bruit, point de scandale : la chose était faite, il s'agissait de s'en tirer avec honneur et à la satisfaction générale. Il fit assez habilement intervenir un ami commun, et de part et d'autre on put s'expliquer. Il fut convenu que les jeunes gens resteraient séparés encore deux ou trois ans; cela parut nécessaire pour Marc, qui n'avait point, en réalité, de situation faite. On ne parla point de la fortune de Brigitte, ce qui rendit le docteur Yardley plus accommodant; car il pensa tout de suite qu'il pourrait encore gérer longtemps les biens de sa fille et en percevoir les revenus.

On convint de renvoyer Marc à bord, le *Raucocus* devant partir incessamment. Le bâtiment, cette fois, devait se diriger vers les îles de l'océan Pacifique, y séjourner le temps nécessaire pour prendre sa cargaison de bois de santal, qu'il porterait ensuite en Chine. Au retour de cette expédition, Marc serait majeur; il pourrait alors, s'il le voulait, prendre pour son compte le commandement d'un navire ou renoncer à sa carrière, s'il le préférait, pour vivre au milieu des siens. Le docteur Yardley ne s'opposa point à ce que Marc vînt de temps en temps voir Brigitte; il lui fut permis de lui écrire aussi souvent qu'il le voudrait.

Entrevue du docteur Yardley et du docteur Woolston.

Tout cela fut conclu d'un commun accord et accepté bien franchement; non pas que le docteur Yardley ne vît dans cet arrangement, en dehors des motifs sérieux qui lui faisaient reculer autant que possible l'heure où sa fille devrait assumer sur elle les devoirs du mariage, le secret espoir de rencontrer des obstacles, des incidents imprévus, qui lui permettraient de la tirer de ce mauvais pas. En tout cas, il fut assez sage pour faire bonne figure et se contenter de garder la gestion de la fortune de sa fille, ce qui lui était une compensation fort douce. Anne et Brigitte reprirent leurs anciennes relations, devenues par ce fait encore plus intimes, et Marc, dont le navire allait incessamment mettre à la voile, écrivait à sa jeune femme lettre sur lettre, et s'arrangeait pour venir passer chaque dimanche la journée avec elle.

Le *Raucocus* partit pour son expédition environ un mois après le mariage de Marc Woolston; il trouva moyen d'accourir encore une fois jusqu'à Bristol pour faire ses derniers adieux. Brigitte sut si bien prier son père, qu'il se laissa attendrir, et se décida à la conduire à Philadelphie pour leur permettre de passer quelques heures de plus ensemble; il consentit même à visiter le *Raucocus*, où le capitaine Crutchely l'accueillit fort bien, en considération de son second, qu'il avait en haute estime.

L'heure de la séparation arriva : elle fut très pénible pour Marc et pour Brigitte; il fallut employer une sorte de violence pour reconduire à terre la pauvre jeune femme, que l'idée d'un éloignement de deux années faisait frémir. Et pourtant elle ne pouvait soupçonner que l'absence de son mari serait prolongée au delà de toute limite par des événements aussi graves que mystérieux.

Marc quitta brusquement le pont, quand il lui fut impossible de distinguer plus longtemps les traits de Brigitte retournant à terre, et rentra dans sa cabine. Pendant le court séjour qu'elle venait de faire à bord, sa femme avait mis tous ses talents en œuvre pour aménager la petite habitation de Marc; occupé par les derniers préparatifs du départ, il l'avait laissée faire, et il fut tout heureux de retrouver partout la trace de son passage. A cette époque, les arts n'étaient pas encore très avancés en Amérique; la peinture, entre autres, ne donnait pas grands résultats. Brigitte avait pourtant trouvé moyen de faire faire son portrait et de le mettre dans la cabine. Marc fut ravi de trouver le profil de sa femme placé sous verre et richement encadré.

On a l'habitude de dire qu'il n'y a point de dimanche à bord, c'est-à-dire qu'on n'a point le temps de se reposer jamais complètement, et, à la vérité, le jour comme la nuit, dans le calme comme dans la tempête, il y a toujours quelque chose à faire à bord, quelque manœuvre à exécuter, de nombreuses et incessantes précautions à prendre. Si agitée, si remplie que soit la vie du marin, néanmoins elle est tellement marquée par les mêmes incidents, qu'il serait fort monotone de la décrire jour par jour. Nous n'entreprendrons donc point de narrer le voyage du *Raucocus* jusqu'à l'extrémité méridionale du continent d'Amérique; nous aurons d'ailleurs bien d'autres événements à raconter, et d'un plus grand intérêt.

Le capitaine du *Raucocus* s'arrêta, selon l'usage, à Rio-Janeiro pour renouveler ses provisions; il séjourna une huitaine de jours dans ce port, le plus agréable qu'il y ait au monde; puis, ayant repris sa route, il doubla le cap Horn, et deux semaines plus tard il était à Valparaiso.

Jusqu'alors, le voyage n'ayant présenté aucune difficulté, le capitaine Crutchely n'avait eu qu'à laisser glisser son vaisseau à travers les vastes plaines de l'Océan. Il avait pris une cargaison pour le compte du gouvernement d'Espagne;

il la remit à destination, remplaça son fret par une bonne provision d'eau douce, emmagasina des vivres frais en cas de scorbut, et reprit la mer après une quinzaine, abordant cette fois la partie vraiment sérieuse de son expédition.

L'océan Pacifique, en 1796, n'était point connu des marins comme de nos jours ; il n'y avait pas plus de vingt ans que Cook avait fait ses célèbres voyages et publié ses relations qui devaient rendre de si grands services à la navigation. D'ailleurs les travaux de Cook avaient encore besoin d'être complétés : l'océan Pacifique, vu sa grande étendue, peut, au premier abord, passer pour une mer facile; mais il suffit de jeter sur la carte, devenue chaque jour plus complète, un coup d'œil attentif pour constater quel nombre presque infini d'îles, de récifs et de bas-fonds, renferme toute cette région.

Pendant deux mois, au sortir de Valparaiso, le capitaine Crutchely fouilla les profondeurs de cette belle mer, à la recherche d'îles presque inconnues, dont la situation au moins était mal déterminée, et que, d'après ses instructions, il devait néanmoins trouver pour faire sa provision de bois de santal, qu'il devait ensuite conduire en Chine. Mais son voyage, comme nous allons le voir bientôt, devait avoir une tout autre conclusion.

CHAPITRE III

Le *Raucocus* était, la veille du jour où se produisit la catastrophe que nous allons raconter, et qui devait avoir pour notre héros de si terribles conséquences, dans des conditions excellentes : il portait au sud-ouest, et le vent soufflait de l'est-sud-est; l'expédition semblait tout à fait favorisée. Malheureusement le capitaine Crutchely avait un défaut : il buvait trop de grog après son dîner. D'ordinaire, dans la journée, c'était un homme fort sobre; mais, le soir, invariablement il avalait quatre ou cinq verres de rhum, en prenant la simple précaution de n'y point mettre de sucre et de faire seulement semblant d'y mettre de l'eau. Il trouvait que cela complétait son dîner et l'aidait à faire la digestion. Son cuisinier était d'ailleurs excellent; il faisait de grands efforts pour satisfaire son maître : celui-ci s'oubliait, mangeait trop, mais avait la ressource, pensait-il, de rétablir un équilibre hygiénique en buvant ce qu'il appelait son grog.

Précisément ce jour-là, on fêtait l'anniversaire de la naissance de mistress Crutchely : en pareil cas, un bon mari doit donner la preuve de ses sentiments, et pour peu qu'il soit expansif, on s'expliquera que ses libations soient encore plus copieuses que d'habitude. Les jours ordinaires, le capitaine, après dîner, ne gouvernait plus guère ses idées; ce jour-là, la tête était complètement partie. Marc, qui avait horreur de ces excès, quitta la table de bonne heure pour remonter sur le pont. Comme il sortait de la salle à manger, il rencontra un marin descendant des hunes qui lui dit avoir vu dans un moment d'éclaircie, à l'avant du navire, un point où la mer était « blanche ».

Marc redescendit aussitôt, fit part de cet incident au capitaine, et lui demanda s'il n'y avait pas lieu de diminuer les voiles, de mettre en panne au besoin et de jeter la sonde. Crutchely n'avait point dit son dernier mot à sa bouteille de rhum; il ne voulut tenir aucun compte de l'avertissement, et jura que les matelots n'en faisaient jamais d'autres; qu'ils voyaient des brisants partout, et que, si on voulait les croire, on mettait en panne toutes les nuits, ce qui ferait joliment l'affaire de ceux qui aiment à dormir tranquilles. Le lieutenant en second, qui avait obtenu cette situation grâce à la façon brillante avec laquelle il tenait tête chaque soir au capitaine, ne manqua point d'être de son avis et renchérit encore sur la couardise des matelots; il plaisanta, et ceci à l'adresse de Marc, les sottes terreurs des jeunes gens; puis il se retourna vers la bouteille, très décidé à continuer à se griser en compagnie de son capitaine.

Marc, réduit au silence, se retira tristement; il demeura inquiet. Le matelot qui lui avait fait son rapport était un homme sûr, incapable de donner volontairement un renseignement inexact. Il était six heures du soir. Le jeune marin, alors relevé de son quart, monta dans les barres de perroquet, voulant, avant le coucher du soleil, jeter un dernier regard sur l'horizon et se rendre compte par lui-même. La brume malheureusement envahissait l'Océan, et il ne put voir à plus d'un mille autour de lui. Un instant pourtant, à l'heure où le soleil plongeait dans la mer, il aperçut une clarté indécise et flottante du côté de l'ouest; il lui sembla reconnaître des brisants sur une étendue de plusieurs milles, barrant la route du bâtiment.

Cette vision fut rapide comme la pensée; l'astre du jour avait déjà disparu, et l'obscurité la plus complète ne lui permettait plus de rien distinguer autour de lui. Emporté par l'ardeur de sa conviction, il cria de toutes ses forces :

« Des brisants! des brisants à l'avant! »

Ce cri effrayant, surtout poussé par le premier lieutenant, était bien fait pour tirer le capitaine de son assoupissement; il se secoua, sentant le poids de la responsabilité qui pesait sur lui. Le second lieutenant, au contraire, ne bougea point, soit qu'il fût plus ivre que son chef, soit qu'il obéît à un instinct secret, qui le portait à s'opposer par jalousie à tout ce que proposait Marc Woolston, — car il ne lui pardonnait point d'occuper, si jeune encore, une position qui lui revenait de droit à cause de son âge et de ses longs services. L'annonce du danger, venant de son rival, de son ennemi, ne fit que provoquer ses dédains; il fit aussitôt des gorges chaudes de la frayeur du jeune marin, assez novice pour croire aux brisants avant d'avoir consulté sa carte. Est-ce que la carte n'indiquait pas que l'Océan était parfaitement libre? Ah! ces jeunes gens sans expérience, toujours tentés d'en remontrer aux vieux loups de mer!

Le capitaine n'alla pas aussi loin, et il connaissait trop bien son premier lieutenant pour ne tenir aucun compte du sinistre avertissement qu'il venait de jeter du haut des mâts.

A son tour, il cria d'une voix qu'il cherchait à rendre assurée :

« En haut tout le monde ! »

L'ordre de diminuer les voiles fut aussitôt donné à l'équipage, et comme le jeune Woolston descendait sur le pont pour prendre part à la manœuvre, il croisa sur le grand mât son chef, qui montait à son tour dans les hunes; le capitaine lui donna cet ordre en passant :

« Mettez le cap au sud, aussitôt que vous aurez assez peu de voiles pour le faire sans danger. »

L'équipage, aiguillonné par la crainte des terribles brisants et plein de confiance, d'ailleurs, dans son jeune lieutenant, sut agir en cette circonstance avec une promptitude merveilleuse. Le bâtiment était alors sous ses bonnettes hautes; néanmoins Marc donna l'ordre de carguer les voiles; l'instant d'après il ne restait plus que les trois huniers avec deux ris pris, et le *Raucocus* s'en alla à la bouline, le cap au sud. Cette manœuvre achevée, Marc fut plus tranquille : les brisants étaient toujours sous le vent, situation également fort dangereuse; mais le vent n'était pas assez fort pour qu'on ne pût les doubler, surtout si l'on ne perdait pas un instant.

Du haut des barres de perroquet, le capitaine cria qu'on lui envoyât immédiatement le matelot Bob. Ce dernier passait pour avoir les meilleurs yeux de l'équipage ; il grimpa en toute hâte le long des agrès et eut bientôt rejoint son chef. Vainement ils sondèrent l'horizon sous le vent, ils ne purent rien voir. Un moment Bob tressaillit : il avait cru voir les lueurs blanches dont s'éclaire le dos des vagues en franchissant les brisants; mais la nuit était trop noire, il n'osa point affirmer que son regard eût saisi le moindre indice du danger. En redescendant, les deux marins s'arrêtèrent encore à la hune pour jeter un coup d'œil du même côté, mais ils ne purent rien distinguer : l'obscurité était trop profonde. Ils écoutèrent, ils n'entendirent pas davantage le bruit sinistre et bien connu du flot sur les récifs.

Le second lieutenant attendait son chef au bas du grand mât; il l'accueillit avec un sourire sardonique.

« Allons donc, dit-il, je savais bien qu'il n'y avait rien ! Faut-il céder devant des terreurs d'enfant? »

Le capitaine n'avait rien vu, mais ni lui ni Bob ne traitaient le chose aussi légèrement; et puis l'impression leur restait malgré eux que Marc pouvait avoir mieux vu qu'eux, à l'heure où le soleil donnait encore quelque lumière. Mais le second lieutenant Hillson acheva pourtant de mettre en complet discrédit les craintes de Marc.

« Capitaine, dit-il, vous connaissez bien votre carte? Vous n'ignorez pas qu'elle est fort exacte! Regardez-la encore, je vous prie! Vous voyez bien qu'il ne peut pas y avoir de brisants dans ces parages!

— Bob, n'avez-vous rien vu, dit Marc au matelot, vous dont la vue n'est pas trouble?

— Non, je n'ai rien vu, monsieur Woolston, répondit Bob, et pourtant j'ai bien regardé. »

La carte marine était là, déroulée sous leurs yeux : rien n'indiquait qu'il y eût des brisants dans les environs; d'autre part, il ne pouvait pas y avoir de doutes sur la marche que l'on avait suivie. Malgré tout, Marc soutint que sa conviction était qu'on se trouvait en présence des brisants.

Si le capitaine eût été à jeun, l'insistance du jeune homme l'eût fait réfléchir; mais il avait bu, et Hillson venait de déclarer en montrant la carte qu'il ne pouvait pas y avoir de brisants dans ces parages.

Crutchely, qui n'avait point entièrement perdu le sentiment de sa responsabilité, consentit pourtant, devant l'insistance de Woolston, à faire jeter la grande sonde. A bord d'un bâtiment marchand, ce n'est point là une petite opération : elle prend au bas mot quinze à vingt minutes; il faut que le navire mette en panne et perde, autant que possible, son aire; puis il faut disposer la sonde et mettre les hommes en place. Pendant ces préparatifs, la nuit, déjà noire, devint encore plus obscure; une pluie fine se mit à tomber : tous inconvénients qui compliquent une manœuvre et aggravent une situation périlleuse.

La sonde donna pourtant un résultat satisfaisant : on ne trouvait pas le fond à quatre cents brasses. A la vérité, cela ne prouvait pas grand'chose, et les marins savent tous, — Hillson lui-même eût été obligé d'en convenir, — que les bancs de corail se dressent d'ordinaire comme des murs perpendiculaires au milieu de l'Océan, et que rien, même à une encablure, ne fait le plus souvent soupçonner leur présence. Et puis, les récifs entrevus par Marc devaient encore être loin : du haut des barres de perroquet, la vue porte fort loin, et l'écume blanche ne s'était montrée qu'à l'extrémité de l'horizon occidental.

Le capitaine tint alors une sorte de conseil; il paraissait également tiré en deux sens contraires : la répugnance qu'éprouve tout marin à paraître céder à la crainte d'un danger dont la réalité n'est pas constatée, et la confiance qu'il avait dans la prudence et l'habileté de son premier lieutenant. La conséquence naturelle de cet état d'esprit fit prendre à Crutchely ce qu'on nomme une demi-mesure. Le parti le plus raisonnable eût été de courir bord sur bord avec aussi peu de voiles que possible jusqu'au lendemain matin; mais le vieux marin se serait cru déshonoré s'il avait fait pareille concession, surtout en face des épigrammes que Hillson ne cessait de décocher à l'adresse de son supérieur immédiat. Il résolut donc de continuer sa

Hillson dit à Marc : « Vous voyez bien qu'il ne peut pas y avoir de brisants dans ces parages. »

route, se contentant de prendre des ris dans ses huniers et de placer un homme en vigie; les basses voiles demeurèrent sur les cargues, afin de pouvoir, au besoin et en un instant, amurer tout bas et s'éloigner au vent.

Avec ces précautions, qui diminuaient certainement beaucoup le danger, les inquiétudes de Marc eussent peut-être complètement disparu si l'obscurité n'eût pas été si profonde; mais il était impossible de rien distinguer sur la mer, même à une encablure. Notre jeune marin prit le quart; le capitaine et Hillson rentrèrent dans la cabine et recommencèrent à vider de grands verres de rhum. Le jeune marin, devenu seul responsable, redoubla de vigilance; mais à quoi pouvaient lui servir ses yeux au milieu d'aussi épaisses ténèbres? Il écoutait, mais aucun bruit inquiétant ne venait frapper son oreille; il n'entendait point les brisants, et cependant un instinct secret lui disait qu'ils étaient là devant lui, que chaque minute l'en rapprochait. Il tremblait surtout à l'idée de céder la place à Hillson quand viendrait minuit, après que de nouvelles libations auraient mis ce dernier hors d'état de juger sainement la situation. Tout à coup il tressaillit : une angoisse inexprimable lui serra le cœur. Il ne se trompait pas cette fois, les récifs étaient non pas en face de lui, comme il l'avait pensé, mais à tribord. Il n'y avait pas de temps à perdre, et il donna aussitôt l'ordre de mettre la barre tout à tribord, afin de courir debout au vent à bord opposé. Cette précaution prise, il eut un instant la tentation de ne point réveiller le second lieutenant et de rester sur le pont jusqu'au jour; mais son devoir ne lui permettait point d'enfreindre ainsi la discipline du bord, et il dut, bien à regret, s'en aller appeler Hillson et rendre compte au capitaine des mesures qu'il venait de prendre.

Le jeune marin eut beaucoup de peine à réveiller le capitaine et Hillson; il dut les secouer à plusieurs reprises. Quand Crutchely lui parut en état de l'entendre, il lui dit simplement :

« Il me semble, Monsieur, que j'ai entendu les brisants par notre travers, et j'ai cru devoir mettre le cap au sud. »

Une sorte de grognement sourd fut la seule réponse de Crutchely. Mais comme il était parfaitement réveillé et déjà debout, Marc pensa qu'il avait satisfait à toutes les exigences de sa situation, et il remonta sur le pont. Il s'en alla tout droit à l'arrière ; c'était le point le plus calme et le plus tranquille du bâtiment. Il appela Bob auprès de lui, et quand ils eurent tous les deux tendu l'oreille dans le grand silence, tous les deux dominés par la même pensée, sans même s'être parlés, il lui dit :

« Vous n'avez pas vu les brisants... Vos oreilles valent-elles mieux que vos yeux ? Que vous disent-elles à l'heure présente ?

— Pardon ! monsieur Woolston, reprit humblement le marin, je veux tout vous avouer : là-haut, il m'a bien semblé un instant que je voyais de l'eau blanche...

— Et tu ne l'as pas dit !

— Le capitaine affirmait si haut et jurait si fort qu'il n'y avait rien.... Je n'ai pas osé ; je n'étais pas assez sûr...

— Quand on est en vigie, dit Marc d'un ton grave, aucune considération ne doit faire hésiter : on doit toujours dire les choses telles qu'elles vous paraissent.

— J'ai eu tort. C'est si grave, Monsieur, de tenir tête à son capitaine !

— N'en parlons plus ! A présent, pensez-vous avoir entendu le bruit des récifs ? Pouvez-vous dire de quel côté ?

— Hélas ! je ne l'ai que trop bien entendu. Vous voulez savoir de quel côté ? Monsieur, je l'ai entendu à l'arrière d'abord, puis à l'avant, et enfin, au moment où vous m'avez appelé, c'était par le bossoir du vent.

— Bob, mon ami, vous ne parlez pas sérieusement !

— Très sérieusement, Monsieur. Depuis tantôt, j'en ai gros sur le cœur : j'aurais dû vous soutenir ; aussi je n'ai cessé d'avoir l'oreille et l'œil au guet. Ma conviction est que nous sommes au milieu des brisants, et nous pouvons y être jetés d'un instant à l'autre.

— Hein ! qu'est-ce que vous dites là ? gronda Crutchely, arrivant à son tour sur l'arrière. Je n'entends rien d'extraordinaire, et je défie bien l'homme à la vue la plus perçante de rien distinguer dans cette nuit noire ! »

Hillson débouchait en ce moment sur la plate-forme ; il riait d'un rire hébété, encore sous l'influence de l'ivresse de la veille. Tout à coup le bruit fort distinct des vagues contre les brisants arriva nettement à leurs oreilles. Marc ne s'était point trompé sur leur situation : ils étaient bien par le travers, du côté du vent. Le jeune marin avait su reculer le danger; mais, hélas ! il ne l'avait point conjuré, et maintenant il était trop tard.

Crutchely se redressa ; son énergie et sa lucidité de vieux loup de mer lui revinrent aussitôt, et il cria d'une voix tonnante :

« Tout le monde à virer vent arrière ! »

Marc eût préféré de beaucoup virer vent devant : c'eût été beaucoup plus sage. Il comprit néanmoins que ce n'était pas l'heure de discuter les ordres de son chef, et il se mit à l'œuvre avec la plus grande ardeur ; l'important, après tout, était de mettre le bâtiment à l'autre bord. Mais l'espace manquait, et, malgré son peu de voilure, le bâtiment courait en dérivant, au moment même où l'atmosphère parut s'illuminer d'une lumière étrange ; la mer blanchit, et bientôt le bruit des vagues fut semblable au bouillonnement d'une cataracte : c'étaient bien les brisants. Le navire en était entouré, et la minute d'après il toucha le fond.

Il n'y eut pas un homme à bord qui ne sentît la gravité de cette catastrophe; mais elle n'était pas faite pour abattre le courage de marins éprouvés. Le capitaine donna aussitôt tous les ordres nécessaires avec un remarquable sang-froid, et l'empressement, l'ensemble des matelots à les exécuter montrèrent bien qu'ils étaient à la hauteur de leur chef. En un instant, toutes les voiles furent carguées; les plus lourdes furent serrées. Marc dirigeait la manœuvre.

Hillson, de son côté, était occupé à parer une ancre. Le capitaine concentrait toute son attention sur les mouvements du bâtiment : la sonde lui avait appris qu'il allait toujours de l'avant. Les secousses étaient répétées, mais non très fortes, et l'on commençait à laisser derrière soi les vagues blanches sans qu'aucune, d'ailleurs, eût inondé le pont. Il devenait évident que dans l'endroit même où le navire avait touché, il y avait assez d'eau pour le relever. Le tirant du *Rancocus* n'allait pas au delà de douze pieds d'eau, et par moment la sonde indiquait trois brasses; malheureusement, quand le navire entrait dans le creux des lames, il labourait le fond. Crutchely ne perdit point l'espoir de tirer son bâtiment de ce mauvais pas, et il se mit à épier le moment où il pourrait mouiller une de ses ancres et attendre ensuite que le jour fût venu pour essayer de parer à une aussi triste situation.

Sur le gaillard d'avant, le second lieutenant n'avançait guère en besogne; Crutchely s'y porta; il fut tout de suite mécontent de la façon dont Hillson s'y était pris : il avait mal entalingué le câble, il s'embrouillait, il perdait la tête; bref, c'était une opération à recommencer. Le capitaine était fort vif d'ordinaire; dans un moment aussi critique, sa tête devait se monter aisément. Il donna à Marc, qui s'était approché, — car la manœuvre dont il s'était chargé était maintenant achevée, — l'ordre de préparer la chaloupe : on pouvait avoir besoin de recourir à elle d'un moment à l'autre. Il cria à Hillson de se retirer; puis, hors de lui, il sauta sur le jas de l'ancre, qui était une ancre de veille. L'entalingure, cette fois, se fit régulièrement; mais, au moment où les matelots remontaient à bord, une secousse épouvantable ébranla le navire, les brisants reparurent de tous côtés, et des flots d'écume envahirent jusqu'aux lisses du plat-bord. Lorsque les lames retombèrent, Crutchely avait disparu. On ne sut jamais d'une façon précise ce qui lui était arrivé; la vague, balayant le jas de l'ancre, l'avait sans doute emporté sous le vent au milieu de l'obscurité.

Marc, en apprenant ce malheur, fut surtout épouvanté de la grave responsabilité qui désormais pesait sur lui. Il donna aussitôt l'ordre de mettre à la mer le petit canot, pour tenter au moins de sauver le capitaine. Debout sur le beaupré, Marc suivait des yeux l'opération. Le canot ne fut pas plus tôt à flot, que la vague s'empara de lui, et la minute d'après il filait comme une flèche sous l'avant du navire, emportant avec lui six des meilleurs matelots du *Raucocus,* qui partagèrent ainsi le sort de leur capitaine.

Malgré ces pertes irréparables, la besogne continuait à marcher à bord. Hillson paraissait maintenant plus ferme et plus résolu; il semblait disposé à payer de sa personne; la raison lui était revenue, et il parvenait enfin à mettre la chaloupe à flot. De secousses en secousses, le bâtiment finissait par dépasser les récifs, et il semblait à Marc que le moment allait venir de mouiller les ancres; la sonde, d'ailleurs, indiquait une dérive considérable. Marc, auquel aucun détail ne devait échapper, fit sonder les pompes. Il acquit la certitude que la sentine ne contenait pas plus d'eau qu'à l'ordinaire : c'était la preuve que la quille n'avait point encore été sérieusement atteinte.

Un peu rassuré de ce côté, le jeune marin n'en fut que plus attentif à observer la dérive de son navire et à constater, la sonde à la main, la profondeur de l'eau. Pendant ce temps, Hillson transportait des provisions dans la chaloupe; il y fit même descendre, sans en prévenir Marc, tout le numéraire que Crutchely avait gardé à bord; tous les marins, d'ailleurs, s'empressaient autour de lui, uniquement préoccupés de l'équipement de la chaloupe qui devait être leur dernière ressource.

On eût dit que Marc et Bob avaient seuls intérêt au salut du bâtiment; il est vrai que le jeune Woolston ne pensait pas à autre chose, laissant au second le soin de préparer le sauvetage, pour le cas où il deviendrait nécessaire d'en user. Il reconnut bientôt avec une grande satisfaction qu'il avait quatre pieds d'eau sous ses bossoirs, bien que son bâtiment touchât encore à l'arrière.

Bob, une lanterne à la main, se tenait près de son chef, et ils purent constater que le *Raucocus* se redressait un peu sur l'avant; mais la lame, brisée par les récifs, était bien faible et le résultat lent et peu considérable. Ils demeurèrent là tous les deux, muets, attentifs, épiant l'instant favorable afin de donner l'ordre de laisser tomber l'ancre.

L'instant fut bien choisi; elle fut jetée au moment même où la quille se dégageait du fond; la corde n'avait pas beaucoup de longueur; aussi le navire, après avoir été de l'avant assez pour la tendre, commença à éviter. A ce moment même, comme le *Raucocus* venait à l'appel de son ancre, une lame énorme, ayant couru sur la cime des récifs sans se briser, se déploya tout à coup sur le pont. Hillson et ses compagnons étaient alors en ce moment dans la chaloupe, retenue par un câblot à l'arrière. Qu'arriva-t-il dans la confusion produite par le passage de la lame? La chaloupe fut-elle violemment emportée par la dérive? Un marin eut-il l'imprudence de détacher le câblot? Marc ne le sut pas; mais lorsque le jeune officier, qui s'était avancé jusqu'au cabestan quand la lame avait embarqué, put ouvrir les yeux, qu'une semblable inondation l'avait contraint à fermer, il aperçut, s'en allant à travers le brouillard, la chaloupe qui flottait au sommet d'une vague. A cette vue, il demeura consterné, et pourtant il ne se doutait pas encore de l'étendue de son malheur. Après avoir visité la cabine et le poste des matelots, il acquit la terrible conviction qu'il demeurait seul, avec Bob, à bord du *Raucocus.*

L'idée lui vint qu'il y avait sans doute quelque terre dans les environs, et il eut l'espérance que les deux embarcations perdues pourraient peut-être y arriver, et même lui procurer à lui-même une aide dont il allait avoir si grand besoin.

Mais son attention devait promptement être absorbée par les nécessités du présent; il lui fallait avant tout songer à défendre son navire; heureusement son ancre tenait bon, et le vent, qui n'avait jamais été bien violent, devenait plus calme d'instant en instant. Redoutant les récifs de corail qui coupent comme une hache les câbles de chanvre, Crutchely l'avait fait bitter très court, si bien que le *Raucocus* n'était pas à plus de quarante brasses de ses ancres. Marc jeta la sonde par le travers du grand mât. Il constata avec une vive satisfaction, partagée par son ami Bob, que le bâtiment était alors sous neuf brasses; pour le moment, ils pouvaient encore à eux deux conserver l'espoir de sauver leur navire. Ils visitèrent la sentine et purent constater que le *Raucocus,* bien qu'il eût touché, n'avait point encore reçu de trop grandes avaries.

Le temps devenait plus doux, la pluie cessait, et le jour

allait paraître. Marc imaginait toujours être dans le voisinage de la terre, et il tremblait que la marée ne vînt d'un instant à l'autre le jeter sur les récifs; il résolut donc d'entalinguer un autre câble et de poser une seconde ancre.

Ce fut là pour ces deux hommes un grand travail; les ancres et les câbles, au lieu de se trouver sous les bossoirs, étaient placés dans l'intérieur du bâtiment afin de ne point gêner la manœuvre, et aussi pour être à l'abri des fortes lames. C'était un jeu pour l'équipage de les remonter quand le besoin s'en faisait sentir; mais, pour Marc et Bob, ce fut une entreprise aussi longue que difficile.

CHAPITRE IV

L'ancre de touée, le plus léger et le plus maniable des apparaux du bâtiment, fut vivement entreprise par Marc et son compagnon Bob Betts; ils étaient tous les deux habiles et robustes. Les cordages, les leviers, les poulies et les anspecs leur étaient familiers; ils étaient dès leur plus tendre jeunesse rompus à la manœuvre, et néanmoins le soleil allait se lever qu'à peine l'ancre était élevée à la hauteur du plat-bord, prête à être bossée.

Rien n'était venu interrompre leur travail; de temps en temps, ils jetaient un rapide coup d'œil, s'assurant que le *Raucocus* continuait à éviter dans la meilleure direction : rien à craindre de ce côté. Le vent était tombé; à peine une simple brise agitait doucement le navire, sur une mer devenue aussi subitement calme qu'elle était agitée l'instant d'avant. Marc, épuisé de fatigue, annonça à son compagnon que l'heure était arrivée de prendre un peu de repos; il lui paraissait qu'on pouvait se fier à la persistance du temps, redevenu presque beau.

Les deux marins attendirent avec la plus vive impatience le lever du soleil; il leur semblait que la nuit ne finirait jamais ; les minutes leur paraissaient de longues heures. Aux premières lueurs qui se montrèrent à l'orient, ils grimpèrent tous les deux, Marc au haut du mât de misaine, et Bob au sommet du grand mât de hune. Les récifs étaient au premier plan du côté du soleil levant, mais ils ne pouvaient encore les distinguer suffisamment, quoiqu'ils sussent bien et par expérience qu'ils étaient là tout près ; d'ailleurs, si paisible que fût la mer, ils entendaient parfaitement ce bruit particulier des vagues, bien connu des marins, quand elles les abordent de front. Le grand intérêt de leur situation n'était pas de ce côté, néanmoins; aussi se hâtèrent-ils de tourner leur regard à l'ouest, sous le vent; mais, hélas ! c'était encore le point le plus obscur de l'horizon ; ils ne pouvaient plus contenir leur impatience. Derrière eux, ils le savaient, il y avait une muraille infranchissable de récifs, puis, au delà, la mer libre; mais devant eux, de ce côté où le chemin pouvait être ouvert, n'allaient-ils pas apercevoir un groupe d'îles, un îlot isolé ?

L'anxiété devenait de plus en plus vive; ils ne voyaient rien... Il est vrai que le jour était encore bien incertain; ils ne distinguaient rien sans doute, mais la brume n'était pas dissipée ; le rideau obscur allait peut-être se déchirer soudainement et laisser apparaître le salut.

Le silence était si grand autour d'eux et nos deux observateurs étaient si rapprochés l'un de l'autre, qu'ils pouvaient s'entendre sans même élever la voix : et que de choses n'a-t-on pas à se communiquer dans un pareil moment et une telle situation ! Marc demanda à Bob, dont il savait les yeux si perçants, s'il n'avait rien découvert encore.

« Il faut attendre, Monsieur, avant de se prononcer; il faut attendre que le soleil soulève ce rideau de brume. J'aperçois pourtant là-bas, à bâbord, un je ne sais quoi de plus immobile et de plus sombre; mais je ne saurais, en vérité, me prononcer; il est trop matin, et je ne pourrais calculer la distance, même approximativement. Par exemple, si vous voulez que je vous renseigne sur les brisants, rien n'est plus aisé; je n'en ai jamais vu en aussi grand nombre; ils sont tous côte à côte, et je ne sais, en vérité, comment nous avons fait pour passer au milieu d'eux sans nous briser vingt fois. »

Et, de fait, le spectacle était des plus émouvants. La lumière s'étendait déjà au loin du côté de l'orient; et, à cette heure où la nature semble s'éveiller, tout paraissait revêtir, sous la bénédiction du Créateur, un aspect grandiose et solennel. Comme à l'appel du Maître du monde aux premiers jours de la création, l'une après l'autre éclataient d'indescriptibles beautés qui charmaient, malgré leurs inquiétudes poignantes, les deux marins abandonnés, seuls survivants, autant qu'on le pouvait conjecturer, du *Raucocus*. Les récifs, couronnés d'une blanche écume, se montraient les uns après les autres et couvraient au loin la surface de l'Océan. Les vagues gardaient à peine, de l'épouvantable orage de la nuit, une légère agitation; elle suffisait pour indiquer, avec une grande précision, le nombre et la position des écueils. Chacun d'eux avait un aspect particulier : il y en avait dont la surface lisse laissait passer les flots comme le déversoir d'une vanne brusquement ouverte; d'autres, contournés et déchirés, entraînaient l'eau et la faisaient tourbillonner comme une trombe; ceux-là dominaient à peine la surface des flots et souffraient que l'écume épaissie s'entassât sur leurs bords en masse floconneuse et moussue; les autres, dressés comme des pics aigus, n'offraient à l'eau qu'un obstacle presque insignifiant, et elle leur laissait à peine, en passant, une légère collerette blanche, froncée délicatement un peu au-dessus du niveau de la mer.

A un demi-mille à peu près, nos marins reconnaissaient l'écueil contre lequel avait donné leur navire; la marée, plus basse, leur permettait de juger l'heureux hasard qui les avait sauvés d'une destruction complète. Quant à songer à reprendre jamais ce chemin pour gagner la pleine mer, c'était chose tout à fait impossible. Marc et son compagnon étaient trop expérimentés pour ne pas juger au premier coup d'œil la situation; ils savaient qu'en mer, dans l'obscurité et le brouillard, on surmonte souvent des obstacles qu'on ne saurait affronter en plein jour. Mais s'il était difficile d'imaginer comment le *Raucocus* avait pu pénétrer, sans être mis en pièces, aussi avant au milieu des récifs, il était bien plus difficile encore de savoir comment il pourrait en sortir.

« Monsieur Marc, cria Bob après avoir reconnu la ligne des brisants, nous ne sortirons pas d'ici sans un bon miracle. Les bancs de la Delaware, si fameux chez nous, ne sont que des coquilles de noix comparés à ces rochers.

— La situation me semble bien critique, mon cher Bob; je ne vois pas, en supposant même que nous retrouvions nos compagnons, comment nous pourrions manœuvrer le *Raucocus* au milieu de ces écueils.

— Hélas! murmura Bob en prenant une chique dans sa boîte à tabac, je crois que vous avez raison. Je soupçonne un bout de terre là-bas, sous le vent, dont, si je ne me trompe pas, nous sommes probablement destinés à être les Robinson Crusoé jusqu'à la fin de nos jours. Ma vieille mère m'a d'ailleurs toujours prédit que je finirais par là. »

Cette réflexion, à laquelle les circonstances donnaient tant de poids, serra le cœur de Marc. L'image de Brigitte, se présentant tout à coup à lui d'une façon plus vive et plus saisissante, lui causa une pénible émotion; il ne se laissa pourtant point abattre; la pensée de sa jeune femme tourna son cœur vers Dieu, qui tient dans sa main la vie de ses créatures et en dispose à son gré. Il jeta un rapide coup d'œil vers le ciel et dit à Bob :

« N'apercevez-vous point au large quelque trace de nos embarcations? »

Le soleil commençait à dissiper la brume qui avait jusqu'alors enveloppé l'Océan. Bob répétait qu'il voyait toujours sous le vent quelque chose comme de la terre. Marc, placé un peu plus bas, ne pouvait rien distinguer encore; il monta dans les barres de perroquet et découvrit à son tour un point qui pouvait passer, à cette distance, ou pour une portion de récifs s'élevant au-dessus de l'eau, ou pour une île basse et isolée. Il convient de dire, néanmoins, que ce qui les préoccupait autant que l'idée d'une terre à leur portée, c'était le sort de leurs malheureux compagnons; ils avaient dû dériver sous le vent, et peut-être aborder sur quelque plage qu'on verrait tout à coup surgir à l'ouest.

Bob courut chercher une lunette; le jeune officier put alors se convaincre que cette apparence de terre, éloignée de deux lieues du point qu'ils occupaient, n'était qu'un roc dénudé donnant asile à une multitude d'oiseaux, mais où n'apparaissait pas la moindre trace d'hommes. Il interrogea successivement tous les points de l'horizon; le soleil maintenant élargissait le cercle de tous côtés, et il ne vit nulle part le plus petit indice de la présence des marins du *Raucocus*. Sauf les récifs, rien n'était en vue, si ce n'est ce rocher stérile, qui n'avait pas un mille d'étendue, et dont la surface rase et pelée se montrait tout entière. Il en conclut que tous ses compagnons avaient péri.

Les deux marins redescendirent sur le pont, avec cette triste conviction que leur situation était à peu près désespérée; néanmoins ils avaient trop l'esprit de leur métier pour se laisser aller à un lâche et stérile découragement.

La faim se faisant sentir, ils prirent silencieusement leur repas du matin, tout en s'entretenant du malheur qui les frappait et des moyens d'y parer dans la mesure du possible.

« Si nous parvenions jamais à remettre le navire à flot, pensez-vous, Bob, que nous puissions le diriger à nous deux ?

— Il faudrait voir, monsieur Woolston ; nous sommes vigoureux, nous ne manquons de courage ni l'un ni l'autre, mais il y a bien des milles d'ici à la côte d'Amérique..., et puis le vieux *Raucocus* n'est pas facile à démarrer. M'est avis, sauf votre respect, que ce n'est pas là ce qui doit nous occuper pour l'instant.

— Comment ! Si nous étions hors de ces brisants, ne pourrions-nous pas faire des rencontres et être promptement rapatriés ?

— Oui, si nous étions hors d'ici ; mais nous n'y sommes point.

— Pensez-vous que nous ne puissions jamais en sortir ? »

Bob regarda son chef bien en face.

« Jamais, c'est un gros mot, murmura-t-il. Pourtant c'est mon avis. Le capitaine Crutchely serait-il là, avec l'équipage entier, qu'il y faudrait encore rester. »

L'image de Brigitte se présentait alors si vivement à l'esprit de Marc, qu'il ressentit une immense douleur en entendant son compagnon s'exprimer ainsi.

Bob continuait :

« Comment sortir de ces récifs, semés au hasard et dans l'enchevêtrement le plus complet ; impossible seulement de courir une bordée ! Il faudrait à toute minute crier : « Pare ! Loffe ! loffe ! Pare ! » Et où trouver des bras pour autant de manœuvres ?

— Que faire? répétait Marc; nous ne pouvons pourtant rester là! Il faut au moins tenter l'entreprise...

— L'entreprise surpasse absolument nos forces.

— Qu'allons-nous devenir?

— Que voulez-vous! Monsieur, nous allons *robinsonner.* »

Marc ne put s'empêcher de sourire.

« Robinsonner! Robinson avait son île, et nous n'en avons pas.

— Il y a là-bas un bout de récif où l'on peut toujours s'installer en attendant que quelqu'un vienne nous y repêcher. C'est notre seule ressource. Et puis, n'avons-nous pas le *Raucocus?*

— Le câble de chanvre qui le retient ne l'arrêtera pas bien longtemps; il ne tardera guère à se briser sur les rochers. Je suis, au contraire, d'avis que le bâtiment ne peut rester là et qu'il faut tout tenter pour le tirer de ce mauvais pas. Il est évident que nous ne pouvons gagner le vent; mais je veux jusqu'au bout disputer mon navire à l'abîme, et nous chercherons alors à passer sous le vent.

— Nous tenterons la chose, monsieur Marc, reprit le vieux marin, soumis, mais non convaincu; aussi bien j'ai pensé à cela; n'avons-nous pas encore le petit canot sur l'arrière? Il est en bon état; il peut nous porter aisément tous les deux. Profitons-en, Monsieur, pour aller visiter ce bout de récif. Nous pouvons le mettre à l'eau à nous deux; nous y placerons quelques provisions; je prendrai les rames, et vous jetterez la sonde; s'il y a un passage, nous le verrons bien; car, comme vous dites, si jamais le navire doit se mettre en marche, c'est de ce côté. Mais, croyez-moi, partons au plus vite et profitons du temps favorable. »

Woolston dut reconnaître que son compagnon était dans le vrai, et il se rendit à d'aussi bonnes raisons.

Les marins ont cela de particulier, c'est qu'en toute occasion ils passent vite de la parole à l'action ; la mer n'attend pas : les circonstances favorables changent vite, quand on a à compter avec les vents et les flots ; aussi l'embarcation fut-elle vite visitée ; elle était en bon état et pouvait même porter une voile. Il ne fallut pas un long temps à ces deux hommes expérimentés pour la mettre à la mer. Bob en fit l'appareillage et l'approvisionnement, pendant que Marc se livrait à une autre occupation qui lui semblait de tout point nécessaire.

Le *Raucocus* avait à bord une batterie, destinée à repousser les sauvages des îles où l'on devait faire la provision de bois de santal ; elle se composait de deux vieilles pièces de six et de huit caronades de douze. Le jeune marin plaça des cartouches dans trois de ces pièces, et il fit feu, en laissant entre chaque coup un intervalle. Il espérait que ses malheureux compagnons, peut-être échoués sur quelque roche, entendraient ces signaux et viendraient à son appel. Le bruit du canon retentit d'une façon sinistre dans cette solitude, troublée sans doute pour la première fois par de semblables détonations.

Marc, qui n'attendait pas un effet immédiat de ses signaux, rejoignit en toute hâte Bob Betts, qui, plus impatient que lui, lui avait déjà annoncé deux fois que l'embarcation était parée et qu'il importait de ne pas perdre une minute. Marc, avant de descendre, regarda encore attentivement l'horizon, et ne reconnaissant nulle part aucun indice de mauvais temps, il rejoignit le vieux marin. Son cœur se serra quand il mit le pied dans le canot et que Bob, qui le retenait en se cramponnant aux flancs du vaisseau, lâcha prise. Il ressentit les plus funestes pressentiments ; depuis la mort du capitaine Crutchely le commandement lui appartenait, et, à cette heure, il lui semblait qu'il désertait son poste et abandonnait lâchement le *Raucocus,* comme aussi l'espoir de retrouver ses compagnons, disparus dans la tourmente de la veille.

La petite embarcation se mit aussitôt à filer au milieu des brisants; ils n'étaient pas moins nombreux, pas moins élevés que ceux au travers desquels avait passé le navire. Il fallait à tout moment changer l'orientation de la voile pour les éviter; mais, dans les passes, la mer était tranquille; par un temps ordinaire, les flots arrivaient jusque-là complètement amortis, comme dans une baie défendue de tous côtés et à l'abri des vents.

Un danger subsistait pourtant; on était menacé à chaque instant de donner contre quelque roche placée à fleur d'eau, qui eût inévitablement brisé le canot, ou de s'échouer sur un banc de sable. Il fallait la plus grande vigilance pour éviter tous ces périls; par bonheur il y avait pour l'instant tout juste autant de vent qu'il en fallait pour mener à bien leur entreprise. Marc prit néanmoins le gouvernail pour plus de sécurité, et il chargea Bob de jeter la sonde; malheureusement l'embarcation était fort basse, et elle marchait avec une vitesse assez grande pour rendre l'opération dangereuse; on dut y renoncer. Il leur fallut reconnaître, par les quelques expériences qu'ils avaient déjà faites, que s'ils avaient espéré un instant que le *Raucocus* pût passer au milieu des récifs, sur les récifs même, à marée haute, la chose était tout à fait impossible.

La traversée devenait périlleuse; à toutes les fois, en effet, qu'une lame un peu forte franchissait la barrière des rochers, elle déferlait vivement sur la surface des brisants, et si elle eût surpris le canot dans cette position, elle l'eût infailliblement brisé.

On se représente aisément avec quelle attention nos deux marins considéraient le grand récif qu'ils avaient vu du haut des barres de perroquet émerger au-dessus de la ligne des eaux; c'était la seule terre qu'ils eussent reconnue à l'horizon, par conséquent le seul refuge qu'eussent pu rencontrer leurs malheureux compagnons naufragés; c'était le seul point aussi qui pût leur offrir à eux-mêmes un abri, et peut-être devenir leur habitation sinon durant toute leur vie, du moins pendant de longues années.

Si donc l'étude des récifs qu'ils venaient de faire depuis quelques heures les avait amenés à cette conclusion, que le *Raucocus* ne pourrait probablement jamais sortir de l'étroite passe où il était enfermé, d'autre part, à mesure qu'ils avançaient, ils voyaient leurs craintes confirmées de la façon la plus triste pour eux; l'île, si l'on peut lui donner ce nom, avait un mille de long; sa largeur, très variable, n'excédait pas un demi-mille. Sur les rives, le terrain, nu et désolé, ne s'élevait que de quelques pieds au-dessus du niveau de la mer; il se relevait d'une manière presque insensible du côté de l'orient; mais brusquement, au centre, et d'une façon circulaire, il se dressait à une hauteur de soixante à quatre-vingts pieds, formant une sorte de plateau qui occupait la plus grande partie de l'île. Ce qui frappa nos marins, ce fut le peu d'oiseaux, d'ordinaire si nombreux dans les parages inhabités, qui s'aventuraient sur les flancs et au sommet du cône.

Ils abordèrent enfin. Marc fut surpris de trouver peu de ressac sur cette côte qui se trouvait précisément au vent; mais cela tenait au grand nombre d'écueils qui couvraient la mer à plusieurs milles de distance, et surtout à un mur droit et presque régulier, terminant le champ des récifs et laissant entre l'île et cette barrière naturelle un intervalle de deux ou trois encablures, dans lequel s'étendait une jolie petite baie, calme, tranquille et tout à fait abritée. Le terrain était formé de débris amoncelés dans un grand

L'île solitaire était devant eux, le cône volcanique se dressant au milieu.

désordre, et qui trahissaient à première vue une origine volcanique; son aridité et sa nudité serrèrent le cœur de ces deux hommes, qu'affectaient encore plus péniblement la solitude et l'absence complète des traces de leurs compagnons. Marc et Bob voulurent gagner le sommet du monticule qui occupait le centre de l'île, et, tout en grimpant, ils se retournaient pour regarder le *Raucocus*, mouillé sur ses ancres, assez loin d'eux maintenant, à la vérité, mais nullement menacé dans sa tranquillité. Ils atteignirent bientôt une sorte de relais circulaire qui servait de base à un cône formé d'une roche friable, si lisse, si droite, qu'ils désespérèrent un instant de pouvoir atteindre le sommet; néanmoins, en s'aidant des moindres saillies, en se soutenant l'un l'autre, ils se hissèrent jusqu'en haut. Ils poussèrent tous les deux un cri de surprise : ils avaient pensé arriver sur un plateau, ils se trouvaient en présence d'un gouffre. Marc reconnut aussitôt le cratère éteint d'un volcan.

Ils descendirent, après le premier mouvement de stupeur, dans ce vaste entonnoir. Le fond, de forme circulaire, mesurait à peu près cent acres, et la rampe perpendiculaire qui l'environnait n'avait pas moins de soixante pieds d'élévation; cette muraille, dressée à pic, avait partout la même hauteur, sauf du côté du vent, où elle s'abaissait de façon à laisser une sorte de passage étroit et profond, qui semblait comme la porte de cet antre. La lave toute seule avait pu ouvrir cette brèche, comme le démontrait l'amoncellement des scories entassées de ce côté jusqu'au bord de la mer, et qui avait contraint nos explorateurs à chercher leur chemin d'un autre côté. Une arcade naturelle, d'ailleurs, fixée à la crête même du rebord du cratère, avait aidé à les dérouter. Cette arche avait son sommet à plus de vingt pieds au-dessus de leurs têtes et était large d'une trentaine.

Le plan du fond du cratère déviait de l'est à l'ouest; la mer, dans les grandes marées ou par les violentes tempêtes, avait dû envahir ce cirque et refouler vers l'une de ses extrémités les cendres légères amoncelées sur le sol; la surface s'en était durcie, mais la croûte était assez friable, et Marc la brisa sur plusieurs points; elle recouvrait une cendre fine, mêlée à des-pierres et à des coquillages.

Un fait démontrait encore l'invasion possible de l'Océan, à certaines époques, dans ce cirque relativement élevé : c'était la présence de vastes dépôts de sel refoulés à droite et à gauche. Il fallait y voir, sans doute, la cause de l'aridité du sol sur ce sommet et sur l'île entière. Les oiseaux, assez rares, comme nous l'avons dit, ne traversaient point l'ouverture du cône; ils semblaient avertis, par leur instinct, qu'il y avait là un danger menaçant; ils se tenaient au large, comme le remarquèrent en soupirant nos deux marins. Et cette constatation leur laissa une angoisse plus lourde et plus profonde au fond du cœur.

CHAPITRE V

Marc et Bob, après ce rapide examen de l'intérieur du cratère, remontèrent au sommet du cône et vinrent s'asseoir précisément au-dessus de l'arche qui leur avait donné accès dans l'enceinte. De ce point culminant, ils purent voir l'île dans toute son étendue et l'Océan, semé de brisants, qui l'environnait de toutes parts.

Le *Raucocus* avait été conduit, comme par la main de la Providence, au milieu de la plus singulière formation géologique : le phénomène étonnant qui s'était produit sur ce point était aisé à comprendre. Une montagne d'origine volcanique avait surgi là tout à coup, une montagne sous-marine dans sa plus grande partie, composée de blocs qui apparaissaient çà et là, montrant leurs têtes menaçantes à la surface des flots et formant les milliers de brisants au milieu desquels s'était, la veille, engagé le malheureux navire ; car, à l'exception du Récif de Marc, — nom que Bob avait donné au rocher au milieu duquel s'élevait le cratère, — et de deux ou trois îlots qui émergeaient à une ou deux encablures, aucune terre, aucune île habitable ne se voyait. C'était bien le spectacle le plus désolé qui se puisse imaginer : nulle trace de végétation, aucune verdure, point d'arbres, seulement des rochers nus servant de refuge à une multitude d'oiseaux qui seuls animaient cette vaste et morne solitude.

Tenant compte des observations qu'il avait faites à bord du petit canot durant leur dernière traversée, Marc estimait que la surface de la mer, bouleversée par ce cataclysme déjà ancien, devait être évaluée à peu près à une douzaine de milles. Si donc la poussée volcanique avait été plus forte, plus énergique, au lieu de ces bancs de rochers cachés sous les eaux, il eût pu surgir là une île, maintenant verdoyante et fertile, qui eût offert aux malheureux naufragés un abri sûr et plein de ressources.

Marc, jetant un regard désolé autour de lui, se disait avec un serrement de cœur qu'il serait sans doute obligé de passer là sa vie tout entière. Hélas ! sa pensée le reportait vers sa chère épouse, qu'il avait si vite quittée, et puis il se demandait quels moyens d'existence il trouverait dans cette triste région. Le courageux jeune homme s'efforça pourtant de cacher ses désolantes pensées ; il ne voulait pas troubler le calme de son compagnon. Bob, en effet, convaincu, comme il le disait, qu'il faudrait bon gré mal gré *robinsonner,* en prenait aisément son parti ; il avait beaucoup de philosophie, et ne songeait plus qu'à se tirer de la situation le moins mal possible.

Marc, malgré sa confiance dans le secours d'en haut, ne montrait point la même assurance. « Si seulement, se disait-il, nous avions une île comme Robinson, une île fertile, de l'eau douce, de bonnes terres à cultiver!.. » Mais, hélas ! il ne croissait pas sur le rocher un seul brin d'herbe.

« Monsieur, répondait Bob, n'avons-nous pas le *Rau-*

cocus? Robinson avait vu son navire mis en pièces; le nôtre est encore entier. Il contient une provision d'eau douce qui nous durera plus d'un an, et d'ici là nous pouvons la renouveler; il renferme de la viande conservée, des vivres de toute nature, une chèvre, des porcs, des volailles. Et puis, nous en ferons notre maison : vous habiterez l'arrière, et je prendrai mon logement à l'avant.

— Le temps n'est plus de ces distinctions, reprit le jeune homme: l'infortune nous rend égaux. » Puis emporté vers d'autres idées : « Serait-il donc impossible, dit-il, de démonter le *Raucocus* pièce par pièce et d'en construire une petite chaloupe, que nous pourrions manœuvrer à nous deux, et avec laquelle nous nous efforcerions d'atteindre le continent?

— A la bonne heure, monsieur Marc! Va pour la petite chaloupe; je ne suis pas un fameux charpentier, mais je suis capable de donner un bon coup de hache; sous votre direction j'irai toujours de bon cœur, et vrai! puisque j'étais destiné à faire naufrage, j'aime mieux que ce soit en votre compagnie qu'avec n'importe quel autre. »

La remarque, pour être naïve, n'en fit pas moins sourire le jeune officier; d'ailleurs une autre idée venait de naître dans son esprit, qui l'absorbait tout entier. Son compagnon respecta son silence, et au bout d'un instant Marc lui dit :

« Bob, pensez-vous que nous puissions amener le navire jusqu'ici? A l'abri de ce récif, dans ce petit mouillage, il n'y a pas de raisons pour qu'il n'y puisse demeurer aussi longtemps que les planches tiendront ensemble. Et puis, si nous voulons construire une chaloupe pontée, il nous faut un autre chantier que le pont du *Raucocus*. Bob, reprit-il d'un ton presque solennel, Bob, croyez-vous qu'il nous soit possible de conduire à nous deux, à travers ces brisants, le navire jusque dans cette anse? »

Bob déclara que la chose ne lui paraissait pas impossible, et que dès lors il fallait la tenter. « En effet, ajoutait-il, si jamais le vaisseau sortait de ce labyrinthe inextricable, ce serait en partant sous le vent, et si, un jour ou l'autre, on pouvait gagner la pleine mer, ce serait autant de fait, puisqu'il ne fallait songer en aucun cas à revenir sur ses pas; de plus encore, lorsque le *Raucocus* serait dans la petite baie, il deviendrait peut-être possible, en observant les courants et en plaçant des bouées, de trouver un passage. Après tout, il fallait bien en convenir, le vaisseau et ses provisions ne seraient jamais en sûreté que sous le vent de l'île; dans son mouillage actuel, il risquait d'un moment à l'autre d'être mis en pièces, et alors tout ce qu'il contenait périrait avec lui. »

Les deux naufragés, cette résolution prise, se mirent tout de suite à l'œuvre; ils sondèrent soigneusement la baie et trouvèrent partout, avec un fond sablonneux, une quantité d'eau suffisante. Le *Raucocus* serait là tout à fait à l'abri : la difficulté était de l'y amener. Ils se mirent aussitôt en route pour rejoindre leur bâtiment, Bob au gouvernail et Marc à la sonde, tous deux attentifs et se rendant parfaitement compte de la situation. Deux obstacles se dressaient devant eux : d'abord la double rangée de brisants, située à peine à une demi-encablure les uns des autres, sur deux lignes presque parallèles et se prolongeant ainsi pendant un quart de mille au moins; l'eau était entre elles assez profonde, mais il ne fallait s'écarter ni à droite ni à gauche. Marc étudia à fond cet étroit chenal, jetant la sonde à chaque instant, ne négligeant aucun détail, calculant toutes les chances pour ou contre. Il conclut, après avoir à quatre reprises différentes sondé ce périlleux chemin, qu'il était possible de le franchir, mais à la condition de pouvoir maintenir son cap parfaitement droit.

Une seconde difficulté, plus grande encore, l'arrêtait au premier pas; pour franchir cette sorte de canal, il fallait faire sortir le *Raucocus* de l'espèce de baie où la tempête l'avait jeté la veille, et un énorme rocher recouvert d'une quantité d'eau assez considérable, mais encore insuffisante pour le passage d'un grand navire, lui fermait la voie. Les deux marins allaient renoncer à leur entreprise, quand ils découvrirent une étroite passe qui, à marée haute, et quand on aurait eu soin de la délimiter par des bouées, pourrait à la rigueur permettre de vaincre l'obstacle.

Remontés à bord du *Raucocus,* les deux naufragés retrouvèrent la solitude : aucun de leurs compagnons n'avait rejoint le navire durant leur absence. Hélas! ils avaient seuls sans doute échappé au naufrage, et il leur faudrait seuls aussi entreprendre l'immense tâche qui pouvait leur donner l'espoir de conserver leur vie.

Les animaux laissés à bord attendaient Bob avec impatience, car il n'avait pu leur distribuer leur pitance à l'heure accoutumée. Il y avait, outre les porcs et les volailles, une chèvre; l'extrême délicatesse du capitaine Crutchely avait nécessité l'embarquement de ce dernier animal : il aimait le rhum plus que toute chose au monde; il avait aussi un goût fort prononcé pour le thé, mais il n'en prenait jamais sans y mêler un soupçon de lait, et il y tenait d'autant plus qu'il en mettait moins. Marc, pendant que son compagnon s'occupait des bêtes, avait préparé leur propre repas; il n'eut pas le courage d'allumer du feu; ils mangèrent donc un peu de viande froide, en toute hâte et presque en silence; puis tout de suite ils placèrent dans le canot deux bouées avec des crampons de fer, et ils repartirent.

Deux heures après, ils revenaient au navire. L'heure était venue de tout risquer, de jouer la grande partie : ils n'hésitèrent point, d'autant mieux que le temps, fort beau depuis le matin, de nouveau devenait menaçant. Marc se disait qu'il avait encore une heure de jour, c'est-à-dire tout le temps nécessaire pour achever son opération ; il venait d'explorer les passages ; chaque point dangereux était présent à son esprit ; sa mémoire, toute fraîche, n'en pouvait encore perdre un détail ; et puis, la lame se montrait de minute en minute plus pesante. Le fait de se fier à un câble de chanvre devenait aussi fort problématique ; en restant sur place, il n'y avait guère de chances de salut ; il fallait partir, et au plus tôt, si c'était l'avis de Bob ; le sort en était jeté.

Bob fut de l'avis de son officier, — car, pour l'honnête marin, Marc restait toujours son chef. — En un instant, on l'eût vu courir de voile en voile et de cordage en cordage, alerte, tranquille, et comme s'il eût exécuté une manœuvre régulière dans un port, au milieu et en vue d'équipages de nombreux navires. En un instant, il déferla le foc, le grand hunier et le foc d'artimon, et aussi mit la brigantine en place. Marc se tenait debout, regardant la bosse de la grande ancre, de cette ancre qu'on venait d'apprêter au moment même où le capitaine Crutchely avait disparu.

Le vent devenait plus violent ; d'épais nuages s'amoncelaient à l'occident, derrière lesquels le soleil commençait à disparaître ; le ciel prenait un aspect lugubre. Marc sentit son cœur se serrer ; il regarda la grande ancre ; l'idée lui vint que là était le salut. Tout à coup Bob lui cria que tout était prêt ; sans trop s'en rendre compte, il leva sa hache ; du coup, un toron entier fut coupé ; trois ou quatre coups vigoureusement frappés tranchèrent le câble, et le *Raucocus* fut à jamais séparé de son ancre.

Il n'était plus temps d'hésiter ; Marc courut rejoindre son compagnon aux drisses du foc et l'aida à hisser la voile ;

puis, reprenant sa course, il se jeta sur le gouvernail, qu'il saisit à temps pour aider à l'abatée du navire. Alors, sans perdre une seconde, la brigantine fut appareillée, et Bob, à son tour, dut surveiller le lien de fer qui maintenait le bâton de foc et aussi reconnaître le chemin et chercher les bouées.

D'abord le vieux marin ne put rien distinguer, et pourtant il lui semblait que les bouées eussent dû être en vue. Marc n'était pas moins impatient; il s'étonnait de ne recevoir aucun avertissement de son ami, et, de minute en minute, il le hélait pour se renseigner; il reçut enfin une réponse affirmative :

« N'arrive pas! défie! En avant, monsieur Marc, nous sommes au vent du passage. Bon! à merveille, monsieur Woolston! est-ce que vous n'apercevez pas encore les bouées?

— Mais non, Bob, soyez vous-même bien attentif. »

Une idée étrange traversa le cerveau de Bob.

« Mon commandant, prenez ma place! C'est trop fort pour moi! Il n'y a que vous qui puissiez enfiler cette passe. »

Et il courut à l'arrière.

D'un bond, Marc prit sa place à l'avant, ne comprenant pas que Bob pût abandonner son poste dans un moment si critique. Il chercha de l'œil la première bouée et ne la vit point. Il sentit une sueur froide monter à son front, et fut sur le point de fermer les yeux d'épouvante; il se secoua, regarda de nouveau et aperçut la bouée : l'espace était assez large, il y avait assez d'eau; le vent, un peu violent peut-être, imprimait au navire une bonne direction.

« Arrive tout! » cria-t-il, commandant à Bob de mettre la barre au vent.

Le *Raucocus* s'éleva à la lame. Woolston épiait tous les

mouvements du navire avec une anxiété fébrile; il tremblait qu'il ne s'écartât à droite ou à gauche ; sa respiration s'arrêta quand il le vit cingler résolument entre les deux obstacles menaçants. Il lui semblait par instant que le vent avait changé, que le courant n'était plus le même; quand le *Raucocus* s'était élevé sur une lame, il paraissait toujours au jeune marin que tout était fini et que la quille allait labourer le rocher. Pourtant, l'instant d'après, il aperçut les bouées par le travers du bâtiment; le premier obstacle était franchi.

Maintenant il fallait retrouver la passe qu'ils avaient découverte le tantôt entre deux blocs de lave : le vent avait augmenté, les vagues s'élevaient plus haut, et l'Océan n'avait plus le même aspect. Ils retrouvèrent néanmoins le passage, et, voyant distinctement le cratère devant eux, ils ne s'inquiétèrent plus autant. Ils augmentèrent la voilure, afin de gouverner plus aisément; pendant cette manœuvre, qu'ils accomplirent tous les deux aussi rapidement que possible, le gouvernail avait été arrêté au plus près du vent. Lorsque les deux marins eurent repris leur poste, et que le *Raucocus* eut de nouveau senti la barre, il se dressa comme un coursier qui va s'élancer dans l'arène et franchit, avec la rapidité d'une flèche, la passe en droite ligne. L'extrémité du récif doublée, il n'y avait plus qu'à choisir dans le bassin intérieur le point le plus favorable au mouillage. Le bâtiment atteignit la pointe extrême des roches cachées sous l'eau; la barre fut mise à tribord pour les doubler. Le foc avait déjà été amené; la voile d'étai le fut à son tour, et non moins vivement; enfin Marc donna l'ordre d'amarrer la barre sous le vent.

Puis les deux marins attendirent que leur bâtiment vînt au lof en se rapprochant le plus près possible du récif. Tout cela se fit correctement : Marc détacha la barre à vingt

Bob lança son bonnet en l'air et poussa trois acclamations.

pieds du rempart formé par les rochers, au moment même où le navire commençait à dériver. Les voiles furent alors carguées, et le câble fut filé jusqu'à ce que le *Raucocus* eût atteint le milieu du bassin, où enfin il allait se trouver tout à fait hors de danger.

Bob lança son bonnet en l'air en poussant trois joyeuses acclamations; Marc, debout à l'arrière, les yeux levés vers le ciel, remerciait Dieu de l'avoir conduit et tiré de ce mauvais pas.

Dès lors la situation des pauvres naufragés se trouvait singulièrement améliorée : le bâtiment était mouillé sur sa meilleure ancre, et fixé avec son meilleur câble sur un fond solide, dans un bassin fort bien défendu; il était amarré à cent cinquante pieds de la petite île, et, grâce à leur canot, ils ne pouvaient craindre de voir leurs communications coupées.

Ils ne tardèrent pas à s'applaudir du parti qu'ils avaient pris, et surtout de la promptitude qu'ils avaient mise à exécuter leur projet : la rafale ne tarda pas à souffler avec une grande violence, et leur expérience leur démontra que le *Raucocus* n'eût jamais tenu, dans son premier mouillage, contre les efforts d'une pareille tempête. Vers minuit, le vent commençant à s'apaiser, Marc, demeuré jusqu'alors sur le pont, descendit dans sa cabine; Bob s'était déjà depuis longtemps jeté sur son hamac et dormait à poings fermés. Le soleil montait déjà à l'horizon quand ils s'éveillèrent.

Marc se hâta de grimper dans les barres de perroquet; plus calme désormais et plus en état de juger la situation, il voulait jeter un regard sur l'Océan, sur les brisants et aussi sur l'île. De ce point élevé, le spectacle qu'il découvrit n'était point fait pour lui donner beaucoup d'espérance. Il apercevait à l'ouest un plus grand espace; mais de ce côté aussi se dressaient d'insurmontables obstacles, et il ne garda aucun espoir de réussir jamais à tirer le *Raucocus* de son étroite prison.

Il redescendit et rejoignit Bob, qui s'était occupé à préparer le déjeuner; tout en mangeant, ils examinèrent leur situation et en discutèrent toutes les chances heureuses ou malheureuses. Seraient-ils à jamais séparés des leurs? Tous deux espéraient pourtant que la Providence leur viendrait en aide, qu'une circonstance imprévue leur permettrait de rentrer dans leur patrie et de revoir, Marc, sa jeune épouse, et Bob, sa vieille mère. En attendant, ils demeuraient bien réellement dans l'impossibilité de tenter quoi que ce fût pour retrouver leurs semblables, et dans la nécessité de se créer une manière de vivre entre ce navire, désormais condamné à ne plus sortir de cette anse étroite, et ce rocher nu, sans eau et sans végétation. Ces hommes courageux, accoutumés aux résolutions promptes, résolurent de se mettre immédiatement à l'œuvre, et, tout en prenant leur premier repas en face de ce récif désolé, ils arrêtèrent leur ligne de conduite et songèrent aux moyens à employer et à leur exécution immédiate.

Ils avaient des provisions pour plusieurs années; mais le biscuit et les conserves de viande, si l'on n'y joint des légumes frais, ne tardent point à engendrer le scorbut; que faire, puisqu'ils n'avaient pu découvrir nulle part de terre végétale? Car les graines ne leur manquaient pas; Bob en faisait partout provision, à l'intention d'un sien frère, cultivateur au fond des terres; mais à chaque voyage il oubliait invariablement de les lui remettre, et nonobstant, il ne mangeait point dans ses voyages en Orient ni un melon ni une pastèque, sans en garder soigneusement la semence.

Cette précieuse collection allait devenir la plus sûre ressource de nos pauvres naufragés : ils finiraient bien par trouver un peu de terre végétale. On était à la saison chaude, c'était le moment de semer; ils se réjouissaient déjà à l'idée d'une récolte venant les récompenser de leurs peines et les délasser de la nourriture échauffante du bord, la seule qui leur fût permise pendant de longs jours encore.

Il y avait à bord quatre porcs; Bob les laissa doucement glisser dans la mer et, leur instinct les guidant, ils gagnèrent l'île en toute hâte; ils la parcoururent aussitôt en tous sens, flairant partout au milieu des rocs et s'efforçant de creuser le sol.

Marc, préoccupé avant tout de se procurer de quoi fertiliser son îlot inculte, ramassait déjà les ordures de ces animaux accumulées sur le pont, qui n'avait point été nettoyé durant ces derniers jours. Il en remplit un petit tonneau et se mit en mesure de le transporter à terre. Mais Bob lui fit remarquer que l'engrais ne leur ferait point défaut; il avait en effet aperçu, non loin du récif, plusieurs rochers constamment couverts d'oiseaux, et, à coup sûr, il devait y avoir là une abondante récolte à faire; à l'aide de leur petit canot, ils prendraient aisément toute la quantité de guano dont ils auraient besoin; ils trouveraient aussi, sur ces mêmes rochers et dans les anses, des amas d'herbes marines qui, mêlées à la fiente des oiseaux, remplaceraient la terre végétale.

Ils commencèrent immédiatement à mettre leur projet à exécution, et tout le temps que dura cette courte et facile opération, Marc ne perdit point de vue les porcs, qui parcouraient l'île en tous sens, labourant le sol de leur groin et parvenant à détacher par place d'assez grandes portions de la croûte supérieure, jugée d'abord inattaquable par nos marins. Sous cette croûte sèche et résistante, se trouvaient des cendres, hélas! improductives, elles aussi, mais pourtant susceptibles d'amélioration, maintenant que l'engrais était trouvé. Les premières expériences furent tentées dans l'enceinte même du cratère; l'exposition était bonne, et il était là plus facile qu'en tout autre endroit de défendre la récolte contre les nouveaux hôtes de l'île, bons pour retourner et fouiller le sol, mais, d'autre part, assez mauvais auxiliaires du cultivateur et du jardinier.

CHAPITRE VI

Le courage ne manquait point à nos marins, et l'on conviendra qu'il leur était absolument nécessaire dans la situation plus que critique où ils se trouvaient. Heureusement, si tout était à faire, à créer autour d'eux, les instruments de travail ne leur faisaient point défaut : le *Raucocus* en était abondamment pourvu. Le capitaine Crutchely avait prévu le cas où l'équipage, descendu à terre pour son négoce, serait obligé de se fortifier au milieu des peuplades sauvages avec lesquelles il devait traiter. Aussi Marc put-il gravir le cratère, armé d'une hache et la pioche sur l'épaule; il avait pris à tout hasard, pour son ascension, un cordage d'enflèchure et l'avait passé autour de son cou. Cette corde ne devait point lui être inutile ; il grimpa, en creusant au fur et à mesure des marches avec sa pioche; puis, arrivé sur la crête, il trouva un rocher en saillie surplombant l'intérieur du cratère ; il y laissa descendre sa corde, au bout de laquelle Bob attacha un panier plein des ordures recueillies sur le pont. Le panier fit plusieurs voyages ; le tonneau se vida, et Bob repartit dans le canot pour aller de nouveau le remplir à bord. Pendant ce temps, Marc chercha les endroits du cratère qui lui paraissaient plus propres à la culture; il trouva de petites cavités où la croûte brisée mettait à découvert des parties plus friables, un peu de poussière; en un mot, un sol moins ingrat et susceptible peut-être de s'améliorer. Se servant de la bêche, quelquefois de la hache, il défricha certaines parties, d'une façon irrégulière et imparfaite sans doute, mais dans lesquelles il enfouit résolument l'engrais que Bob lui amena à différentes reprises. Le vieux marin avait même découvert dans ses traversées un amas de plantes marines apportées par les flots; cette nouvelle ressource ne fut point dédaignée. Les herbes devaient pourrir; elles furent enterrées soigneusement dans le sol.

Ce terrain aménagé avec tant de peine n'avait point la prétention d'être un potager bien remarquable; néanmoins nos deux amis n'hésitèrent pas à confier à ce sol les graines précieuses qu'ils avaient trouvées sur leur navire.

Les armateurs du *Raucocus* appartenaient à cette secte appelée « les Amis », qui, se plaisant à mêler la philanthropie à l'avidité commerciale, se faisaient un devoir de propager tout ce qui pouvait être utile aux naturels des îles ou profiter plus tard aux navigateurs et même aux naufragés. Marc et Bob purent donc semer des melons de plusieurs espèces, des fèves, des pois et du blé de Turquie; ils essayèrent aussi des oignons et des concombres. Malheureusement, ils n'étaient pas bien forts dans l'art du jardinage; ils firent des méprises assez fâcheuses; mais, somme toute, comme l'avenir le démontrera, ils n'eurent qu'à se louer du succès de leur entreprise.

Ainsi ces hommes, séparés du monde, commencèrent leur lutte pour l'existence, envisageant toutes les difficultés qui se dressaient devant eux, confiants dans leur courage et comptant sur l'aide de la Providence.

Marc et Betts quittèrent le Sommet, nom qu'ils donnèrent à la seule élévation qui se trouvait dans l'île, et se réfugièrent sous une tente que Bob avait préparée à l'aide d'une voile et de quelques matériaux apportés du *Raucocus* dans l'un de ses voyages. Ils dînèrent là, devisant, non sans mélancolie, mais au moins sans défaillance et sans lâcheté, de la nouvelle existence qui leur était faite. Ils avaient été jusqu'alors sous une influence fébrile qui ne leur avait pas permis de mettre beaucoup d'ordre dans leurs idées; ils raisonnèrent alors plus froidement, regardant la situation sous un nouveau jour. Puis ils réglèrent, selon leur importance, la suite de leurs travaux, ordonnant tout avec soin.

Après avoir pris leur repas, ils firent la sieste.

Une question avait été agitée qui avait la plus grande importance : il s'agissait du *Raucocus;* mouillé sur une seule ancre, il n'était point en sécurité; le vent venant à sauter, il pouvait être poussé contre la « muraille de lave », comme ils avaient nommé le brise-lames naturel qui bordait le bassin, et, dans ce cas, quand même il ne se briserait pas entièrement, recevoir de fortes avaries. Il convenait donc de l'amarrer, et le plus tôt possible. Les détails de cette opération furent discutés et réglés à l'avance.

Bob déclara ensuite qu'il fallait avant tout donner à manger aux porcs, qui vaguaient déjà depuis assez longtemps dans les rochers; ils devaient aussi avoir soif; mais le temps, devenu menaçant, promettait de leur fournir de l'eau en abondance. Marc s'aperçut qu'en fouillant partout ils avaient sur certains points défoncé le sol, et fait par-ci par-là de petits amas de terre qu'il convenait d'utiliser sans retard. Ce soin indiquait une préoccupation douloureuse : Marc semait des graines d'arbres qui devaient ne produire, sans doute, qu'après plusieurs années; il semblait donc prendre son parti de rester longtemps encore dans cette île solitaire, séparé des siens, séparé de son épouse, de sa mère et de ses sœurs.

Les porcs lui avaient rendu service; mais n'était-il pas évident que ces auxiliaires précieux allaient devenir des ennemis acharnés de ses plantations. En sortant du cratère, il sentit la nécessité de mettre son travail à l'abri de dévastations trop certaines : il tendit une voile à l'entrée du passage, obstacle insuffisant, qu'il méditait déjà de remplacer par une barrière plus solide.

L'orage, menaçant depuis plusieurs heures, devenait tout à fait imminent. Marc et Bob s'embarquèrent dans leur canot et regagnèrent en toute hâte le navire ; la pluie se mit aussitôt à tomber, mais non comme ils l'avaient cru et comme cela a lieu sous ces latitudes tropicales, c'est-à-dire à torrents, mais plutôt en ondées douces et bienfaisantes. Néanmoins la rafale était assez violente, et ils comprirent encore qu'il fallait amarrer sans retard leur bâtiment. Le vent changea, en effet, plusieurs fois de direction ; le *Raucocus* se mit à éviter, et il fut entraîné très près de la muraille de laves ; il laboura même deux ou trois fois la paroi; heureusement la crête des rochers surplombait, et il n'y avait guère de danger que la coque pût toucher le fond. Nos deux marins n'étaient pourtant pas sans inquiétude.

Les vents alisés ne tardèrent pas à souffler de nouveau, et le navire reprit sa première position. Bob eut alors l'idée de transporter à terre la plus puissante de leurs ancres à jet, de la fixer au milieu des rocs et de la munir de forts cordages qui viendraient s'accrocher au bâtiment ; il parla aussi d'établir sur ces câbles une passerelle qui les mettrait à même de se passer du canot pour leurs relations obligées et constantes entre le bord et la terre. Marc adopta cette idée, et il fut convenu que, le lendemain, on construirait un radeau pour transporter l'ancre.

Le reste de la journée fut employé à visiter l'île de nouveau, Marc voulant s'assurer que la pluie n'avait produit aucun dégât dans ses plantations.

Bob fit, avant de partir, une autre proposition qui obtint également l'agrément de son compagnon. Se regardant avec raison comme plus particulièrement proposé à la direction des bêtes de la colonie, il voyait avec chagrin ses poules et ses canards maigres et abattus, ce qui ne devait point surprendre après une traversée de plus de cinquante jours. Il proposa donc de les mettre tout de suite en liberté dans l'île; il voulait leur laisser le soin de chercher leur nourriture. Le brave garçon prenait néanmoins l'engagement de leur donner du grain de temps en temps, car il n'était point sûr que ces volatiles pussent trouver leur pâture sur le rocher aride.

Les cages furent donc ouvertes, et les poules furent successivement lancées à la mer du haut de la lisse du couronnement; elles volèrent vivement jusqu'à la terre, dont une ou deux centaines de pieds les séparaient à peine. Quel ne fut pas l'étonnement de Bob? A peine sur la rive, les poules se mirent à becqueter avidement, comme si elles eussent été au milieu d'une basse-cour; mais la surprise de Bob dura peu, les canards restés sur le pont se livraient à la même opération. Il était tombé avec les dernières averses une foule de particules mucilagineuses, sorte de manne descendue du ciel, et dont tous ces animaux se montraient fort avides.

Bob jeta bientôt les canards par-dessus bord, et ils se mirent à barboter avec une joie indescriptible.

La chèvre était le seul être vivant qui restât à bord; elle ne semblait pas devoir être dans l'avenir d'une grande utilité aux naufragés, et, d'autre part, il n'était point facile de prévoir comment elle pourrait trouver à se nourrir; néanmoins Marc ne voulut pas s'en défaire encore. On la verrait courir de roc en roc; elle animerait le paysage. Il est vrai qu'elle serait une menace constante pour les pâturages...; on résolut pourtant d'attendre, et on la conduisit à terre.

En arrivant au milieu des rochers, Marc s'aperçut que toutes les cavités avaient été remplies de l'eau du ciel; il ne s'en était presque pas perdu. Nos deux amis virent là la certitude de pouvoir renouveler leur provision et de remplir leurs futailles. La mer peut au besoin nourrir un homme, mais elle ne saurait lui procurer d'eau douce; ils étaient désormais assurés de n'en point manquer.

Au milieu de la tristesse qui envahissait le cœur de ces malheureux, un éclair de joie brilla devant leurs yeux qui exerça son influence jusqu'au plus profond de leur être. Le bonheur des animaux auxquels ils venaient de rendre la liberté éclatait de la manière la plus charmante. Ils avaient déjà oublié leur prison, et c'était merveille de les voir s'ébattre, les poules au milieu des sables, les canards sur les mares et les étangs improvisés par l'orage, la chèvre au haut des rochers. Hélas! eux aussi étaient désormais prisonniers, et pour combien de temps? Ces tristes réflexions ne pouvaient les empêcher d'être réjouis par le spectacle qu'ils avaient sous les yeux; et ils en sentirent leurs espérances raffermies.

Ils constatèrent d'abord avec plaisir que la pluie n'avait point trop endommagé leurs semences, et, bien que la saison fût avancée, ils purent dès lors, après ce complet arrosage, se fier au soleil, qui a dans ces latitudes une action si vive et si sûre. Mais ce sol ne serait-il pas absolument improductif? Marc aurait voulu voir un indice de végéta-

Bob ouvrit les cages et lança successivement poules et canards du haut de la lisse du couronnement.

tion, un seul, pour être un peu rassuré; car jusque-là, à cause de cette stérilité complète, il ne pouvait que songer à construire une embarcation quelconque qui put le rapatrier; et encore il se disait que, quoi qu'il advînt de ses plantations, fussent-elles aussi heureuses qu'on pouvait le souhaiter, il ne devait avoir en vue que les moyens à prendre pour hâter son retour dans son pays.

Le soir, nos marins dormirent d'un sommeil plus tranquille. Au lever du jour, ils se mirent à amarrer solidement le navire. Bob avait déjà construit avec les espars de rechange un radeau assez convenable. Il avait scié en deux les mâts de hune et les basses vergues, puis les avait fortement aiguilletées; il achevait son travail, quand Marc, tout en louant la confection rapide du radeau, qu'on ne manquerait pas d'utiliser plus tard, déclara qu'il avait trouvé un moyen plus simple de transporter les ancres dans l'île. Voici comment il procéda : les deux ancres à jet étant sur la poupe, il put, avec l'aide de Bob, les suspendre aux bossoirs; puis, comme au bord du récif le roc s'élevait perpendiculairement, il fit approcher le bâtiment jusqu'à sa base. Le *Raucocus,* ayant l'estrave très élevée, semblait fait pour rendre cette manœuvre plus aisée.

Marc laissa filer le câble; le navire dériva vers l'île jusqu'à ce que ses ancres fussent suspendues au-dessus du rocher; il n'y avait plus qu'à les laisser retomber, ce qui se fit le plus aisément du monde. Il avait pourtant fallu pour cette opération un temps considérable, mais nos deux marins furent amplement récompensés de leurs efforts : non seulement le *Raucocus* se trouvait désormais à l'abri de tout danger, mais le passage était établi entre lui et la terre ferme, s'il est permis de donner ce nom au Récif. Trois cordages, retenus à égale distance par des pièces de bois, avaient été fixés à l'organeau de chaque ancre, et des planches, placées sur les traversins posés de dix en dix mètres, établiraient la plus facile des communications.

Ces travaux s'achevèrent avec la première semaine passée par les naufragés dans ces tristes parages. D'un commun accord, ils résolurent de consacrer le lendemain, jour du dimanche, au service du Créateur, souverain maître et seigneur de toutes choses. Marc appartenait à l'église épiscopale, et Bob était un quaker déterminé, bien que fort ignorant; ils s'entendirent néanmoins très bien, et ils convinrent tous les deux d'employer, non seulement le lendemain, mais tous les autres dimanches, à louer Dieu et à lui consacrer ces jours de repos comme l'entendent les chrétiens.

Marc Woolston avait toute sa vie gardé les sentiments religieux de sa première enfance; son attachement pour Brigitte l'avait préservé de ces entraînements funestes où sombre d'ordinaire, avec les bonnes mœurs, la foi religieuse; plus tard, de sérieux entretiens sur ce sujet avec sa fiancée n'avaient fait que le confirmer dans ces bons sentiments; puis, le malheur venant, il se trouvait plus près de Dieu et plus porté à le servir de son mieux.

Le soleil était encore un peu haut sur l'horizon. Marc se promena, préoccupé de ces grandes pensées, au bord de la mer et dans le cratère jusqu'à la chute du jour. Quant à Bob, il sauta dans le canot et se dirigea vers le nord-ouest, où plusieurs rochers montraient leurs têtes au-dessus des eaux; il avait emporté ses instruments de pêche avec lui à tout hasard. Il se trouva que l'endroit était excellent. Il pouvait y avoir là une vingtaine de roches, placées dans un rayon de moins d'un mille de distance; les plus grandes n'avaient pas plus de sept à huit acres de surface; les plus petites mesuraient à peine une centaine de pieds de diamètre. La mer, renfermée au milieu de ces petites îles, était comme contenue par des digues; aussi sa surface était-elle fort tranquille : le canot pouvait y voguer fort à l'aise, et le pêcheur s'y livrer à son occupation favorite. Car Bob aimait la pêche plus que tout autre travail, même plus que tout autre divertissement, pourvu toutefois qu'il eût du tabac. Or, une de ses grandes consolations dans son infortune, c'était de penser que quelque long que fût son exil, sa provision de tabac resterait inépuisable. Tous les marins du *Raucocus* fumaient, et comme tous avaient pris leurs précautions, Bob était le mieux monté des fumeurs.

Marc, comme distraction, préférait la chasse; mais il ne prévoyait pas que son fusil pût lui être d'une grande utilité; les oiseaux de mer qui volaient autour des roches étaient difficiles à atteindre, et leur chair était détestable. Le jeune homme employa donc les dernières heures de la journée à réfléchir sur sa situation; il ne se dissimula pas tout ce qu'elle avait de triste, et il considéra de même les ressources que, dans son malheur, la Providence lui avait encore laissées. Le *Raucocus* avec sa cargaison composait, à la vérité, tout son avoir, — il n'avait qu'une médiocre confiance dans le Récif; — mais, pour deux marins, c'était beaucoup; il s'avoua même que c'était assez pour vivre, et aussi pour conserver l'espérance de rejoindre un jour sa patrie et sa famille. Il envisagea dès lors la situation plus nettement, plus tranquillement; il put ainsi organiser sa vie et celle de son compagnon, dont il voyait tout le dévouement, et finit encore par adresser au ciel, avec de ferventes prières, l'expression émue de sa reconnaissance.

Le soleil allait se coucher; Bob rentrait; il avait pris une douzaine de poissons, tous fort beaux, mais d'une espèce inconnue. Les meilleurs furent mis de côté pour la cuisine; les plus communs furent jetés aux pourceaux, qui firent honneur à ce festin; les canards accoururent en toute hâte et prirent largement leur part; les poules se firent un peu prier, mais ne tardèrent pas à apprécier ce régal nouveau pour elles. Il n'y eut que la pauvre Kitty, la petite chèvre, qui n'y voulut point goûter.

Marc fit cette réflexion que, si le grain venait à lui manquer, l'existence de sa basse-cour ne serait pas entièrement compromise.

Bob, tout à fait entré dans les idées de son lieutenant, rapportait encore une cargaison précieuse : son canot était plus d'à demi rempli d'eau ; il avait un chargement d'humus végétal récolté sur les rochers, et il affirmait avoir trouvé un gisement de bonne terre qui leur permettrait de cultiver tous les légumes possibles.

Marc déclara qu'on penserait à tirer parti de cette nouvelle ressource dès la semaine prochaine.

« Je veux, dit-il au vieux marin, chercher à utiliser tous les moyens d'existence que nous pourrons trouver ici, et tâcher d'y créer un établissement sérieux; mais songez-y bien, mon ami, je n'abandonne pas l'idée de construire avec vous une chaloupe, afin de nous tirer de ce désert aussitôt que cela nous sera possible; je veux avant tout trouver le moyen de nous mettre en état de reprendre la mer. »

Le canot fut déchargé; puis Bob retourna à bord pour exercer son talent de cuisinier : il y avait si longtemps qu'ils vivaient de conserves ! il coupa en morceaux les plus beaux poissons, les jeta dans la casserole, y ajouta du lard, des oignons et du biscuit; il fit une friture du reste, et, pour la première fois depuis de longs jours, nos deux amis firent un bon repas, qu'ils prirent aussi avec une véritable joie.

CHAPITRE VII

Les personnes vraiment pénétrées de l'importance de la religion et de la nécessité d'accomplir leurs devoirs religieux ne voient point revenir le dimanche sans sentir se ranimer leurs sentiments de gratitude envers Dieu, sans éprouver le besoin de le louer, de le remercier, de lui adresser leurs plus ferventes prières. L'homme des villes, emporté par le courant des affaires ou le tourbillon des plaisirs, soumis aux habitudes de la vie civilisée, se livrant sans relâche au travail, ayant le souci de ses intérêts, des soins à donner à sa famille, accoutumé à compter sur lui-même, oublie Dieu trop souvent et trop facilement; l'homme des champs, mieux inspiré par le calme de sa vie retirée, ayant constamment sous les yeux les grands spectacles de la nature, subissant les intempéries des saisons, réclamant, pour ainsi parler, l'intervention constante de la Providence pour féconder son travail, mûrir ses récoltes, et sauvegarder les fruits de ses labeurs toujours menacés, vit dans une union plus intime avec la Divinité ; il respecte davantage ses devoirs et accomplit mieux les préceptes de la religion. L'homme abandonné à lui-même, sous le coup du malheur, a plus facilement recours à Dieu, dont il sent plus la nécessité. Dans le chagrin, dans la détresse, il semble que la distance qui sépare la Divinité de l'homme soit diminuée; le cœur de la créature brisée par les maux, la maladie ou les difficultés extrêmes de la vie, retrouve plus vite celui de son Créateur.

Marc et Bob lui-même l'éprouvèrent le premier dimanche qu'ils passèrent sur leur récif. Le jeune lieutenant lut soigneusement dans son livre de prières l'office du matin, et Bob l'écouta respectueusement. Leurs devoirs envers Dieu remplis fidèlement, tous les deux se trouvèrent plus forts et plus résignés à leur malheureux sort. Marc se sentit plus courageux et aussi plus confiant dans un avenir qui pourrait redevenir heureux; quant au marin, il déclara que si son lieutenant pouvait être satisfait, il ne manquerait rien à son bonheur, sauf toutefois qu'il eût souhaité une meilleure embarcation, le canot étant bien commode sans doute, mais trop petit.

Ces deux hommes, malgré leur isolement, pour obéir à un sentiment inné des convenances, s'étaient fait la barbe et s'étaient habillés pour le service religieux. Ils achevèrent leur journée dans le repos, se promenant ensemble sur leurs domaines et causant de leurs affaires. Bob révéla alors à Marc un fait qui devait avoir pour eux une grande importance.

« Il y a, dit le vieux marin, quelque part dans la cale, tous les matériaux d'une pinasse que le capitaine se proposait d'assembler quand il serait arrivé au lieu de sa destination, afin de croiser plus facilement au milieu des îles pour trafiquer avec les sauvages et transporter son bois de santal.

— Comment se fait-il, reprit Marc, que je n'en aie jamais entendu parler? Il est vrai qu'une partie de la cale a été remplie pendant mon dernier voyage à Bristol, la chose n'est donc pas impossible.

— Je ne sais, reprit le marin; j'ai travaillé à l'emmagasinement de la cale; je n'ai pas vu la pinasse en question, mais j'ai entendu l'armateur, l'ami Abraham White et le capitaine Crutchely en parler ensemble, discuter ses dimensions et l'usage qu'on en pouvait faire. Il s'agissait d'une embarcation plus grande que la chaloupe, disposée pour recevoir des mâts et des voiles et à demi pontée. »

Marc ne répliqua point, mais il demeura convaincu que l'honnête Bob était dans l'erreur, et qu'il avait seulement entendu parler d'un projet qui n'avait point été exécuté. Il était difficile d'admettre que le second du navire n'eût pas eu connaissance d'un fait relativement aussi important; il savait néanmoins qu'il y avait à bord, sinon les pièces d'une pinasse, à tout le moins de nombreux matériaux qu'il saurait bien utiliser, et à l'aide desquels, un jour ou l'autre, il pourrait tenter de revenir vers sa patrie.

Les jours suivants, les deux naufragés reprirent leurs travaux avec une nouvelle ardeur; voulant ne pas laisser passer l'occasion, ils remplirent d'eau en toute hâte les futailles vides, grâce aux réservoirs naturels alors débordant, car la pluie avait abondamment tombé toute la nuit.

Un matin, Bob repartit dans son canot pour aller à la pêche et ramener en même temps une cargaison de limon. Marc, pendant ce temps, monta au cratère, se proposant toutefois d'accompagner son ami à son prochain voyage, pour prendre connaissance par lui-même du gisement d'humus et de terre végétale dont il avait déjà vu de si beaux échantillons. Il visita le cratère et trouva tout en ordre; puis il se mit à construire un radeau, seul moyen efficace d'amener sur le récif assez de terre végétale pour espérer de faire plus tard une récolte sérieuse. Bob rentra précisément comme il achevait son travail.

Ils repartirent ensemble. L'amas de substances en décomposition découvert par Betts était si considérable et d'un accès si facile, qu'il était aisé d'y trouver de quoi couvrir et transformer plusieurs acres de terre, et même, avec le temps et du travail, toute l'étendue de la surface intérieure du cratère.

Les quinze jours qui suivirent furent presque exclusivement employés à cet ouvrage ; ces deux hommes ne se lassaient point de ce rude labeur, ingrat en apparence, mais qui devait être pour eux une source de richesse dans l'avenir. Ils allaient constamment du récif au « rocher du limon », comme ils l'avaient nommé, et chaque fois ils rapportaient de la terre plein leur canot, traînant à leur suite le radeau chargé d'une cargaison semblable.

Entre temps ils soignaient leurs bêtes, amélioraient les clôtures de leurs plantations, remplissaient leurs futailles toutes les fois que l'occasion s'en présentait ; ils en emmagasinèrent un certain nombre sous l'abri d'un rocher, et les couvrirent d'une voile pour que l'eau pût conserver sa fraîcheur ; ils entretenaient aussi de leur mieux le vieux *Raucocus,* qu'ils considéraient toujours comme leur plus sûre ressource, certains de trouver dans sa cargaison, aménagée d'une façon toute spéciale, d'inépuisables trésors.

Bob s'ennuya de jeter toujours ses filets dans les mêmes eaux ; un soir, il passa au vent de « la muraille de lave » et gagna un petit rocher nu, où il comptait trouver une espèce particulière de poissons qui, dans sa pensée, feraient une excellente friture. Marc travaillait dans l'intérieur du cratère ; tout à coup il entendit retentir de grands cris : Bob l'appelait à l'aide de toutes ses forces ; il pensa qu'il lui était peut-être arrivé malheur, et il se précipita à sa rencontre ; il ne fut pas médiocrement surpris de voir la nature de la cargaison que l'honnête Bob s'efforçait de rentrer dans le port.

De grands amas d'herbes marines s'étaient, paraît-il, formés au vent du rocher sur lequel Bob était allé tendre ses engins. A un moment donné, cette masse compacte, trop considérable pour rester adhérente à la roche, s'en était tout à coup détachée, et s'en allait dérivant au sud du récif, emportée en pleine mer par les courants. Bob, ayant aperçu cette masse flottante, était parvenu à lui faire doubler la pointe de l'île, et, à l'aide du vent et du courant, il cherchait à l'entraîner du côté du cratère. Il appelait Marc pour l'aider dans cette difficile entreprise. Le jeune marin jugea la situation d'un coup d'œil, et comprit combien il serait regrettable de laisser cette riche proie leur échapper et passer devant l'île sans s'y arrêter. Il jeta une corde à Bob, et tous deux parvinrent à amener cette masse flottante sur le point de débarquement le plus commode et le plus sûr.

Les herbes, qui constituaient un amoncellement égal à plusieurs charretées de foin, furent, grâce à deux fourches, — trouvées toujours dans la cargaison du navire, — attirées sur la rive ; les poules et les canards y découvrirent aussitôt une nourriture succulente, sur laquelle on ne comptait point ; il y avait en effet, parmi toutes ces plantes, une foule de petits coquillages auxquels il fut fait honneur avec le plus admirable entrain.

La semaine suivante, nos défricheurs tinrent conseil et décidèrent de préparer un champ assez considérable pour faire un ensemencement sérieux ; il ne fallait pas se laisser surprendre par les chaleurs et profiter du printemps, après lequel, la saison des pluies passée, plus rien ne saurait germer sur ce sol devenu torride. On choisit l'endroit avec soin; il fut défoncé profondément, couvert d'engrais, puis bêché soigneusement, semé, enfin recouvert d'une couche d'herbes marines.

Marc n'avait pourtant pas grande confiance : ce sol lui paraissait si ingrat; le limon aussi était à son sens bien froid, bien imprégné encore de sels marins; il n'avait jamais vu employer le guano, et, malgré les assurances de Betts, il se demandait s'il y aurait là un engrais assez fécondant; aussi ne fit-il qu'une expérience fort limitée. On verrait plus tard; rien ne lui prouvait que le sol resterait improductif; il était bien étonnant pourtant que les naufragés n'eussent pas encore trouvé le moindre brin d'herbe, la moindre trace de végétation; même ces plantes marines que Bob avait trouvées accrochées aux rochers, elles devaient venir de fort loin.

A la vérité, le jeune homme se souvenait d'avoir entendu dire que le voisinage des anciens volcans était très productif, que la végétation y était merveilleusement active. Il espérait donc, et attendait avec une vive impatience.

La pluie étant venue à tomber avec plus de suite et de violence, nos deux amis en profitèrent pour visiter à fond l'entrepont, et plus particulièrement les caisses qui contenaient les graines; ils examinèrent de même avec soin le dépôt des outils, et ils furent ravis de leur nombre et de leur qualité; mais ils cherchèrent vainement la pinasse, ils n'en virent la trace nulle part.

En faisant l'inventaire de leurs richesses, Marc avait trouvé des graines de trèfle et autres plantes herbacées, en assez grande quantité pour tenter toutes sortes d'expériences. Il résolut donc sans plus tarder, le temps étant redevenu beau, d'ensemencer toutes les hauteurs du cratère, un peu à tout hasard. Il se fit néanmoins accompa-

Marc jeta une corde à Bob, et tous deux parvinrent à amener cette masse flottante.

gner de Bob, qui portait un panier rempli de guano et répandait soigneusement l'engrais partout où Marc avait jeté des semences. Le jeune Woolston n'était point venu visiter ses plantations depuis plusieurs jours, et il vint regarder, sans grand espoir, si la végétation allait enfin se montrer sur cet aride rocher. Quel ne fut pas son ravissement en voyant de tous côtés de jeunes et tendres pousses qui sortaient de ces petits monticules de cendre! Marc ne douta point que ce ne fût l'effet du guano de Betts qui avait produit de semblables résultats. Sa joie tenait du délire; il éprouvait non seulement la satisfaction d'un malheureux inquiet pour sa vie jusqu'à ce jour, et qui voit tout à coup sa subsistance assurée, mais il ressentait en plus comme l'orgueil de l'heureux succès d'une création nouvelle sortie de ses mains. Il courait d'un monticule à un monticule, allait d'une plante à l'autre, admirant, s'exclamant, montrant à Bob ici un germe qui commençait à poindre au milieu des cendres, là des tiges portant déjà de larges feuilles. Il pensa tout à coup à Ketty; si la chèvre avait pu deviner que le roc, si souvent visité par elle inutilement, se fût ainsi transformé subitement, Marc n'eût pas trouvé trace de cette verdure; aussi forma-t-il aussitôt la résolution de confiner l'animal à bord du *Raucocus*. Cette détermination l'amena à se demander si son jardin était suffisamment défendu contre les autres habitants de l'île, et il décida de prendre les mesures les plus sérieuses et les plus promptes.

Revenu de sa première surprise, il envoya Bob chercher en bas plusieurs seaux de limon, et il en déposa au pied de chaque plante, jugeant qu'elles n'auraient point en grandissant une nourriture suffisante. Dans la suite, il fallut renouveler plus d'une fois cette opération, rendue plus difficile par l'obligation de grimper jusqu'au sommet de lourdes charges ; Bob remédia vite à cet inconvénient : il établit en haut une bonne poulie, à l'aide de laquelle les seaux montaient et descendaient sans fatigue pour eux et avec une notable économie de temps.

Le sommet promettant de donner une bonne récolte, les pentes abruptes garnies de graines, destinées à couvrir de verdure les parois extérieures du volcan éteint, nos deux marins, encouragés par leurs premiers succès, tentèrent alors de créer un jardin dans la petite plaine intérieure du cratère. Une croûte fort résistante en couvrait la surface entière; dessous, étaient amassées des cendres plus friables; ils brisèrent la couche supérieure à coups de hache et de masse, l'écrasèrent, la concassèrent en horticulteurs habiles dans toutes les parties destinées à être ensemencées; ils la laissèrent au contraire intacte partout où leur plan, un peu indécis et fantaisiste, voulait laisser une allée. De cette sorte, ils eurent un jardin curieusement dessiné; pour en faire un parc à l'anglaise, il ne leur manquait plus que des lacs et des ombrages. Tel qu'il était, il parut ravissant à nos deux amis ; ce travail leur plaisait beaucoup; c'était pour eux comme un délassement, avec la certitude de retirer de leurs soins les plus grands avantages dans l'avenir. Ils entassèrent sur leurs plates-bandes le plus de limon qu'il leur fut possible, et ils couvrirent leurs guérets ensemencés d'amas d'herbes qui étaient loin de leur faire défaut.

Puisant à pleines mains dans les provisions que l'ami Abraham White destinait aux sauvages, ils semèrent à peu près de tout, voulant faire des essais de cultures qui toutes ne leur promettaient pas autant. Ils ne comptaient guère, par exemple, sur la réussite de la pomme de terre d'Irlande, du chou, et en général de tous les légumes du Nord; mais ils avaient voulu essayer de tout, et leur potager devait offrir un assortiment complet de tous les légumes connus en Amérique.

L'espace sur lequel nos naufragés opéraient avait à peu près un acre d'étendue; il occupait le centre de l'intérieur du cratère. Marc ne voulait voir là qu'un essai; ce même travail, qui les avait occupés une quinzaine de jours, devait s'étendre dans l'avenir à toute l'enceinte. Il venait, pensait-il, de créer une sorte de pépinière qui lui servirait à planter un grand parc. Le printemps allait finir; les pluies n'étaient plus aussi abondantes, aussi continues, mais on pouvait espérer que tous ces travaux avaient encore été faits à temps, et que la chaleur ne viendrait pas les saisir avant qu'ils eussent pu s'enraciner un peu profondément dans le sol. Les vents alizés amenaient fort heureusement beaucoup de nuages dans ces parages, et tempéraient ainsi le plus souvent l'ardente chaleur.

Il ne fallait pas seulement songer aux plantations; l'approche de l'été imposait encore bien d'autres obligations : il fallait prendre aussi des mesures pour protéger les personnes. Marc se hâta de dresser une tente dans l'enceinte même du cratère. Ce travail n'était pas difficile à exécuter, bien qu'il demandât un peu de temps et de soin. Des mâts furent enfoncés en terre et fixés dans la lave; de vieilles voiles formèrent un toit solide et impénétrable aux rayons brûlants du soleil, et le reste fut accommodé pour faire une habitation relativement confortable.

Ce n'est pas tout; il ne suffisait pas de protéger les plantes et de loger les personnes, il fallait aussi protéger la ménagerie qu'on avait installée sur le récif; les poules et les canards seraient vite morts, sous l'action directe de la chaleur et de la réverbération des roches; les porcs auraient été encore plus vite emportés. Il fallut construire des étables et des poulaillers; étables et poulaillers ne ressemblant en rien aux établissements somptueux que l'on rencontre aujourd'hui, avec la même destination, dans les fermes modèles, mais suffisants pour abriter toute la basse-cour et défendre ce précieux troupeau. Ce travail fut néanmoins difficile, car il fallait se défendre contre le vent qui balayait les rochers. On réussit néanmoins à se rendre maître d'un aussi rude adversaire; on n'avait point trouvé, cela se comprend, la même difficulté dans l'enceinte du cratère, abritée de tous côtés. Il est vrai de dire que ces deux établissements n'étaient parfaits ni l'un ni l'autre; on étouffait, faute d'air, dans l'un; dans l'autre, la violence du vent vous mettait sans cesse en inquiétude pour le toit.

Nos deux amis devenaient difficiles, — la prospérité gâte toujours, même les plus fermes caractères. — Ils résolurent de se bâtir une autre demeure sur le sommet du récif; ils avaient remarqué qu'il y régnait des brises constantes et assez douces : c'était une situation à utiliser; ils y dressèrent aussi une tente, et se trouvèrent ainsi pourvus d'habitations diverses pour toutes les saisons.

Ils achevaient ces installations au commencement de l'été, ayant déjà passé près de trois mois sur le Récif. Ils s'habituaient à leur vie nouvelle; ils avaient mis de l'ordre et de la régularité dans leurs occupations; en un mot, revenus de la première émotion, ils avaient courageusement envisagé leur position, et, confiants en Dieu, qui n'abandonne jamais les siens, accepté bravement leur sort, sans toutefois sacrifier aucune espérance.

CHAPITRE VIII

Marc paraissait avoir plus particulièrement élu domicile dans le petit pavillon établi sur le sommet; il y passait toutes ses heures de loisir. Il avait transporté là sa bibliothèque, assez nombreuse d'ailleurs, et fort bien choisie, tout ce qu'il faut pour écrire, sa flûte, — il s'était remis à en jouer, — certains objets intimes, des souvenirs de famille, et aussi le portrait de Brigitte. Il aimait à se reposer, regardant l'horizon et surveillant à ses pieds les progrès de son jardin. Nous ne saurions dire qu'il était heureux; mais, à coup sûr, il l'était autant qu'on peut l'être dans une position pareille à la sienne. Quant à Bob, il paraissait bien, lui, parfaitement heureux : le tabac ne lui manquait point; la pêche était abondante, si abondante, que la cuisine fournie, les porcs, les canards et les poules repus, Marc s'était décidé à mettre pourrir dans un coin, pour en faire de l'engrais, bon nombre de poissons.

Il n'y avait que la pauvre Kitty qui fût maigre, triste et traînant un peu la patte; d'en bas, elle regardait d'un œil d'envie Marc monter à son observatoire, et elle constatait comme lui que le roc, autrefois si dénudé, qu'elle avait renoncé à l'escalader, l'ayant tant de fois fait en vain, devenait chaque jour plus verdoyant. Un jour viendrait, sans doute, où sa consigne serait levée; mais l'heure n'avait pas encore sonné.

Le potager ne donnait encore que des promesses, mais tout y allait à merveille : les melons, les concombres, les courges, les citrouilles s'annonçaient fort bien; toutes les parties planes des hauteurs, où Marc avait semé des trèfles, se couronnaient de verdure. Un jour même, du haut de son observatoire, il aperçut quelques pointes sombres se détachant sur la pierre aride, car il ne se souvenait plus des graines qu'il avait jetées en cet endroit. Il alla voir de plus près, et reconnut des plants d'orangers, de citronniers, de cédrat, dont il avait au hasard confié la semence au rocher en passant. Ainsi, il aurait non seulement un verger abondant, des pelouses sur les pentes, mais des arbres avec leurs fruits succulents.

La chaleur néanmoins devint bientôt si excessive, qu'il ne fut plus guère possible de travailler dans la journée; d'ailleurs nos deux amis n'avaient plus guère à faire, toutes leurs dispositions étant à peu près prises. Ils amassaient encore de l'humus, du guano, des herbes marines; ils faisaient de l'engrais; mais pour le moment rien ne pressait, ils pouvaient en prendre à leur aise.

Marc, ne voulant pas rester complètement inoccupé, donna ses heures de loisir au bâtiment. Il se mit à déferler successivement toutes les voiles; il les fit sécher avec soin, les désenvergua, puis les rangea soigneusement dans l'entrepont. Il dressa la tente sur le pont, qu'il avait soin de laver matin et soir, autant par esprit d'ordre et de propreté que pour empêcher les planches de jouer, sous l'action d'un soleil trop brûlant.

Ils commencèrent aussi à faire une visite minutieuse de la cale, opération à laquelle ils n'avaient pu se livrer avec suite jusqu'alors. Ils trouvèrent tout d'abord deux tonnes de vinaigre; c'était encore une attention d'Abraham White, qui avait voulu donner à l'équipage le moyen de faire mariner des viandes, afin d'éviter le scorbut. Nos amis furent charmés de cette trouvaille; ils avaient des oignons et des concombres à foison: ils se promirent, la récolte faite, d'en conserver une bonne provision dans le vinaigre.

Un jour, Bob furetait un peu au hasard dans le fond de la cale; Marc, assis au frais, à une certaine distance, le voyait, en souriant, s'entêter à retirer de dessous un amas de planches une pièce de bois, sur laquelle il avait mis la main et qui résistait à tous ses efforts. Bob, après plusieurs tentatives inutiles, amena pourtant à lui le morceau de bois. Marc fut surpris de sa forme, se demandant vainement à quoi il pouvait bien servir; il pria son compagnon de l'apporter au jour pour qu'ils le pussent examiner à leur aise. Bob grognait contre ce qu'il appelait un « bâton fourchu », qui lui avait donné plus de mal qu'il ne valait, qui n'était bon à rien, et qui avait tenu là une place inutile. Marc, au contraire, regardait attentivement la pièce de bois; sa forme l'avait frappé; il savait bien qu'on n'a pas coutume d'arrimer dans la cale du bois travaillé qui n'ait son emploi déterminé; il avait soupçonné au premier coup d'œil une pièce de la fameuse pinasse, à laquelle il n'avait jamais cru, bien que Bob eût toujours soutenu qu'elle existait.

« Voilà vraiment qui est providentiel! s'écria le jeune homme; votre bâton fourchu, Bob, fait bel et bien partie de la pinasse dont vous parliez, et que je ne pensais pas pouvoir trouver jamais.

— Vous avez, parbleu! raison, monsieur Marc, s'écria le

vieux marin; où avais-je donc l'esprit de ne pas le reconnaître tout de suite, quand je me donnais tant de peines pour attirer à moi ce morceau de bois! Si nous avons mis la main sur un des os de la pinasse, c'est que la carcasse entière n'est pas bien loin; je vais m'en assurer. »

Toutes les parties de la membrure furent, en effet, retrouvées dans ce recoin obscur et portées en hâte à la timonerie. Ni le lieutenant ni son compagnon n'étaient d'habiles charpentiers, mais tous les deux, ainsi que les vrais marins, possédaient des notions de ce métier; ils connaissaient au moins toutes les pièces et quelle place elles devaient occuper dans un bâtiment; il leur faudrait du temps, mais ils savaient bien qu'ils parviendraient à construire leur embarcation.

Cette découverte les jeta tous les deux, Marc surtout, dans un ravissement extrême; ils avaient aménagé leur île comme s'ils avaient dû passer leur vie dans cette solitude; ils aimaient déjà leurs plantations, toute cette installation qu'ils avaient créée avec tant de peine; mais tout à coup la possibilité de rejoindre leur pays et leur famille, de retrouver la liberté, faisait qu'il n'y avait plus de place dans leur cœur que pour l'ardent désir de quitter ces lieux, néanmoins tant aimés. Marc n'avait pas un doute maintenant; ils réussiraient sûrement à assembler toutes les pièces de la pinasse, à la gréer; et il était sûr aussi qu'ils pourraient, à eux deux, la gouverner et franchir l'Océan.

Pendant plusieurs jours, Marc ne parlait plus que du retour; il était en proie à une agitation fébrile qui le mettait hors d'état de travailler utilement. Il n'avait plus une pensée, plus un regard pour ces collines verdoyantes, substituées par ses soins aux rocs arides; pour ces plantations, sur lesquelles il avait autrefois placé tant d'espérances, et qui déjà les dépassaient. Il n'était plus sensible qu'à la pensée du retour; il ne parlait plus que de retrouver son épouse et de quitter le Récif pour voler auprès d'elle.

Bob prenait les choses beaucoup plus philosophiquement; il s'était une fois mis dans la tête l'idée qu'il leur faudrait « robinsonner » pendant des années, et son parti en était pris. Il avait toujours regretté que son canot ne fût pas un peu plus grand, et peut-être la découverte de la pinasse, si elle eût eu seulement la dimension qu'il souhaitait à son canot, l'eût-elle ravi davantage, même en écartant la possibilité de pouvoir s'en servir pour rejoindre le continent.

Mais le lieutenant avait parlé ; Bob s'était soumis avec son humilité et son empressement ordinaires. Marc était si pressé, qu'il voulut se mettre à l'œuvre tout de suite, et son compagnon l'aida aussitôt de son mieux.

Le soleil n'avait point été consulté, et pourtant il devenait évident qu'il fallait compter avec lui. La chaleur était si intense, qu'il était tout à fait impossible de travailler sans abri ; d'autre part, la carcasse de la pinasse ne pouvait être montée que sur la côte, et très près du rivage, pour pouvoir être aisément lancée à l'eau ; or il n'y avait d'ombrage nulle part; partout la rive était dénudée et de tous côtés exposée aux rayons brûlants du soleil; il fallait avant tout chercher à s'en préserver, ou renoncer à l'entreprise, du moins pour un temps assez long encore.

Marc n'admit pas qu'on pût apporter le moindre retard à l'exécution de ce travail. Après mûre délibération, il choisit l'emplacement du chantier : la pointe occidentale de l'île lui parut l'endroit le plus convenable. Il était à un mille du *Raucocus*, et la peine serait doublée par la nécessité d'y transporter une à une toutes les pièces de la future embarcation; mais la configuration particulière du rocher était de beaucoup la plus convenable pour la mise à flot. Une autre considération justifiait encore ce choix : c'était le point le plus élevé de la côte, et Marc reconnaissait à des signes évidents que la mer devait à certaines époques envahir une partie de l'île, et partout autre part leur chantier n'eût point été à l'abri d'un ouragan. Ils ne savaient pas encore ce que l'hiver leur réservait; mais il fallait se mettre en garde contre un accident qui, maintenant qu'ils avaient en main un moyen assuré de retour, n'eût pas manqué de rendre leur situation plus malheureuse par cette déception, et qui peut-être les eût plongés dans le désespoir.

Cette résolution prise, nos deux marins profitèrent de tous les moments de répit que leur laissait la chaleur accablante du jour, pour transporter à la pointe occidentale les diverses pièces de la pinasse et les autres matériaux qui leur étaient nécessaires pour la construction d'un abri.

Avant de se mettre à l'œuvre et de placer la quille de la pinasse, Marc voulut donner un nom à l'embarcation : il l'appela la *Neshamony,* du nom d'une crique placée en face du petit golfe du Raucocus, autre baie de l'embouchure de la Delaware, qui avait donné son nom au bâtiment, pour cette raison que l'ami Abraham White était né sur ses bords. C'était le souvenir de la patrie absente, et l'espoir de la retrouver bientôt, qui avait guidé Marc dans ce choix.

L'appentis, travail des plus ordinaires, demanda cependant beaucoup de peine à établir; il fallut d'abord percer huit trous dans la lave, à une profondeur de deux à trois pieds, pour recevoir les poteaux qui soutiendraient tout l'édifice. Le roc était si dur, qu'il eût fallu de longs mois pour les creuser avec le pic; heureusement Marc eut l'idée d'employer la poudre. Malgré cela, huit jours furent encore nécessaires pour régulariser ce premier travail. Les poteaux furent réunis par de solides traverses qui portèrent les pièces d'une charpente de hangar; sur le tout, on étendit une voile, hissée à l'aide de palans placés à l'extrémité de

La pinasse fut établie sur le chantier à la pointe du récif.

chaque poteau. Ce travail fut fait très consciencieusement, et ne dura pas moins d'un mois.

Bob était dans toute la joie de son âme; jamais il n'avait vu plus bel atelier de charpentier, mieux aéré, et en même temps mieux défendu contre les rayons du soleil; Marc, qui sentait toute l'importance de ce premier établissement, n'était pas moins ravi, et il s'occupa aussitôt à mettre la quille sur le chantier.

Ce jour-là fut encore mémorable pour les deux amis, à un autre point de vue : Bob, étant monté sur le Sommet pour aller chercher un outil dont il avait besoin, donna en passant un coup d'œil aux plantations ; il aperçut des melons qui lui parurent arrivés à un degré de maturité suffisante; il en rapporta trois ou quatre. Marc et lui purent se convaincre que ces fruits étaient délicieux, et que le ciel avait enfin béni leurs efforts. Depuis quelques jours, ils avaient un peu perdu de vue le jardin; Marc voulut, à son tour, aller y faire une reconnaissance, et il trouva que, comme les melons, les patates, les concombres, les oignons, les tomates et une foule d'autres légumes étaient également à point. Ce fut une grande ressource pour ces hommes, livrés désormais à un rude travail, fatigués de conserves et de légumes secs, de pouvoir se procurer tous les jours un plat de légumes frais et savoureux.

Le jardin d'en bas, dessiné, comme nous l'avons vu, avec tant de soin, n'était pas aussi avancé; les ensemencements s'étaient faits plus tard; son exposition était moins chaude, mais ils y trouveraient l'avantage de faire la récolte à une époque plus reculée, et d'avoir plus longtemps de légumes fraîchement cueillis; là se ferait leur récolte sérieuse. Désormais ils ne cultiveraient plus que des primeurs sur le sommet.

Mais l'idée de la pinasse dominait tout.

En faisant le transport des matériaux du *Raucocus* au

chantier, ils reconnurent avec joie que chaque partie de la membrure, chaque planche, en un mot tout ce qui entrait dans la composition de la pinasse, avait son numéro d'ordre. L'assemblage avait été préparé d'une façon complète, les trous percés à l'avance. Aussitôt que la quille fut en place, Marc monta les couples et chevilla les bordages. Nos deux charpentiers, novices en cet art, furent charmés de n'avoir point à se servir de la scie ni du rabot; il leur fallait surtout de la patience pour trouver les pièces qui s'adaptaient ensemble et un peu d'habileté pour les monter. Le succès fut complet, et la coque entière fut posée sans qu'il fût nécessaire de faire une coquille. Ce travail demanda une quinzaine de jours. Il fut alors possible de mesurer la pinasse : la quille avait vingt-quatre pieds de long; il y avait une distance de six pieds entre l'étrave et l'étambot; le maître-ban avait six pieds, et la cale pouvait avoir cinq pieds de profondeur, ce qui devait faire à peu près une mesure de onze à douze tonneaux. C'était assez pour faire bonne contenance sur mer; aussi ce résultat constaté fut-il accueilli avec une joie bien vive.

L'assemblage des bordages de la *Neshamony* n'avait pas été bien difficile, mais il n'allait pas en être de même du calfatage; il fallut y employer encore au moins deux bonnes semaines. Tout en rôdant dans la cale, Bob avait trouvé une quantité de vieux cuivre entassé dans un coin, et sur lequel était écrit : « Cuivre pour la pinasse; » c'était encore une attention de l'ami Abraham White, qui, songeant aux vers qui abondent dans ces latitudes, avait acheté les cuivres d'un vieux bâtiment pour doubler plus tard son embarcation. Les coutures furent vite brayées, et les plaques appliquées sur les flancs de la *Neshamony*.

Il n'y avait plus maintenant qu'à prendre le pinceau, opération qui ne présentait pas grandes difficultés. Depuis près de trois mois ces travaux duraient, et l'été avançait rapidement. Nos deux amis avaient encore beaucoup à faire; ils ne se découragèrent point, et entreprirent de monter le pont; ce fut là ce qu'ils eurent le plus de peine à mener à bonne fin; ce qui compliquait leur travail, c'est que le pont ne couvrait pas toute l'embarcation, et qu'on avait ménagé à l'arrière plusieurs chambres pour la commodité des passagers. Ils vinrent pourtant à bout de cette difficulté.

Tous les deux avaient vu souvent des bâtiments sur le berceau, et ils avaient quelque idée de la manière dont ils devraient lancer leur pinasse. Ils avaient eu soin de placer la quille aussi près de l'eau que possible; ils ne manquaient pas de vieilles planches pour former les coittes du berceau, seulement il était bien difficile de les établir de manière qu'elles ne se rapprochassent pas trop au moment de l'opération. Les poteaux de la tente leur furent, dans cette circonstance, d'une grande utilité; ils mirent des planches sur champ en travers de ces poteaux, et sur ces planches vinrent s'appuyer les accores. Ils ne réussirent pas du premier coup; néanmoins ils obtinrent un résultat assez satisfaisant, et Marc proposa de lancer la pinasse le lendemain. Bob ouvrit alors un avis qui devait reculer encore cette opération importante; le ciel était depuis plusieurs jours couvert de nuages, la chaleur les gênait donc beaucoup moins; il s'agissait d'amener d'abord la voile du hangar, d'établir les bigues sur le roc et de placer le pied du grand mât de la pinasse dans sa carlingue, avant de la lancer; ce qui épargnerait pour plus tard un difficile et long travail. Marc partagea ce sentiment; ils avaient bien plus de forces et de ressources à terre pour cette délicate opération. La grande voile fut donc amenée et roulée avec soin, puis le mât fut mis en place et gréé.

Rien ne s'opposait plus au lancement de la *Neshamony*. Bob eut encore une autre idée : pourquoi ne pas profiter de la liberté de mouvement que l'on avait autour du petit bâtiment pour arrimer toutes les provisions qu'il devait contenir ? Les futailles furent donc remplies d'eau douce, mises sur le radeau avec les caisses de bœuf, de porc et de biscuit, puis transportées à la brouette sous la quille, et enfin hissées à bord à l'aide de drisses. Le grappin, l'ancre à jet furent également mis en place ; en un mot, on prit si bien à l'avance toutes les dispositions, qu'une fois lancée à la mer, la pinasse n'aurait plus qu'à mettre à la voile.

Quand tout cela fut achevé, il était trop tard pour procéder ce jour-là à la mise à l'eau, et l'opération fut définitivement fixée au lendemain.

Marc, pendant les dernières heures du jour, monta au Sommet; il parcourut ensuite son jardin, visitant successivement toutes ses plantations. Chose étrange ! maintenant qu'il avait sous la main le moyen de quitter cette solitude, il lui semblait qu'il allait lui coûter beaucoup de s'en séparer, et il éprouva une impression singulière, imaginant qu'il revenait après plusieurs années visiter, en compagnie de Brigitte, cette terre arrosée de ses sueurs; et ce rêve avait pour lui un grand charme et une grande douceur.

Le soir, quand fut arrivée l'heure du repos, Marc et Bob regagnèrent le *Raucocus;* ils voulaient coucher encore une fois à son bord; ils se disaient que c'était peut-être pour la dernière fois, et ne se séparaient pas sans un déchirement de cœur de leur bâtiment en songeant qu'ils le laisseraient là, tout seul, sur cette côte inhospitalière, abandonné aux vagues et à la tempête, comme une épave... Et pourtant il était entier, robuste, et pouvait fournir encore une longue carrière. Ils se consolaient en pensant qu'ils reviendraient le chercher plus tard, et qu'il y aurait peut-être moyen de le tirer de là. Depuis longtemps ils n'avaient pas couché à bord, ayant attaché leurs hamacs dans le chantier même, afin d'être plus à portée de leur travail quotidien.

Marc, après avoir dormi profondément, fut réveillé de grand matin par le bruit du vent dans les agrès; il était trop marin pour ne pas aimer ce sifflement particulier; il en subissait le charme avec d'autant plus de douceur, qu'il n'y était plus aussi habitué qu'autrefois. Il s'habilla à la hâte et monta sur le pont; il constata aussitôt qu'une véritable tempête éclatait au-dessus de leurs têtes. La mer était fortement agitée; les vagues déferlaient sur le Récif avec une force et une impétuosité qui défiait tout obstacle. Le jour commençait à poindre; il appela aussitôt Bob à grands cris.

Le vent redoublait; la mer s'agitait plus furieuse d'instant en instant, et nos deux marins commencèrent à avoir des inquiétudes sérieuses pour leur navire. Les câbles étaient extraordinairement tendus; heureusement l'ancre avait mordu sur un fond solide. Après tout, la perte du bâtiment n'eût pas été aussi sensible pour eux, puisqu'ils se disposaient à l'abandonner; ils eussent cependant été désolés de le voir se briser sous leurs yeux. Le sort de la pinasse, tout équipée là-bas sur son chantier, les inquiétait bien davantage, et, certes, ce n'était pas sans raison : les vagues, brisées par la ceinture de lave, se relevaient avec violence, sous l'action incessante du vent, et envahissaient toutes les parties basses de l'île; il semblait que le Récif fût menacé d'une inondation générale.

Ils pensèrent aussi qu'ils avaient laissé quantité d'objets sur la côte, et qu'il était urgent d'aller les mettre en sûreté. Marc transporta tout ce qu'il put dans l'intérieur du cratère; puis, voyant que les eaux faisaient de rapides progrès, il détacha la voile qui en fermait l'entrée, afin que leurs animaux pussent y trouver un refuge. La pauvre Kitty se précipita dans l'enceinte réservée, et les porcs la suivirent aussitôt. Quant au dommage que ces bêtes pouvaient causer dans les plantations, Marc n'y songea même pas. Il se hâta de monter au Sommet, ascension qui n'était pas sans danger à cause de la force du vent, afin de mettre ses livres et ses instruments en sûreté.

De ce point élevé, il jeta un coup d'œil sur le *Raucocus;* le vieux navire montait et s'abaissait avec les vagues, qui bouleversaient la baie, d'ordinaire si calme; mais il tenait toujours bon, et il ne parut pas au jeune lieutenant qu'il fût autrement en péril. Heureusement, lorsqu'ils les avaient désenvergué, les voiles avaient été amenées tout en bas, ainsi que les mâts de perroquet, ce qui donnait peu de prise au vent.

Tranquille de ce côté, le jeune Woolston pensa à la pinasse; il dut s'avancer jusqu'au revers du Sommet, vers un point qui surplombait le chantier. La tempête augmentait encore, et, plus d'une fois, il faillit être renversé par la rafale.

Il avait laissé Bob à l'entrée du cratère, mettant en sûreté le reste de leurs effets; il fut tout surpris de voir qu'il était descendu au chantier, malgré l'eau qui lui montait, en plusieurs endroits, à mi-jambe; il était monté à bord de la *Neshamony,* afin de veiller de plus près à sa sûreté. Bob, qui regardait avec une anxiété évidente, l'aperçut; il lui fit aussitôt des signes désespérés, l'invitant à venir le rejoindre. Betts, au comble de l'affolement, criait de toutes ses forces; mais Marc était à un mille de distance du chantier, et d'ailleurs le vent ne lui laissait pas espérer que sa voix fût entendue à une demi-encablure.

Marc cherchait à comprendre ce qui se passait; il s'aperçut alors que la pinasse, envahie par l'eau, commençait à abandonner son lit. Une minute après, il vit très distinctement les coittes emportées d'un seul coup par les vagues; la pinasse cula d'une demi-longueur. Marc se précipita en bas des rochers, et comme il allait se jeter à la nage pour rejoindre Bob et lui porter secours, la *Neshamony* fut soulevée par une lame énorme et glissa rapidement au milieu des flots.

CHAPITRE IX

Vouloir alors essayer de rejoindre la pinasse, c'était tenter l'impossible et faire acte de pure folie. Le jeune marin le reconnut aussitôt, et il tomba comme anéanti sur le roc. Une angoisse immense s'emparait de lui, et néanmoins il était moins tourmenté de son propre sort qu'inquiet de la destinée de Bob. Il n'imaginait pas que l'infortuné pût avoir la moindre chance de salut.

Il s'aperçut bien vite néanmoins que le vieux loup de mer, malgré l'imminence du péril, ne perdait point la tête. Il ne tenta point de jeter son ancre de touée, comme n'eût pas manqué de le faire un novice; il savait trop bien que c'eût été peine perdue; il n'essaya pas davantage de maintenir la pinasse dans le creux de la lame; le plus sage était pour lui de courir vent arrière jusqu'à ce qu'il fût sorti des brisants, et alors de tâcher de mettre en panne. La *Neshamony* avait glissé dans la mer, son arrière en avant, ce qui était arrivé naturellement, puisque, comme tous les bâtiments en construction, elle avait ses bossoirs tournés du côté de la terre.

Aussitôt que Bob s'était aperçu qu'il était en dérive, il s'était élancé sur les écoutes de l'arrière et avait mis la barre dessous. Forcée de culer, la pinasse, obéissante, fit son abatée et présenta le côté au vent; elle n'avait point de voile ni de cordage en place, elle fut pourtant saisie par la violence de la rafale, et, s'inclinant devant cette force irrésistible, elle prit son élan et bondit dans l'espace. Marc, qui suivait de loin, avec autant d'intérêt que d'anxiété, chacun de ses mouvements, respirait à peine à chaque fois qu'il la voyait s'élancer sur la ligne des brisants, pareille à un cheval emporté qui n'obéit plus au frein et méconnaît la main qui le conduit.

Vingt fois, Marc crut que c'en était fait de la pinasse, et que les vagues l'avaient engloutie; et quand il la croyait brisée en mille pièces, il la voyait reparaître, s'élançant toujours en avant, comme un oiseau de mer dont les longues ailes trempent dans l'écume des lames et n'en poursuit pas moins son vol. Il se prit bientôt à espérer que son ami franchirait heureusement l'enceinte des récifs accumulés autour du cratère qui leur avait servi de refuge, et qu'il parviendrait à gagner le large du côté sous le vent. Ce qui rendait plausible cette espérance, c'est précisément la crue qui s'était produite dans toute la région environnante, ainsi qu'il le constatait aisément autour de lui. C'était là, en effet, ce qui avait sauvé la *Neshamony;* en temps ordinaire, il n'en fût pas resté une seule planche, cinq minutes après qu'elle aurait été entraînée dans les eaux. Une fois sous le vent des écueils, on pouvait espérer qu'on trouverait une mer plus tranquille.

Un quart d'heure encore, ou à peu près, car il ne se rendit jamais bien compte du temps, Marc put suivre tous les mouvements de l'embarcation au milieu de la tourmente; mais bientôt il commença à la perdre de vue par instants, à cause de son peu de hauteur, de l'absence de voiles, et aussi, plus tard, à cause de la distance et du bouleversement des éléments. Un coup de vent plus furieux, mêlé de paquets de mer qui fondaient sur lui, obligea Marc à baisser la tête et à fermer les yeux, et, quand il tourna de nouveau ses regards vers la pleine mer, la *Neshamony* avait disparu.

Comme il sentit vivement alors l'horreur de la situation nouvelle qui lui était faite ! Avec Bob, il avait pu raisonnablement espérer de quitter un jour son île déserte ; seul, il fallait renoncer à cette espérance. Quelle vie il allait mener dans cette entière et morne solitude, dans cet isolement désespéré !

Bob, assurément, n'était qu'un simple matelot, sans instruction, sans connaissance des usages de la vie; mais un cœur plus honnête avait-il jamais battu dans une poitrine humaine ! et puis, quel dévouement à toute épreuve ! quelle force physique aussi, et quelle rare habileté dans son état !

Marc savait bien qu'il était homme à se maintenir sous le vent des écueils jusqu'à ce que l'ouragan fût passé, et qu'il était fort capable de traverser de nouveau, pour venir le rejoindre, l'enceinte de récifs, lorsque la tourmente serait enfin calmée. Il gardait, à la vérité, une grave inquiétude : Bob n'entendait rien à la navigation. Praticien du premier ordre, il n'avait jamais pu apprendre le premier mot des théories scientifiques. Ainsi, il ne distinguait pas la latitude de la longitude. Toutes les leçons que Marc avait tenté vingt fois de lui donner étaient demeurées sans résultats. Or, que le cratère fût par le 120e degré de latitude ou par le 20e, c'était tout un pour lui. Comment espérer dès lors qu'avec une pareille tête, il pût jamais donner à personne les indications nécessaires pour retrouver ce cratère et venir en aide au lieutenant Woolston, quand même le pauvre Betts eût été en situation de le faire?

Cependant Marc se disait que, malgré son ignorance, il n'y avait point de marins qui pussent, mieux que Bob, reconnaître leur chemin par la seule inspection de l'Océan. Il savait fort bien se servir de la boussole, sauf qu'il n'entendait rien aux variations; la couleur des eaux était pour lui un renseignement qui ne le trompait jamais. Souvent il avait annoncé, guidé par son seul instinct, que le bâtiment entrait dans un courant, qu'il était au vent ou sous le vent, quand le fait échappait encore aux officiers les plus expérimentés du bord. Le clapotis des flots, l'aspect des herbes marines, le vol des oiseaux de mer, tous signes ordinaires de l'Océan, étaient pour lui des indices certains qui ne le trompaient jamais; et Marc se répétait à lui-même que si Bob, une fois éloigné du Récif, n'en pouvait retrouver le chemin à l'aide des cartes marines, il y avait mille chances pour qu'il le rejoignît à l'aide des ressources particulières qu'il lui connaissait. Il garda donc un peu d'espoir, si faible qu'il fût, de voir reparaître son compagnon quand la tempête serait passée, si toutefois le pauvre Bob ne périssait pas au milieu des flots, ce qui semblait bien la supposition la plus probable.

Marc, depuis la disparition subite du capitaine Crutchely, n'avait point rencontré une angoisse semblable à celle qui pesait sur son cœur depuis qu'il avait perdu de vue Bob et la *Neshamony*. Nul espoir de retour maintenant, et la solitude complète! Sous l'impression des sentiments religieux, qu'il avait toujours conservés si vifs dans son cœur, il tomba à genoux sur le roc et offrit à Dieu une ardente prière, à Dieu, avec qui seul il pouvait désormais échanger ses pensées.

Cet acte de piété, si sincère et si vrai, lui rendit un peu

d'énergie, et il s'efforça aussitôt de tourner son attention sur les objets qui l'environnaient; il regarda autour de lui, n'ayant point cessé, depuis vingt minutes, de suivre d'un œil avide la silhouette de la pinasse emportée par la rafale.

La tempête ne se ralentissait point; l'eau gagnait toujours davantage sur la côte du Récif; elle pénétrait dans l'intérieur du cratère, et les parties basses en étaient déjà couvertes sur une étendue de plusieurs acres. Le *Raucocus*, toujours violemment secoué, résistait mieux que Marc ne l'eût pensé; il tenait toujours bravement sur son ancre et ne paraissait point encore avoir souffert d'avaries.

Les coups de vent avaient une telle force, que le pauvre naufragé eut de la peine à regagner l'intérieur du cratère; il y parvint pourtant, et là se trouva tout à fait abrité. Il entendait encore la rafale faire rage au dehors, mais elle ne l'atteignait plus; il se jeta dans son hamac, suspendu sous la tente qu'ils avaient dressée avec son ami Bob; il y demeura tranquille toute la journée et la nuit suivante. Au matin, la pluie se mit à tomber à torrents; heureusement la voile tendue sur sa tête avait une forte inclinaison, et il n'eut pas trop à en souffrir; harassé de fatigue, malade de corps et d'esprit, il finit par tomber dans un profond sommeil qui dura plusieurs heures.

A son réveil, il eut peine à se rappeler aussitôt ce qui lui était arrivé; il demeura sur son séant un bon moment avant de pouvoir reprendre ses esprits. Instinctivement il tendit l'oreille pour savoir où en était l'orage et remarqua bien vite que tout était calme au dehors; il quitta vite son hamac et vit le soleil briller de son plus vif éclat. Il aperçut les porcs et les canards qui se vautraient ou s'ébattaient au milieu des flaques d'eau qui s'étaient formées dans l'enceinte même du cratère. Il regarda au-dessus des rochers, et il vit sa chèvre broutant l'herbe sur les pentes verdoyantes du Sommet. Tout le paysage était frais et riant; le potager n'avait point souffert de l'orage, et les bêtes n'y avaient encore causé aucun dégât appréciable.

Marc se lava dans l'un des étangs improvisés autour de sa tente, puis il chassa devant lui son petit troupeau hors de l'enceinte réservée. Arrivé à l'entrée du cratère, il reconnut que la mer s'était retirée et que ses bêtes se tireraient fort bien d'affaire en restant sur la côte; il rétablit alors la clôture et se hâta de grimper jusqu'au Sommet.

Les vents alizés soufflaient maintenant très doucement; l'Océan avait repris son aspect accoutumé, et la tête des récifs apparaissait de nouveau à la surface des flots; le *Raucocus* restait immobile sur ses ancres, et toute la nature avait un aspect reposé et souriant qui serra davantage le cœur de Marc. Regardant à ses pieds, il vit alors un spectacle étrange : les vagues avaient jeté sur le rivage une si grande quantité de poissons, que la terre en semblait toute noire. Hélas! Marc était assez expérimenté pour comprendre qu'il était urgent de se débarrasser tout de suite de cet arrivage de marée par trop abondant.

Les porcs, les canards et les poules semblaient avoir deviné sa pensée et s'étaient mis vivement à l'œuvre, paraissant faire grand honneur à ce festin improvisé. Mais quelle que fût leur bonne volonté, ils n'en sauraient venir à bout. Or il fallait à tout prix que le rivage fût déblayé avant que le soleil eût réduit tous ces cadavres en putréfaction, ce qui ne tarderait guère assurément. Aussi Marc, après avoir pris un peu de nourriture, se mit-il promptement à l'œuvre; il avait creusé avec Bob une large tranchée pour y faire ses engrais, et, à l'aide d'une brouette, il ne cessa de transporter des poissons dans cette fosse et de les couvrir d'une couche de cendre. Ce travail était pénible, ingrat et fastidieux; mais Marc sentait la nécessité de se préserver de la peste et aussi d'occuper, par un travail matériel, son esprit trop accablé, trop malade pour penser longuement à sa triste situation. Il ne quitta point les outils pendant deux journées entières, et jamais il n'avait travaillé aussi vigoureusement de sa vie. Néanmoins sa tâche n'avançait guère; les miasmes pestilentiels montaient déjà de toutes parts. Heureusement les oiseaux du ciel vinrent à son aide; ils s'abattirent par milliers sur les côtes du récif et eurent vite fait de débarrasser le pauvre solitaire, et de rendre désormais possible le séjour dans ses tristes domaines.

L'île resta pourtant encore infestée pendant de longs jours, et le jeune homme dut aller chercher un refuge dans le navire, où il coucha pendant près d'un mois, ne venant à terre qu'autant que cela était absolument nécessaire.

Tout le temps qu'il y fut confiné, Marc monta chaque jour dans les barres de perroquet; il y passait de longues heures, prêt à saluer par des transports de joie le retour de la *Neshamony*. Que de fois il crut l'apercevoir! Hélas! ce qu'il avait pris pour elle, c'était l'aile de quelque goéland ou la crête de quelque brisant entrevues à travers la brume.

Son retour dans l'île, redevenue habitable, donna un autre cours à ses idées. Il est étonnant comme l'homme supporte les grandes catastrophes. Il en prend plus vite son parti que des ennuis et des tracasseries de tous les jours, qui sembleraient ne devoir l'effleurer qu'à peine. La chaleur était intense, et le soleil d'un éclat rayonnant; Marc ne put supporter l'idée, malgré la verdure déjà abondante dans l'île, de se sentir les yeux chaque jour brûlés par la réverbération des rochers. L'herbe pouvait pousser à peu près partout, il en avait fait l'expérience; il résolut donc d'ensemencer toute l'enceinte du cratère, ses pentes abruptes et les rochers qui avoisinaient le Sommet; et le voilà qui se met à l'œuvre, ayant sous la main, grâce à la prévoyance de l'ami Abraham White, deux barils pleins de graines de gazon. Il travailla obstinément, follement, tout un jour à ce labeur infructueux, presque inutile ; mais, le soir, il était trempé de sueur et tombait de fatigue.

Il n'eut pas la force de rejoindre le navire; il se jeta dans son hamac sous la tente du cratère. Le lendemain, en s'éveillant, il sentit sa pauvre tête endolorie, pesante, et son gosier sec et brûlant; une ardente fièvre le dévorait. Comprenant alors l'imprudence qu'il avait faite, il envisagea toute l'horreur de sa position. Il allait être sérieusement malade, il le voyait bien; oh! que sa situation lui parut alors amère et triste! Seul et malade, il allait peut-être mourir ainsi, livré à lui-même, abandonné!

Il résolut pourtant d'utiliser ce qui lui restait de force avant d'être complètement terrassé; à bord seulement, il trouverait ce dont il aurait besoin pour combattre le mal, s'il en était encore temps; il fallait donc, coûte que coûte, regagner la cabine du *Raucocus!* Et puis, s'il succombait, il mourrait sur son vieux navire, et cela lui semblait moins triste. Le *Raucocus* le bercerait encore sur cet Océan qu'il avait tant aimé; il lui servirait de sépulture. Si on découvrait un jour le navire perdu, il serait démontré que le lieutenant, le dernier survivant de l'équipage, était mort à son poste.

Mais il fallait se rendre à bord : le soleil dardait alors perpendiculairement ses feux sur l'île ; Marc prit un parapluie d'une main et une canne de l'autre, et il entreprit cette marche de près d'un mille dans la saison la plus chaude de l'année. Il crut vingt fois qu'il allait tomber sur le roc nu; mais le désespoir lui donna des forces : il parvint, après des efforts héroïques, à entrer dans la cabine. Il avait mis une heure à faire ce trajet, l'heure la plus pénible qu'il eût passée de toute sa vie.

Rien ne saurait rendre l'impression de fraîcheur que ressentit Marc, malgré la violence de sa fièvre, quand il se sentit à l'ombre dans la cabine. Il comprit tout de suite, aussitôt qu'il eut repris possession de ses sens, qu'il ressentait les premières atteintes d'une grave maladie, et que sa vie dépendait de l'usage qu'il saurait faire des remèdes qu'il avait sous la main, et de la promptitude qu'il mettrait à les employer. La boîte des médicaments était précisément dans la cabine; il connaissait un peu la valeur des produits qu'elle contenait, ayant plusieurs fois été obligé de suppléer le médecin et d'administrer lui-même des potions aux matelots malades ; il choisit ce qu'il jugea être le mieux approprié à son état.

Par la suite, il pensa toujours que ce remède lui avait sauvé la vie. Le premier effet de la potion fut pourtant d'agir sur ses organes d'une façon assez pénible ; aussitôt qu'il eut gagné son lit, il tomba dans une prostration complète. Il avait placé la fontaine filtrante à portée de sa main; il y avait souvent recours dans l'ardeur de sa fièvre ; enfin l'engourdissement complet vint, et il n'eut plus la force de faire un mouvement. Combien d'heures, combien de jours resta-t-il dans cet état? c'est ce qu'il n'aurait pu dire ; la maladie avait jeté le trouble dans ses idées ; bientôt même il demeura dans un état d'anéantissement voisin de la mort.

L'accès passa néanmoins, mais la maladie prit un cours plus dangereux peut-être encore pour le patient; une fièvre lente et réglée le mina dès lors sourdement, et il sentit, à sa faiblesse extrême, qu'il allait mourir de défaillance et de consomption, s'il ne parvenait à trouver un moyen de relever ses forces abattues. Que faire? Il n'avait même pas la vigueur nécessaire pour soulever ses bras.

Il eut encore, comme il n'avait jamais manqué de le faire

aux heures désespérées, recours à Dieu, et il lui revint au cœur un peu d'énergie. Il se souvint qu'il y avait à bord d'excellente bière de Philadelphie, même qu'une bouteille était déposée sur une planche, au-dessus de son lit. Il parvint à l'atteindre; mais, incapable de la déboucher, il dut briser le goulot contre la cloison; puis il s'en versa un grand verre, qu'il vida d'un seul trait. Il le trouva délicieux.

Il eut plusieurs fois recours à la précieuse liqueur; l'effet ne s'en fit guère attendre : à peine enfoncé de nouveau sous la couverture, le malade ressentit une sorte de vertige; tous les meubles de la cabine se mirent à tourner autour de lui; puis il eut une demi-heure de sommeil agité; enfin une sueur abondante le couvrit tout entier, et il s'endormit profondément.

Lorsqu'il sortit de ce sommeil réparateur, vingt-quatre heures, peut-être quarante-huit heures après, Marc sentit qu'il n'était plus malade, bien qu'il pût constater sans illusion son extrême faiblesse. Il tremblait à la pensée de l'effort qu'il lui faudrait faire pour se mettre sur son séant; bien sûr, ses pauvres jambes amaigries ne pourraient pas le soutenir; mais il était intérieurement réconforté par la sensation qu'il éprouvait d'avoir les idées aussi nettes que lorsqu'il était en bonne santé. Il regarda aussi comme un heureux symptôme d'avoir une grande envie de manger. Il ne savait pas combien il y avait de temps qu'il était malade; il était pourtant certain que de longs jours s'étaient écoulés depuis qu'il avait pris de la nourriture, sauf une ou deux bouchées de biscuit trempé dans de l'eau. Il pensa qu'il devait être son propre médecin et aussi sa garde-malade.

Sur une table de la cabine, il pouvait voir de son lit une cave à liqueurs qui contenait du genièvre, de l'eau-de-vie et d'autres liqueurs; il savait qu'il s'y trouvait une bouteille d'excellent vin de Porto, spécialement destiné aux malades;

Le pauvre animal vint lui lécher la main.

il se persuada que ce cordial le remettrait sur pied, seulement la difficulté était d'arriver jusqu'à lui.

Il fit un grand effort, et réussit à se mettre sur ses pieds; à l'aide d'une chaise, il parvint à se traîner jusqu'à la table. Une seule gorgée de la liqueur généreuse le ranima. Un peu réconforté, il voulut traverser la chambre et gagner un lit garni de linge blanc, préparé autrefois pour Bob, qui avait toujours préféré son hamac; il s'y étendit avec délices et éprouva aussitôt un grand bien-être. Il avait mis à sa portée de l'eau, du vin de Porto et du biscuit. Il usa du tout avec une grande réserve, et un sommeil réparateur s'empara de lui. A son réveil, sentant tout danger passé, il se traça tout un régime de convalescent, décidé à employer tous les moyens pour retrouver la santé. Ses malheurs l'avaient rendu patient et prudent; il savait que sa guérison dépendait désormais de sa sagesse et des soins intelligents qu'il saurait se donner.

Après un long repos, il se leva de nouveau et gagna, non sans peine, un meuble où le capitaine Crutchely avait placé son linge; il prit une chemise et sortit de la cabine.

Il y avait sur le pont, à l'entrée de la tente, un grand baquet placé pour recevoir l'eau de pluie; il quitta la chemise qu'il portait depuis si longtemps, et entra dans l'eau. Il n'y resta que quelques minutes, et, quand il en sortit, le malade se sentit un autre homme. Puis il regagna sa couche, mangea encore une ou deux bouchées trempées dans le vin, et s'endormit profondément.

Il s'était étendu sur son lit un peu avant le coucher du soleil; quand il s'éveilla, le soleil était monté bien haut sur l'horizon; en ouvrant les yeux, il aperçut Kitty, la petite chèvre, qui était déjà venue bien des fois le visiter dans sa cabine, mais que, dans le délire de la fièvre, il n'avait point remarquée. Il lui tendit la main, et le pauvre animal, comme touché de le voir redevenu attentif à sa présence, vint lui lécher la main. Dans l'état d'abandon où il se trouvait, Marc fut très sensible à cette marque d'affection.

Il se leva, prit un bain nouveau, mangea et but, comme la veille, avec une grande discrétion; le soir, il voulut se faire la barbe; mais son état de faiblesse était encore trop grand, il n'en put venir à bout.

Le lendemain, il fut assez fort pour allumer du feu et se faire une bonne tasse de thé. Puis, les jours suivants, il varia son régime, prit du cacao et un peu de vin pur; il se baignait tous les après-midi, changeait de linge et faisait quelques pas sous la tente. Le cinquième jour, il put se raser, ce qui lui fit très grand bien; à la fin de la semaine, ses jambes ayant repris un peu d'assurance, il monta sur la dunette et contempla ses domaines.

La verdure couvrait partout les rochers; Kitty paissait sur les pentes garnies de gazon; les porcs s'amusaient à fouiller et à fourrager partout; ils paraissaient tous gras et contents. Hélas! son pauvre jardin avait dû bien souffrir pendant sa maladie. Il est vrai que les pauvres bêtes, abandonnées et ne recevant plus leur provende quotidienne, seraient mortes si elles n'avaient envahi le potager. Les volailles ne paraissaient pas moins alertes et réjouies; il crut même apercevoir une troupe de petits poulets qui sautillaient autour de leur mère.

Huit jours plus tard, Marc se hasarda à franchir la passerelle et à aller jusqu'au cratère. Dans le jardin, le dégât était considérable; mais rien n'était encore absolument compromis. Il retrouva sa tente en place, et fut bien aise de pouvoir se reposer quelques heures dans son hamac, après avoir fait le tour de son jardin. Les porcs vinrent, sous ses yeux, faire un repas complet au milieu de ses plates-bandes; il était encore trop faible pour entreprendre de les chasser. Il vit même une truie accompagnée de dix petits déjà d'une grosseur raisonnable; ce spectacle ranima son estomac de convalescent; les aliments du bord lui semblèrent dès lors insuffisants, et, comme il avait un fusil tout chargé sous la main, il tua un de ces petits animaux; il parvint à le saigner et à l'écorcher; il emporta, non sans se reposer bien souvent, sa victime jusqu'à la cuisine du *Raucocus,* et il en fit plusieurs plats savoureux. Le mois suivant, sentant sa vigueur revenir, il fit encore trois victimes; il mangea aussi plusieurs petits poulets. Il était d'ailleurs insatiable, et il lui semblait, dans son appétit féroce, qu'il eût dévoré le cratère lui-même, bien qu'il n'eût point encore assez de force pour grimper jusqu'au sommet.

CHAPITRE X

Deux longs mois se passèrent avant que Marc eût entièrement recouvré ses forces, avant qu'il pût reprendre sans inconvénients les travaux les plus indispensables. La chose la plus importante était d'établir d'abord une solide barrière qui défendît aux animaux de sa basse-cour l'entrée du cratère, autrement son potager ne serait jamais en sûreté. D'autant mieux que les porcs ne s'étaient pas seulement contentés de retourner avec leur groin ses plates-bandes, ils commençaient à s'attaquer à ses gazons, et le jeune ermite ne voulait pas laisser endommager ses prairies : elles lui avaient coûté trop cher; c'était pour s'être trop fatigué à les semer qu'il était tombé malade.

Jusque-là ces aides improvisés n'avaient pas fait trop grand mal; en fouillant dans le sol déjà bêché, ils n'avaient fait que mêler plus complètement ensemble les divers engrais confiés aux cendres du cratère. C'était, sous ce rapport, bien des coups de bêche épargnés et beaucoup de fatigue aussi; mais il n'était point possible de les laisser s'engager dans cette voie.

Marc, pour faire sa barrière, se décida à couper une certaine longueur de la lisse de garde-corps, au pied du grand mât du *Raucocus ;* cela lui épargnait beaucoup de travail ; il n'y avait, en effet, qu'à fixer la porte sur un poteau, à l'une de ses extrémités, et la faire battre de l'autre bout sur le rocher. Pourtant, comme il n'avait pas encore été donné ni un coup de hache ni un trait de scie dans les œuvres vives du navire, que sa membrure était jusqu'à présent restée entière, Marc sentit son cœur se serrer; il lui sembla qu'il faisait une blessure à un vieil ami; et puis, à ses yeux, le fait d'entamer le bâtiment était comme le commencement de sa destruction; il se dit que toutes ses pièces s'en iraient ainsi les unes après les autres. Mais il fallait bien protéger ses plantations et craindre d'ajouter à ses autres maux celui de la famine, le plus redoutable de tous. Il était grand temps d'ailleurs de prendre cette précaution : Kitty ne respectait plus rien, et ses compagnons ne se montraient pas plus discrets qu'elle. Ils labouraient son sol; mais comme ils mangeaient sa récolte, Marc trouva qu'il n'y avait pas de compensation; néanmoins il voulut avant tout utiliser les guérets qu'ils avaient fouillés; au lieu de les laisser en friche, il les ensemença aussitôt, avec l'espérance fondée de faire deux récoltes en une année.

Par un travail constant et mesuré, Marc entretenait ainsi la vigueur et la souplesse de son corps; d'autre part, son esprit ne restait point inactif : la solitude, le malheur l'avaient mûri ; il pensait souvent à Dieu et à la destinée de l'homme. Ayant pris l'habitude de passer une partie des nuits dehors, parce que, sous cette latitude et dans cette saison, c'était l'heure la plus agréable, il s'éprit de la science astronomique. Il avait quelques notions du ciel, mais il n'avait pas poussé cette étude bien loin; heureusement il avait trouvé dans la bibliothèque du bord plusieurs traités très complets sur la matière, et, à l'aide d'un télescope et de deux excellentes lunettes qu'il avait achetés sur ses économies et qui, dans les dernières traversées, lui avaient déjà procuré une foule de jouissances, il était en train de devenir de première force.

Son télescope était monté sur un pied en cuivre, se manœuvrant fort bien et d'une grande puissance; il l'installa sur le Sommet et se mit à faire très régulièrement chaque soir, et parfois très avant dans la nuit, des observations du plus haut intérêt. Il montait aussi souvent dans la journée à son observatoire, pour jeter un regard sur la mer, gardant toujours l'espoir qu'un jour ou l'autre il apercevrait une voile à l'horizon.

Après le temps qu'avait duré sa maladie et qui s'était écoulé pendant sa convalescence, Marc avait perdu tout espoir de revoir Betts. Avait-il péri dans la tourmente qui l'avait si soudainement enlevé? Avait-il rencontré un bâtiment sur sa route, ou avait-il abordé à quelque terre habitée? Marc se posait ces questions vingt fois par jour, et, comme on le pense bien, elles demeuraient toujours sans réponse. Il se bornait à cette conjecture : la pinasse était bien approvisionnée, en bon état, capable de tenir la mer, sauf dans le cas de violente tempête; Bob était homme à la conduire, même à se tirer d'un mauvais pas; s'il avait continué à gouverner vers l'est, il n'était pas impossible qu'il eût pu atteindre quelque région de l'Amérique du Sud.

« Soit! se répétait Marc pour la centième fois peut-être; mais à quoi bon? »

Qui donc ajouterait foi au récit d'un simple matelot? Qui donc consentirait à envoyer un navire à la recherche du lieutenant Woolston, échoué misérablement dans une île inconnue? Aujourd'hui peut-être un gouvernement n'hésiterait pas; l'initiative privée pourrait elle-même, au besoin, réaliser un pareil acte de charité et de générosité; mais, à la fin du siècle dernier, nul ne pouvait entreprendre une semblable campagne, nul n'en avait le pouvoir.

Avait-il davantage la chance de voir un navire égaré, jeté hors de sa route et pouvant le recueillir en passant? Hélas! il n'y fallait guère songer; les récifs fermaient la voie; les bâtiments ne venaient point de ce côté. Notre pauvre exilé n'aimait pas beaucoup à s'appesantir sur ce sujet; il faisait tous ses efforts pour en écarter ses pensées. Sa piété, son courage que rien n'abattait, son amour de la science, le soin d'entretenir sa santé, étaient autant d'objets vers lesquels il tournait son esprit et son cœur, et il en éprouvait le plus grand soulagement.

L'automne s'avançait; mais l'automne, dans ces latitudes, n'est guère autre chose que la continuation de l'été; tous les fruits et les légumes étaient arrivés à leur complète maturité; Marc en avait en si grande abondance, qu'il fut dans la nécessité d'en abandonner la plus grande partie à sa basse-cour. Il put alors choisir parmi ses plants ceux qui convenaient le mieux à ces régions, ceux qui paraissaient plus capables de passer l'hiver, si toutefois il y avait un hiver dans son domaine.

Les arbres à fruits, les orangers, les citronniers, les figuiers rangés sur la crête des rochers avaient merveilleusement prospéré. Marc, voyant que les pluies avaient un peu entraîné l'humus qu'il avait autrefois déposé sur ces crêtes, courut en faire une nouvelle provision et en mit de nouveau au pied de ses arbres; il en transplanta même une partie, soit pour leur donner une meilleure exposition, soit même pour les arranger avec plus de grâce et d'élégance, car il en était venu à ce luxe de s'inquiéter même de l'aspect du paysage; il était bien loin du jour où il s'était demandé avec Bob si ce roc stérile pourrait jamais produire quelque aliment pour le soutien de leur vie. Maintenant il avait tout en abondance, tout par surcroît ; malheureusement le vieux marin n'était plus là pour partager avec lui ces dons magnifiques du Créateur, qui étaient aussi la juste récompense de leur travail et de leur industrie.

Il passa aussi en revue toutes ses plantes potagères, tous ses légumes, afin de déterminer les espèces qu'il était plus avantageux de cultiver; ainsi il trouva que les melons, les tomates, les aubergines, les oignons, les fèves, les pommes de terre communes avaient parfaitement réussi; la pomme de terre d'Irlande, au contraire, avait à peine produit un ou deux tubercules.

A force de guano, d'herbes marines et d'engrais de toutes natures, le sol, arrosé abondamment à plusieurs reprises, fouillé dans tous les sens soit par les naufragés, soit par les hôtes de la basse-cour, qui y allaient, comme nous l'avons vu, de fort bon cœur; le sol, dis-je, était devenu de première qualité. Marc résolut de donner à son jardin un labourage complet, comme cela se pratique, à l'entrée de l'hiver, dans une ferme bien tenue, et où les travaux de chaque saison s'exécutent avec régularité.

Il appela ses laboureurs à son secours; il connaissait leur habileté; il n'avait qu'à les laisser faire, se chargeant seulement de les écarter des parties de son jardin qu'il voulait préserver, et de les maintenir assez longtemps à la même place, pour que le travail fût fait avec ordre et d'une manière complète. Il remarqua pourtant, à cette occasion, que son troupeau devenait trop nombreux, et que, s'il le laissait ainsi se multiplier, l'île entière serait dévastée et ne tarderait pas à redevenir stérile. Il fallait mettre un terme à cette exubérance de progéniture. Il abattit un des porcs les plus gras, et le mit dans une bonne salaison pour son usage personnel; il en tua cinq autres, qu'il enfouit dans son jardin à une grande profondeur, ayant entendu dire que ces matières animales donnaient le plus riche des engrais.

Le jeune solitaire entreprit alors un voyage qu'il n'avait point encore voulu refaire depuis qu'il avait perdu son ami; d'abord parce que le rocher de limon avait été découvert par Betts s'en allant à la pêche, son amusement favori, et que ces tristes souvenirs ravivaient dans son cœur la douleur de leur séparation, et aussi parce que c'était dans cette opération du transport de la bonne terre dans le canot et le radeau qu'il sentait davantage l'utilité d'être deux pour cette difficile et longue manœuvre. Il s'y rendit pourtant et se tira assez bien de ces difficultés, ses forces comme son expérience s'étant beaucoup accrues par l'exercice, depuis son séjour sur le Récif. Il eut, pendant ce voyage, l'idée d'aller voir ce qu'était devenu le carré d'asperges qu'ils avaient semées avant l'accident. Il le trouva, à sa grande joie, en plein rapport; de tous côtés, à travers le limon, de superbes pousses montraient leurs têtes et ne demandaient qu'à être récoltées. Le pauvre solitaire, tout en pensant à la joie qu'eût éprouvée son ami, ne s'en fit pas faute; il aimait beaucoup les asperges, et il était sûr maintenant d'en avoir toute l'année. C'était d'ailleurs pour lui un excellent préservatif contre le scorbut, à ajouter à ceux qu'il avait déjà : les melons, les œufs frais, sans parler de la viande fraîche, du poisson, dont il ne savait que faire. Il n'avait plus maintenant à s'inquiéter de son alimentation; il la réglerait désormais à son gré, et de la façon la meilleure pour sa santé. Le cratère pouvait fournir à tous ses besoins, étant, comme tous les volcans éteints, d'une extraordinaire fécondité.

Peu de temps après que Marc eut repris l'entier usage de ses forces, il commença un nouveau travail qui devait être pour lui une source de grandes difficultés, et en même temps

Marc montait tous les soirs à son observatoire.

de vives satisfactions, et qui, de plus, pouvait avoir sur son avenir la plus heureuse influence. Depuis longtemps il souhaitait d'avoir une embarcation assez grande pour lui permettre, sinon d'affronter la pleine mer, au moins d'explorer les contours de la montagne de lave au centre de laquelle se trouvait son ermitage. Le petit canot lui rendait d'inappréciables services dans les circonstances ordinaires de sa vie, étant tout à fait maniable pour un homme seul; mais il ne pouvait pas s'aventurer bien loin avec lui, il était trop petit; aucun arrimage à bord, même le plus simple approvisionnement, n'était possible. Quant au radeau, il n'y fallait pas songer, car il était à la merci des vagues et même des moindres courants. Ce projet de construction était d'ailleurs une occupation agréable pour l'esprit de Marc, et c'est assurément ce dont il avait le plus besoin dans le moment.

La construction de la pinasse, sans faire de lui un charpentier émérite, lui avait donné une certaine expérience de la construction navale, et il se crut en état de mener à bonne fin sa nouvelle entreprise. Il y avait au fond de la cale du *Raucocus* des bois de toutes dimensions et de quoi construire, à coup sûr, une demi-douzaine d'embarcations comme celle qu'il allait entreprendre. La cale d'un grand bâtiment, équipé pour un long voyage et préparé à toutes les aventures, est une sorte d'arche de Noé, où tous les objets sont tellement entassés les uns sur les autres, qu'il faut avoir assisté à l'arrimage pour pouvoir s'y reconnaître et savoir ce qui s'y trouve. Marc avait, précisément à l'heure où le chargement du navire se faisait, été obligé de s'absenter fréquemment, tout occupé qu'il était de faire sa cour à Brigitte et de conclure son mariage. Il n'avait donc qu'une idée vague des divers objets embarqués pendant ces derniers temps; il faisait à chaque pas de nouvelles découvertes, mais aussi il devait employer un temps considérable à chercher, ce qu'en d'autres circonstances il eût pu trouver immédiatement et sans hésitation.

C'est ainsi qu'au lieu de planches brutes ou de bois en grume qu'il cherchait, il trouva successivement une étrave, une arcasse et une quille convenant à une embarcation de dix-huit pieds. Il ne s'attendait point à mettre la main sur de pareils trésors; il fut donc dans le ravissement de voir ainsi sa besogne abrégée de moitié, et il se hâta de transporter à son chantier tous ces matériaux précieux.

Pendant près de deux mois, il travailla à sa construction sans presque s'en laisser distraire. Il ressentit vivement l'absence de son compagnon; seul, que de peines il devait se donner pour obtenir des résultats, si facilement réalisables à deux! Il lui fallut des efforts considérables pour remettre en place la grande voile, qui avait une première fois servi de couverture à son chantier; les palans ordinaires ne lui suffisant plus, il fut nécessaire d'établir un cabestan volant, sans lequel il eût dû renoncer à son entreprise; il le laissa d'ailleurs en place, le réservant pour d'autres besognes tout aussi pénibles à exécuter pendant le cours de sa construction.

Le plan de l'embarcation lui demanda également beaucoup de temps et de peines; il ne savait pas assez le dessin; le calcul des proportions l'embarrassait à chaque pas. Il pouvait bien reconnaître pratiquement si un bâtiment avait de beaux fonds; mais les faire, les exécuter, c'était tout autre chose. Il adopta une méthode ingénieuse, mais longue et coûteuse, et qu'il serait difficile d'appliquer dans la construction d'un grand navire.

Ayant du bois de sapin en abondance, il scia deux fois plus de planches qu'il ne lui en fallait pour un seul côté de son embarcation, puis il les mit en place. Il travailla alors à les tailler, à les réduire, jusqu'à ce qu'elles eussent à peu près la dimension voulue ; ce premier travail fait, il employa toute une semaine à polir ses planches et à les aplanir à l'aide de l'herminette et du rabot, ramenant toutes ses lignes à de justes proportions. Trouvant à son gré le fond qu'il avait ainsi façonné, il détacha la moitié de ses pièces, en laissant les autres en place. Ce fut d'après ces patrons qu'il scia et coupa les couples de son embarcation, toujours en nombre double de ce qu'il lui fallait. Lorsque les couples et les varangues furent prêts, il les intercala dans les vides et les assujettit, en ayant soin de les adapter aux pièces laissées en place ; abattant ensuite ce qui restait de planches de sapin, il se trouva avoir la carcasse de son embarcation complète. C'était là assurément la partie la plus difficile de son opération ; elle n'était pas encore achevée quand les travaux du jardin, un peu négligés, l'obligèrent à quitter le chantier.

Il ne devait pas, sous peine d'exposer gravement sa santé, abandonner le soin de ses légumes et de sa basse-cour ; c'était là qu'il puisait la plus grande partie de son alimentation ; les montagnes de conserves, les tonneaux de légumes secs, emmagasinés dans le *Raucocus,* ne le tentaient guère, et il en usait avec modération. Ses provisions de thé, de sucre, de café, étaient loin d'être épuisées ; il n'avait point à s'inquiéter de tout cela. Il importait seulement de faire régulièrement ses semis, de récolter chaque fruit en son temps, d'entretenir sa basse-cour, de veiller à la trop rapide multiplication de ses porcs, et aussi et surtout, parce qu'il avait un goût prononcé pour elles, de cultiver soigneusement ses asperges. Elles atteignaient une grosseur vraiment extraordinaire : une demi-douzaine suffisait à un de ses repas. Elles auraient certainement fait à Londres la fortune d'un restaurant.

Il avait d'ailleurs acquis en horticulture une véritable expérience; maintenant il ne préparait plus qu'une seule couche à la fois; il y jetait ses semences, y plantait ses boutures, puis attendait plusieurs jours avant d'en ensemencer une seconde, afin de n'avoir pas tous ses légumes ou tous ses fruits mûrs en même temps. A l'aide de cette simple précaution, il était sûr de faire une récolte dans chaque saison et de manger toujours des primeurs.

Bientôt il put reprendre son métier de charpentier, sans abandonner complètement le jardinage, et ainsi, tout allant de conserve, avec mesure, il plaçait son dernier bordage en même temps qu'il donnait le dernier coup de bêche à son jardin.

Au point de vue matériel, il était donc parfaitement heureux, ayant tout à souhait et des meilleurs produits; sa table était toujours délicatement et abondamment servie. Une seule chose le contrariait un peu : il n'aimait point à faire la cuisine; il regrettait aussi parfois de n'avoir point dans tout son domaine une source d'eau vive. Il réprimait bien vite néanmoins dans son cœur ces mouvements de révolte, ces sentiments peu en harmonie à ce qu'il devait à la Providence, qui l'avait si évidemment comblé dans son malheur; il pensait alors à la situation de ceux qui étaient encore plus malheureux que lui, et il étouffait soigneusement ces murmures involontaires, tant il avait peur de se montrer ingrat.

Le printemps revenu se passa donc aussi agréablement pour lui que le souvenir de Brigitte, de sa famille et de son pays le permettait.

La nature autour de lui était resplendissante, les arbres grandissaient et promettaient déjà d'agréables ombrages; les prairies se déroulaient toujours vertes et riantes, du sommet de l'île jusqu'au rivage de la mer; les fleurs, dont les prairies s'étaient trouvées mêlées aux semences de graminées, s'épanouissaient de tous côtés; même il eut le bonheur d'apercevoir un jour des fraises sauvages. Il les repiqua sur une couche de son jardin préparée avec mille soins, goûtant à l'avance la douceur et le parfum de ce fruit délicieux.

Il ne vit nulle part la trace de mauvaises herbes, ce qui prouvait avec quelles précautions l'ami Abraham White avait choisi les semences dont il avait approvisionné son bâtiment; c'était un grand bonheur pour Marc, qui voyait ainsi sa besogne considérablement diminuée.

CHAPITRE XI

L'été revint avant que l'embarcation fût en état de prendre la mer; c'est que Marc avait voulu achever jusqu'aux moindres détails avant de la mettre à l'eau. Comme il lui restait plusieurs plaques de cuivre, il en doubla soigneusement les bordures pour combattre l'action des vers, si funeste dans ces régions. Il ne restait plus au jeune lieutenant, devenu ainsi maître charpentier et calfat, qu'à peindre son petit navire: ce qu'il fit avec amour, bien que Kitty toute seule pût en jouir avec lui. Il n'oublia pas non plus de lui donner un nom et de l'écrire en grandes lettres, à une place bien apparente, afin de l'avoir toujours sous les yeux. Il avait trouvé si bonne tournure à son embarcation, elle lui paraissait si légère, si gracieuse, qu'un seul nom pouvait lui convenir : il l'avait appelée *Brigitte-Yardley*. Les mâts, les voiles, les provisions, tout était en place; il n'y avait plus qu'à opérer le lancement.

A cette heure suprême, Marc fut assailli par des impressions si vives, qu'il ne parvenait pas à les maîtriser. Il sentit ses genoux se dérober sous lui, et il fut même obligé de s'asseoir un instant, car il se voyait tout prêt à défaillir.

Quelle influence aurait sur sa vie la *Brigitte,* une fois lancée sur l'Océan ? Il lui semblait que son existence était liée désormais à cette embarcation, à laquelle il avait donné le nom d'une épouse que la séparation lui avait rendue encore plus chère. Il tremblait qu'il ne lui arrivât un accident; il aurait déjà voulu la voir à flot, redoutant toujours un accident imprévu qui vînt mettre obstacle à la réalisation de ses vœux les plus ardents. Il était tellement impressionné, qu'il dut attendre assez longtemps pour retrouver son sang-froid.

Il parvint pourtant à se maîtriser, et reprit courageusement sa tâche; les derniers étais furent enlevés, et comme la barque demeurait en place, il lui donna un coup de maillet; l'embarcation docile se mit aussitôt en mouvement et glissa légèrement jusqu'au bord de l'eau, où elle entra en fendant les ondes. Marc reconnut aussitôt que sa *Brigitte* se comporterait à merveille, et que sa démarche était pleine de grâce et d'élégance. Sous l'impulsion donnée, elle avait filé assez loin dans la mer; Marc, ayant eu soin de l'attacher à un câble, la hala aisément à terre et l'amarra dans un petit bassin naturel qui semblait, par ses dimensions, justement fait pour elle. Il avait retiré plusieurs chevilles de fer du *Raucocus,* et les avait fixées dans la lave avec du plomb fondu ; il pouvait donc dès lors la laisser à flot en toute confiance.

La *Brigitte* n'avait guère que le quart des dimensions du *Raucocus,* bien qu'elle fût moitié aussi longue. Marc, sachant qu'il ne pourrait la manœuvrer qu'avec les voiles, avait établi sur l'avant un petit pont pour empêcher les vagues d'embarquer, et aussi pour mettre à l'abri ses provisions. Le lest se composait de plusieurs petites tonnes d'eau fraîche, déjà roulées à bord. Comme la journée n'était encore guère avancée, Marc ne put résister au désir de faire une petite croisière autour de la montagne de lave et de pousser une reconnaissance plus loin qu'il ne l'avait jamais fait à l'aide de son canot. Il mit quelques provisions à bord, détacha ses amarres et mit à la voile.

En sentant la *Brigitte* se mettre en mouvement et obéir au gouvernail, le solitaire du Récif éprouva la même impression que s'il avait trouvé un nouveau compagnon. Il avait fini par goûter la compagnie de sa petite chèvre Kitty; mais cette embarcation lui faisait remonter au cœur tous les plaisirs de son enfance. Il avait eu sa barque autrefois sur la Delaware, et ses délicieuses parties lui revenaient, il ne savait pourquoi, toutes à la mémoire, et ramenaient dans son âme une joie délicieuse avec les plus vives espérances.

Il avait à peine couru trois ou quatre bordées, qu'il se surprit à parler à son embarcation, à lui donner des ordres et des encouragements, comme si elle avait pu l'entendre. Obéissant à la brise, il passa entre le Récif et le Rocher de limon, doubla la pointe de l'île, et entra dans le bassin où était amarré le *Raucocus*. Il fit le tour du vieux navire, comme pour lui faire admirer sa nouvelle embarcation; puis, serrant le vent, il pénétra dans la passe par laquelle Bob et lui étaient entrés dans les eaux du cratère.

L'écume blanche de la mer lui indiquait aisément les brisants qui auraient été un danger pour son bateau; quant aux autres, il y avait assez d'eau sur leurs têtes pour qu'il pût les braver impunément. Il avança donc par courtes bordées, jusqu'à ce qu'il se trouvât exactement sur la ligne des deux bouées entre lesquelles le *Raucocus* avait passé; de là il gouverna directement sur l'écueil où le grand navire avait donné. La bouée de l'ancre de poste flottait toujours au même endroit, comme une sentinelle prête à donner un utile avertissement. Marc saisit le bout de la corde, et après avoir amené ses voiles, il se hala sur elle.

Amarré par l'orin de l'ancre du *Raucocus*, l'idée vint à Marc de jeter là ses filets, sachant que les récifs sont les meilleurs endroits pour la pêche; il réussit merveilleusement, et retira les plus beaux poissons qu'il eût vu depuis son arrivée dans ces parages. Cet amusement lui plut et le retint assez longtemps; il détacha enfin son amarre, hissa ses voiles, et se mit à manœuvrer pour gagner dans le vent.

Désireux de connaître l'étendue occupée par les brisants, il fut bientôt à dix milles au vent de son île; les mâts du *Raucocus* lui servaient de fanal, car le cratère ne se montrait plus qu'à de rares intervalles, et encore fallait-il pour l'apercevoir que la *Brigitte* fût sur le dos d'une lame; il paraissait alors une simple colline perdue dans le brouillard, et tout à fait au ras de l'eau; bientôt même les mâts dégarnis du bâtiment devinrent invisibles, et, sans sa boussole, Marc eût été fort embarrassé pour retrouver son chemin.

D'après les calculs de Woolston, les récifs devaient embrasser une étendue de plus de vingt milles; il n'en voyait point la fin; néanmoins il résolut de borner là son excursion pour cette fois; il mit en panne et prit un frugal repas. La fraîcheur de la brise le décida à prendre des ris, et avec une voilure ainsi réduite, il trouva la *Brigitte* aussi souple, aussi vive qu'il pouvait la souhaiter. La nuit allait venir; il jugea prudent de virer de bord et de rejoindre son habitation. Une demi-heure plus tard il revit distinctement les mâts du *Raucocus*, et le Sommet se montra de nouveau à l'horizon.

Marc avait pensé, si le temps le lui permettait, de passer la nuit en mer, désireux de savoir comment le bateau se comporterait durant son sommeil, puis, le lendemain, de reconnaître l'extrême limite des bas-fonds. Il voulait d'ailleurs adopter comme méthode de ne séjourner dans son île que le moins de temps possible; son jardin et sa basse-cour suffisaient complètement à le nourrir sans grand effort; il viendrait s'y reposer, s'y ravitailler, s'y abriter en cas de gros temps; mais il voulait désormais passer sa journée à croiser en pleine mer, dans l'espoir de découvrir un bâtiment qui pût le recueillir et le rapatrier. Jamais, en effet, les navires n'arrivaient jusqu'au cratère, les récifs faisant trop bonne garde pour les empêcher d'approcher. Il ne se faisait pas illusion, d'ailleurs; il savait bien qu'il ferait le guet pendant trois cents jours sans rien voir, mais qu'il ne devrait pas se départir de sa vigilance le trois cent-unième jour, car ce serait celui peut-être où le bâtiment sauveur passerait à portée.

Pour l'heure présente, le temps était loin d'être favorable à une longue excursion. En considérant de loin le cratère, il parut à Marc que jamais le ciel n'avait pris en cette région un aspect aussi sinistre; il y avait derrière le Récif, vers lequel il marchait aussi vite qu'il le pouvait, et qu'il eût déjà voulu avoir atteint, un amoncellement de vapeurs rougeâtres du plus lugubre effet. L'atmosphère était épaisse et embrasée; tout annonçait une tempête, suivie, comme à l'ordinaire, d'une inondation semblable à celle qui lui avait ravi son compagnon.

Il était encore à deux milles du Récif quand sa voile fouetta le mât de la *Brigitte:* le vent allait donc changer. Les oiseaux de mer, si paisibles habituellement, semblaient agités et inquiets; ils volaient autour de l'embarcation avec mille cris aigus, auxquels notre jeune ami ne pouvait attribuer et ne trouvait point de cause naturelle. Il en conclut qu'il devait se passer non loin de lui quelque trouble extraordinaire, et il souhaitait vivement de rejoindre son île, que tout à l'heure encore il méditait de fuir au plus vite et par tous les moyens possibles.

Le soleil se coucha au milieu de gros nuages embrasés et sinistres d'aspect; Marc avait encore un mille à faire, et il tremblait toujours de voir le vent changer brusquement et l'entraîner vers la pleine mer. Il aurait voulu, au prix de bien des sacrifices, être sain et sauf à bord du *Raucocus;* enfin, après une lutte aussi habile que courageuse, il ramena la *Brigitte* dans son petit bassin; il était alors neuf heures. Il amarra la barque avec grand soin, remercia Dieu de lui avoir encore une fois sauvé la vie; puis, sous le poids d'une chaleur, d'un accablement, d'une oppression dont il ne se rendait pas compte, il entra dans la cabine, et, fatigué, épuisé, il s'endormit profondément.

Il s'éveilla tout à coup, longtemps avant le lever du jour, et aussitôt il se sentit comme suffoqué. Ouvrant les yeux, il aperçut une lueur livide qui remplissait la cabine; il sauta de son lit, pensant que le feu était au bâtiment. Il s'habilla en toute hâte et courut sur le pont; n'entendant point le pétillement de la flamme, il se rassurait, quand tout à coup le *Raucocus* se mit à trembler, et les eaux s'agitèrent à l'entour, comme si elles allaient faire irruption sur ses ponts; en même temps des sifflements aigus se faisaient entendre, et des lueurs indécises et flottantes traînaient sur la surface des flots et paraissaient rayonner d'un centre, d'où de plus noires vapeurs et de plus sombres nuées s'échappaient avec un sourd murmure.

Ces ténèbres épaisses et ces sillons de lumière blafarde, et la suffocation qui s'emparait de lui, et l'agitation des vagues, comme les tremblements du navire, lui donnèrent la clef de ce mystère; il avait ressenti les secousses d'un tremblement de terre, et il assistait à une éruption volcanique. Une atmosphère de cendre et de fumée l'enveloppait. Marc jeta un regard anxieux sur le cratère, si beau, si frais, enfermant le prix de tant d'efforts, de tant de sacrifices; il ne doutait plus du malheur qui lui arrivait; il s'attendait à voir le cône, tant de fois franchi par lui, vomir des flammes.

A sa grande surprise, tout était tranquille de ce côté; l'éruption se faisait sur un autre point. Mais les vapeurs étaient si intenses autour de lui, qu'il n'était pas bien sûr de ses yeux, et, si son domaine semblait préservé pour l'instant, sa propre vie ne lui en paraissait pas moins menacée par le cataclysme. Bientôt il eut beaucoup de peine à respirer; des cendres légères l'aveuglaient, lui entraient dans les oreilles, le prenaient au cœur; il était prêt à être suffoqué. Heureusement pour lui, un coup de vent assez vif vint balayer ces exhalaisons fétides; l'atmosphère se dégagea, l'horizon s'ouvrit, et une brise, qui souffla en sens contraire, permit à Marc de se rendre un peu compte de la situation, tout en le sauvant d'une mort certaine; Marc était convaincu que, dix minutes plus tard, il eût été complètement asphyxié.

Sans quitter le pont du *Raucocus,* Marc attendit impatiemment le grand jour; les minutes lui paraissaient des siècles. Le soleil se montra enfin, et notre pauvre exilé s'avança sur le beaupré pour mieux voir ce qui se passait autour de lui. La première chose qui le frappa fut le changement qui s'était opéré dans l'Océan lui-même, et attestait à quelles convulsions terribles la région tout entière venait d'être livrée : des masses énormes de rochers se dressaient maintenant sur des points où il était sûr de n'avoir jamais vu jusqu'ici que des eaux tranquilles. La muraille de laves qui formait le bassin au milieu duquel était amarré le navire, s'élevant jusqu'alors de quelques pouces seulement audessus du niveau des eaux, montait maintenant à une hauteur qui atteignait bien une quinzaine de pieds. La montagne de granit, dont le Récif était l'un des pitons, s'était soulevée en grand; la nature, dans un effort nouveau, avait complété son œuvre déjà ancienne, — quoique, de fait, assez récente, puisque, comme nous l'avons constaté lors de l'accident du *Raucocus*, ces brisants et ces rochers n'avaient pas encore été signalés sur les cartes marines, tenues pourtant soigneusement à jour. — C'était comme une création nouvelle.

Marc, fort intrigué, courut à la poupe pour s'assurer des modifications qui avaient pu se produire dans son domaine. Le cratère avait été soulevé en l'air, avec le massif entier qui l'environnait à plusieurs milles à la ronde, mais sans qu'il en eût souffert à la surface: la hauteur de l'eau qui l'environnait avait seulement été considérablement diminuée. La plate-forme qui de l'arrière du navire menait au rivage, au lieu d'être sur un plan incliné, se trouvait maintenant de niveau; c'est à peine s'il restait assez d'eau dans le bassin pour maintenir le vieux bâtiment à flot.

Il faisait alors grand jour, le ciel et l'air étaient redevenus purs; Marc courut à terre, et se hâta d'entrer dans le cratère, puis il monta sans s'arrêter jusqu'au Sommet. Dans toute la partie de l'île qu'il venait de parcourir, il n'avait pas remarqué le moindre changement; rien n'avait souffert dans ses domaines; son petit troupeau, dispersé un peu de tous côtés, cherchait tranquillement sa vie comme de coutume, nullement préoccupé des révolutions de la nature qui s'étaient produites autour de lui. Une seule chose frappait le jeune homme: une mince couche de cendres, sur laquelle s'imprimait la trace de ses pas, recouvrait le sol tout entier; mais il n'eut garde de s'en inquiéter, le vent aurait bien vite raison de cette poussière impalpable qui s'était attachée aux feuilles des arbres, qui recouvrait les légumes, qui s'étendait partout sur les roches et donnait un aspect grisâtre, uniforme à tout le paysage. D'ailleurs, aussitôt que cette couche de cendres serait imprégnée d'eau, elle se mêlerait à la terre

Marc assistait à une éruption volcanique.

végétale de son potager, et sa fertilité en serait encore augmentée.

Lorsqu'il eut entièrement gravi le Sommet, il put alors se rendre exactement compte des étonnantes transformations opérées durant cette nuit, par suite de l'élévation subite du massif où il était venu échouer. La mer autour de lui avait disparu et était remplacée par des roches, de vastes étendues de vase ou de sable. Le cratère dominait toujours cet ensemble sorti tout à coup des abîmes; il en était toujours le centre, mais ce n'était plus cette île circonscrite à de si minimes proportions; elle se rattachait maintenant de tous côtés à des parties de terre solide qui s'étendaient dans toutes les directions à perte de vue; elle paraissait surtout environnée d'immenses bancs de sable; les masses écumeuses qui couronnaient la veille encore les brisants, qui lui avaient fait jusqu'alors une si redoutable ceinture, avaient disparu avec eux. La pleine mer avait été remplacée par des criques, des détroits, de petites rivières qui coupaient le sol, mais qui à première vue ne devaient point empêcher de faire à pied des marches de plusieurs heures. Marc, jugeant que cette transformation était trop considérable, trop importante pour n'être pas durable, se réjouit très fort à l'idée de pouvoir faire de longues promenades sans recourir constamment à son bateau. Quelle joie pour lui! il ferait des courses à pied sec pendant des heures, pendant des jours entiers, peut-être; il circulerait au milieu de ces rochers, de ces collines, de ces vallées; il grimperait sur ces promontoires. C'était tout un nouveau monde ouvert devant lui à ses recherches, et qui sait si ses limites reculées, mais encore inconnues, ne le mettraient pas en communication avec d'autres terres, des terres habitées, ou visitées au moins par des navires de passage?

Un seul côté de l'horizon demeurait obscur et caché pour lui : le côté du sud. Son regard, dans cette direction, n'atteignait pas à plus de deux ou trois lieues ; un nuage épais et brumeux confondait le ciel avec l'Océan. Marc devina que sur ce point, heureusement assez éloigné de lui et de son habitation, les forces souterraines cachées au centre de la terre, causes premières de la commotion, s'étaient frayé une issue. Sa science géologique n'était pas très étendue, mais il en savait assez pour chercher à se rendre compte du phénomène dont il avait failli être victime. Il supposa avec raison que des feux internes avaient dégagé des quantités énormes de gaz, qui avaient d'abord soulevé le sol terrestre et crevé la croûte à la surface au milieu même de l'Océan, et que l'eau, s'introduisant par les fentes dans ces abîmes incandescents et entrant en ébullition, avait produit une masse prodigieuse de vapeurs pour soulever les rocs environnants et causer le tremblement de terre qui avait agité le vaisseau à son réveil. Un nouveau cratère s'était donc formé à peu de distance, et il devait être au centre de ce nuage de fumée et de cendres qui montait au sud du milieu de la mer.

Arrivé à cette conclusion, qui pouvait être assez justifiée, Marc se remit à considérer le paysage et à étudier l'ensemble des différentes masses d'eau qui l'entouraient. Les unes étaient de petits lacs, trop peu profonds pour ne pas être promptement absorbés par les rayons brûlants du soleil ; d'autres, au contraire, lui parurent de véritables bras de mer s'étendant jusqu'au large, et il rangeait dans cette catégorie la ceinture d'eau qui entourait le Récif ; mais il ne pouvait encore décider cela d'une façon positive. Du point où il était placé, tous ces accidents divers étaient encore bien confus, et il ne savait pas si ce bassin circulaire aurait une communication directe avec la mer dans la direction de l'ouest. L'île du Guano et le rocher du Limon se rattachaient évidemment à la masse des rochers; ce n'étaient plus des îles isolées, elles se reliaient maintenant à la grande montagne volcanique dont il occupait le centre.

Le jeune lieutenant ne tarda pas à redescendre pour vérifier plus minutieusement qu'il ne l'avait fait au premier moment la situation du *Raucocus*. Il était toujours à flot au milieu du bassin, c'était un grand point; mais Marc descendit dans son canot et en fit le tour pour examiner de plus près l'état des choses. L'eau était redevenue tranquille et fort claire; le fond se voyait bien à plusieurs brasses de profondeur, et il remarqua aussitôt qu'entre le fond et la quille il ne restait guère plus de deux ou trois pieds d'eau. Or la mer était alors dans son plein, et comme la marée ne donnait d'ordinaire que vingt pouces d'eau, il était clair que par certains vents le vieux navire serait bien prêt de toucher. Il fallait donc renoncer à l'espoir de le faire sortir un jour de l'étroit bassin dans lequel il était désormais à jamais enfermé.

Alors Marc jeta son fusil sur ses épaules et partit pour faire une reconnaissance dans ses nouveaux domaines; il se dirigea vers la pointe située à l'ouest et qui était devenue partie intégrante du Récif; deux langues étroites de rochers d'inégale largeur, mais à peu près d'égale élévation, donnaient accès dans cette partie. Il y avait là de grands bancs de sable encore trempés d'eau, mais qui s'égouttaient lentement et ne tarderaient pas à devenir une vraie terre ferme. Tout à coup, arrivé au pied d'un banc de rochers, produit de la dernière éruption, il remarqua de l'eau qui, filtrant à travers les sables, semblait sortir de dessous la lave. Il crut d'abord que c'étaient les restes d'une infiltration des eaux de l'Océan. Ce spectacle était si attrayant pour lui, il trouvait tant de charmes à voir l'eau sourdre de dessous terre, qu'il se prit à considérer le phénomène de plus près. Il prit un peu de cette eau dans le creux de sa main, et, l'ayant approchée de ses lèvres, il reconnut que c'était de l'eau douce. Rien ne saurait rendre la joie qu'il éprouva en constatant ce fait si heureux pour lui. Pensez donc : un peu d'eau d'une fraîcheur délicieuse désormais à la disposition d'un malheureux qui, depuis si longtemps, n'avait pu étancher sa soif qu'avec de l'eau saumâtre, échauffée dans les tonnes et souvent bourbeuse! Il avait donc enfin cette source, après laquelle il soupirait si ardemment! Il se jeta à genoux, et, dans un élan passionné de reconnaissance et d'amour, adressa à Dieu une fervente prière.

Marc se mit aussitôt à creuser un petit bassin qu'il entoura soigneusement de grosses pierres, et quelques minutes plus tard il eut la joie de le voir rempli d'une eau aussi limpide que l'air, fraîche et du goût le plus agréable. Il ne pouvait plus s'en détacher; il y puisait avec délices; heureusement il se souvint à temps qu'il pouvait être dangereux de continuer ainsi d'en boire, et, se faisant violence, il s'éloigna de son trésor, plus précieux pour lui que toutes les richesses du monde, et reprit son voyage d'exploration à travers ce monde nouveau.

Il ne tarda point à arriver sur un point où les deux crêtes élevées qu'il avait remarquées tout d'abord, et qui étaient parallèles, formaient un canal de plus de vingt pieds de largeur et très profond. Il chercha vainement un passage pour atteindre de l'une à l'autre; il n'y put parvenir. Il retourna en toute hâte à son chantier pour chercher une planche dont il fit un pont. Il trouva partout, au milieu des rochers et des flaques d'eau, une immense quantité de poissons que la mer y avait laissés en se retirant. Mais il fit encore une autre découverte plus précieuse : ce fut, tout près du pont, une seconde source d'eau douce, beaucoup plus abondante que la première; elle traversait un banc de sable de quinze à vingt acres d'étendue, et trouvant ensuite sur son parcours une sorte de réservoir naturel, s'y entassait, en formant un petit lac qui écoulait son trop-plein dans la mer.

La première pensée de Marc fut d'aller vite à la recherche de son troupeau et de faire profiter ces pauvres bêtes de cette heureuse aubaine. Il dut faire passer successivement chacun de ses porcs sur la planche étroite jetée en travers du canal; les canards, qu'il avait également poussés devant lui, ne lui donnèrent pas autant de peine et accoururent à sa voix; Kitty l'avait aussi suivi. Marc fut dédommagé de ses soins par la joie de tous ces êtres, privés comme lui depuis si longtemps d'eau fraîche, et il resta là quelque temps, intéressé par leur bien-être et les regardant prendre leurs ébats. Il ne se détacha point de ce spectacle réjouissant sans prendre la résolution de laisser souvent ses porcs vagabonder à l'aise dans cette partie de son domaine, où ils pourraient fouiller le terrain sans lui causer aucun dommage et se rassasier d'eau douce à leur gré.

Le voyage de Marc ne commença, à vrai dire, qu'à partir de ce moment, et il dura toute la journée. Il fit en droite ligne plus de deux lieues; il est vrai qu'il en avait fait plus de quatre, à cause des circuits et des détours auxquels l'obligeait une semblable excursion.

Il rencontra alors un roc élevé de plus de cent pieds au-dessus du niveau de la mer, et qu'il voyait se dresser devant lui déjà depuis longtemps; du point culminant il avait une vue très étendue; il suivit d'abord du regard le canal qu'il avait traversé et qui contournait assez régulièrement le Récif, et se dirigeait ensuite à plusieurs lieues devant lui, vers le nord-ouest. Il vit beaucoup d'autres cours d'eau, qui étaient autant de criques larges et sinueuses; des lacs nombreux se montraient à droite et à gauche, et l'aspect général du paysage ne manquait ni de grâce ni de grandeur.

Marc trouva néanmoins de plus grands sujets de surprise et d'admiration dans la direction du sud. Le rideau de vapeurs qui depuis le matin lui cachait l'horizon, chassé par le vent, commençait à se dissiper; une colonne de fumée isolée à droite, et qui semblait sortir de la mer, continuait à monter dans le ciel; à sa base il aperçut, indistinctement d'abord, une masse sombre et confuse; mais à mesure que le brouillard se dissipait, il distingua clairement le pied d'une montagne, labourée et déchirée dans tous les sens de sa base jusqu'au sommet; elle s'élevait à une hauteur d'au moins mille pieds, et lui paraissait avoir plusieurs lieues d'étendue. A travers le noyau de fumée intense et continue, Marc crut distinguer à différentes reprises les flammes d'un ardent foyer et des lueurs fauves qui éclairaient tristement le paysage; il pensa avoir trouvé la cheminée du volcan dont l'éruption commençait à se calmer.

Il resta longtemps à considérer ce magnifique et effrayant spectacle, puis il redescendit dans la plaine de sable et reprit le chemin de son habitation, précédé de Kitty, qui, comme un chien fidèle, l'avait accompagné jusque-là et ne l'avait pas quitté d'un pas. A un mille de distance avant d'arriver au Récif, il retrouva ses porcs enfoncés dans la vase, repus, et paraissant dormir le plus voluptueusement du monde.

CHAPITRE XII

Marc Woolston ne fit guère autre chose pendant une dizaine de jours que d'explorer « le pays » qui venait de surgir autour de son îlot. Le jeune solitaire traversait chaque jour le bras de mer qui entourait son ancien domaine, et s'en allait à travers les rochers, hier encore dangereux récifs cachés sous les flots, marchant de découverte en découverte. Il lui plaisait d'aller à pied sec parmi ces écueils, qu'il avait deux ou trois jours avant franchi à bord de la *Brigitte,* le soir même de la terrible commotion volcanique. Il retrouva, suspendues au-dessus de sa tête, les bouées qu'il avait naguère établies avec Bob pour faire franchir l'étroite passe au *Raucocus,* le lendemain de la disparition de ses compagnons. Les terrains de formation nouvelle qu'il parcourait avaient les mêmes caractères qu'il avait constatés de l'autre côté de son habitation; c'étaient toujours de vastes étangs, des lacs d'eau salée, des dépôts de sable et de limon d'une étendue considérable, de temps en temps des crêtes de rochers qui montaient à une hauteur de quinze à vingt pieds, et formaient le trait caractéristique de ce paysage.

A mesure qu'il avançait dans cette excursion, Marc voyait les obstacles grandir, et les limites de cette contrée née d'hier paraissaient se reculer toujours davantage; il prit la résolution de cesser ses expéditions pédestres et de revenir à son embarcation.

Un matin il se mit donc en route sur la *Brigitte* et gouverna au vent, après être sorti du Bracelet, — nom qu'il avait donné au canal qui contournait le Récif, car il aimait ainsi à nommer chaque chose; c'était pour lui une sorte d'entretien avec les objets qui l'environnaient, et qui de loin le faisaient un peu rentrer dans la vie civilisée. — Il s'engagea d'abord dans une passe étroite qui le conduisit à un vrai bras de mer, s'allongeant presque en droite ligne vers le nord-est; sa largeur était d'un demi-mille, et il avait partout assez d'eau pour porter un grand navire. Il ne serait donc pas impossible un jour de faire pénétrer un bâtiment jusqu'auprès du Récif lui-même; mais c'était là une espérance trop peu fondée pour que Marc s'y arrêtât longtemps. Il appela pourtant cette passe le canal de l'Espérance. Il avait fait trois lieues à peu près quand il rencontra une bifurcation qui le fit hésiter un instant : le canal se divisait devant lui en deux branches, dont l'une courait vers le nord et l'autre se prolongeait à perte de vue vers le sud-est. Il appela le rocher qui formait le point de jonction la Fourche de la Pointe. Il se décida pour le second embranchement, peut-être parce que le vent favorable l'y poussait. La *Brigitte* continua donc sa course en portant au plus près; un peu plus loin, notre marin rencontra d'autres canaux entre lesquels il fallut encore choisir : il inclina alors un peu vers le nord-est. Cette nouvelle passe, qui pouvait avoir un demi-mille de largeur et une profondeur assez grande, le fit entrer dans un bassin ovale d'un mille de large dans son plus grand diamètre, qui était bordé par une ceinture de rochers s'élevant à une vingtaine de pieds; le fond était sablonneux, l'eau limpide, et la sonde donnait une trentaine de brasses : c'était donc un port naturel établi dans les meilleures conditions. Marc s'amusait depuis quelques instants à courir des bordées dans le « havre ovale », quand il reconnut des ondulations qui troublaient régulièrement la surface unie de ce bassin, qu'il avait cru d'abord fermé de tous côtés, et qui semblaient venir de l'extrémité nord-est. Il gouverna dans cette direction, et ne tarda pas à trouver un petit chenal de cent verges de largeur.

Comme le vent le favorisait, il s'y engagea sans hésiter, et bientôt il se sentit porté sur les vagues longues et houleuses de la pleine mer. Il entendit alors le mugissement de la lame battant la côte et plongeant dans les cavernes des rochers, et trembla un instant que son frêle esquif ne fût lancé sur ces rocs âpres et durs, sachant que le moindre choc le mettrait en pièces; mais il était trop bon marin pour redouter longtemps un semblable accident: il tint bon et vit qu'en virant à temps il pouvait parer les rochers de la côte qui lui restaient sous le vent. Après avoir couru deux ou trois courtes bordées, il se trouva à un demi-mille au vent d'une longue muraille rocailleuse haute de vingt à vingt-cinq pieds. Il mit alors en panne et jeta la sonde; il laissa filer quarante brasses de ligne sans atteindre le fond. Il examina alors sa situation : devant lui, à droite et à gauche, s'étendait à perte de vue la haute barrière de rochers qu'il venait de traverser, et derrière lui il put contempler l'immensité de l'Océan. Il était évidemment à l'extrémité des anciens écueils, devenus maintenant une terre ferme.

A quelle distance se trouvait cette limite extrême du Récif? Marc avait peine à s'en rendre compte; d'après le temps qu'il lui avait fallu pour la franchir, il estimait cette distance à vingt-cinq milles en ligne droite. Il ne pouvait plus apercevoir le Sommet ni les mâts du *Raucocus;* mais, dans le lointain, il distinguait fort bien le pic couronné de fumée qu'il observait de partout depuis ces derniers jours, et qu'il avait jugé être le centre du cataclysme qui avait bouleversé toute la région environnante. Après avoir passé une heure en pleine mer, s'éloignant graduellement de la côte, notre jeune marin dut songer au retour et gouverner vers les rochers, au milieu desquels était la passe qu'il lui fallait retrouver pour rentrer chez lui.

Le vent commença à fraîchir; Marc dut prendre des ris. Il fallait n'avancer qu'avec prudence en face de cette côte escarpée, où les vagues se brisaient avec un épouvantable fracas et un rejaillissement perpétuel d'écume. Il lui avait d'abord semblé que rien ne serait plus facile que de retrouver la passe, aussi n'avait-il pris aucun point de reconnaissance sur la côte. Il sentit bientôt toute l'imprudence qu'il avait faite; il chercha longtemps un point où la ligne d'écume fût interrompue. Si le passage eût été perpendiculaire, la chose eût été aisée; mais, au contraire, l'entrée se présentait obliquement et était couverte par une roche énorme; il lui eût fallu par conséquent être tout prêt pour l'apercevoir. Il chercha pendant plus d'une heure sans aucun succès. La nuit allait venir, et il ne voulait à aucun prix rester en mer, au vent d'une côte aussi dangereuse; il se décida donc à gouverner vers le nord pour découvrir une autre passe avant que l'obscurité complète ne fût venue.

Il courut alors pendant plusieurs heures, longeant toujours cette sombre muraille, dont l'aspect triste et lugubre était rendu plus sinistre encore, dans l'ombre, par la ceinture d'écume blanche que le flot lui jetait sans cesse. Nulle part il ne vit trace de passage. Il naviguait alors vent arrière, ayant largué tous ses ris, si bien qu'il calcula avoir fait ainsi une trentaine de milles; ce qui lui donnait une idée de l'étendue de ses nouveaux domaines.

Le soleil était couché quand il atteignit un cap ou promontoire au delà duquel la côte tournait brusquement vers l'ouest; c'était l'angle de l'immense montagne volcanique: Marc le nomma le cap Nord-Est. La *Brigitte,* serrant la côte, qui ne présentait plus alors aucun danger depuis qu'elle avait doublé le cap, cingla vaillamment à l'ouest pendant une heure, avec son foc entièrement déployé. Il était trop tard pour tenter de revenir le soir même au Récif; Marc chercha alors une anse où il pût aborder, car il ne se souciait guère de passer la nuit en pleine mer; il eut bientôt fait de trouver ce qu'il cherchait, il jeta le grappin et s'élança à terre. La côte était couverte d'un sable très fin, et un nombre incalculable de magnifiques coquillages de toutes formes, de toutes couleurs, réjouissaient la vue. Marc appela ce lieu, où il avait encore rencontré une source, la baie des Coquillages. Il soupa, but de l'eau fraîche, et s'endormit après cette journée remplie d'émotions et de fatigues.

Le lendemain, avant de s'embarquer, il prit son bain, puis, traversant de nouveau la petite baie des Coquillages, il s'engagea en suivant une large passe dans la direction du sud-ouest. Il avait bien calculé sa marche, si aventureuse qu'elle parût; car au bout de quelques heures il se trouva en face d'une pointe qu'il reconnut pour celle de la Fourche. Parti la veille par l'embranchement de droite, il revenait ce matin par la gauche. Il ne pouvait plus avoir, à partir de ce moment, la moindre hésitation sur le chemin à suivre pour rentrer au Récif. Vers dix heures il était à bord du *Rau-cocus,* où il retrouvait tout dans l'ordre où il l'avait laissé. Après avoir pris un peu de repos et laissé passer la grande chaleur, il monta dans les barres de perroquet pour examiner, avec plus de soin qu'il ne l'avait fait jusqu'alors, l'état des choses dans la direction du sud, où il méditait de faire de nouveau une autre croisière.

Le nuage de vapeurs épaisses qui s'était si longtemps maintenu au-dessus de l'emplacement de la nouvelle éruption s'était presque complètement dissipé. Il y avait encore un léger panache de fumée qui s'élevait doucement vers le ciel, pareille à celle qui s'échappe de la cheminée d'une chaumière assise au sommet d'un coteau et se détache légèrement sur le bleu du firmament. Autour tout paraissait calme et reposé; l'atmosphère était débarrassée de toute vapeur; la distance empêchait seule notre ami de distinguer tout à fait la configuration des lieux. Le Pic, qu'une convulsion puissante de la nature avait fait jaillir en un instant des abîmes de l'Océan, présentait un spectacle vraiment sublime. Marc le reconnut aussitôt, il s'était trompé dans l'appréciation de la hauteur; le pic s'élevait non pas à mille pieds, mais bien à deux mille au moins. On peut imaginer sans peine l'effet que produisait ce colosse aux flancs labourés par de rudes déchirures, et dont la tête bleuâtre dominait au loin l'immensité des flots. Marc l'appela, non sans raison, le pic de Vulcain. Il ne pouvait détacher ses yeux de ce spectacle grandiose, et il resta plus d'une heure en contemplation en face de cet étonnant phénomène avant de quitter les barres de perroquet; une émotion très douce pénétrait son cœur. Il avait été le seul témoin de cette transformation aussi magnifique que subite; il trouva dans cette pensée un motif pressant de remercier Dieu des faveurs sans nombre qu'il lui avait accordées dans son malheur; il y puisa un nouveau courage, et résolut d'entreprendre sans retard un voyage d'exploration pour reconnaître cette montagne qui venait de surgir si inopinément sous ses regards, accoutumés à ne rencontrer de ce côté que la mer ou les nuages.

Il consacra tout l'après-midi aux préparatifs de sa croisière, qui pouvait durer plusieurs jours. Il était tranquille sur l'issue de son expédition : le calme s'était fait partout autour de lui ; les convulsions de la nature semblaient, en effet, complètement apaisées; il n'entendait plus les sourds et menaçants murmures qui avaient plus d'une fois troublé ses nuits, ou fait trembler durant la journée le sol sous ses pas, depuis la catastrophe où il avait failli périr. Néanmoins il lui restait une sorte de terreur religieuse qu'il ne dominait pas aisément; il ne gardait aucune crainte de danger, mais son cœur se serrait malgré lui à la pensée d'approcher du théâtre où la nature venait de déployer tout à coup une si grande et si merveilleuse puissance. Cette préoccupation le poursuivit jusqu'à une heure très avancée de la nuit; ses paupières avaient peine à se fermer, bien qu'il se sentît l'esprit tranquille et le corps parfaitement dispos.

Il s'embarqua de grand matin et partit courageusement pour cette expédition, qui n'était pas sans difficultés; il lui fallait en effet, pour gagner la pleine mer, traverser d'abord le petit détroit qui séparait le Récif de la longue chaîne de rochers où il avait fait une si longue promenade à pied le lendemain même de l'éruption. Tous les passages lui étaient inconnus, et il n'avait pas la certitude qu'il y en eût jusqu'à la pleine mer. Il dut déplacer le petit pont qu'il avait jeté sur le canal et sous lequel son mât ne pouvait passer; il aperçut avec satisfaction tout son troupeau déjà acclimaté dans cette région nouvelle; il s'en félicita, pensant qu'au moins de cette façon son potager serait respecté durant son absence.

Il suivit d'abord des courants étroits, sinueux, s'enchevêtrant les uns dans les autres; puis il atteignit des passes plus larges et plus directes, et il alla ainsi jusqu'à la pointe méridionale. La *Brigitte* pendant tout ce trajet s'était fort bien comportée, et il avait de jour en jour plus d'estime et d'affection pour sa petite embarcation; il la connaissait maintenant et savait tout le parti qu'il en pourrait tirer à l'occasion. Il calcula, sans tenir compte des circuits, qu'il était au moins à vingt milles du Récif, et pourtant il ne lui semblait pas qu'il se fût sensiblement approché du pic de Vulcain. Il s'était donc beaucoup trompé dans l'appréciation de la distance et, après y avoir réfléchi, il résolut de passer la nuit à la pointe extrême du massif, afin d'avoir le lendemain une journée tout entière à consacrer à son expédition, ce qui ne lui semblait pas trop. Il avait encore devant lui plusieurs heures de jour; il chercha une anse commode et amarra son bateau, puis partit, son fusil sur l'épaule, pour parcourir les environs : il n'était pas mécontent de profiter de l'occasion pour explorer la côte, qu'il souhaitait vivement relever de la façon la plus exacte possible. Il remarqua d'abord combien cette rive méridionale était différente de celle qu'il avait visitée la veille; la baie où il venait de déboucher avait à son extrémité un vaste promontoire qui s'avançait considérablement dans la mer. L'entrée et la sortie en étaient faciles, bien en vue, et à son retour il était sûr qu'il la retrouverait très facilement pour rentrer directement chez lui.

Grâce aux masses énormes de sable et de limon que l'éruption avait déplacées et poussées à la surface du sol, l'eau douce abondait dans ces parages; Marc découvrit même un petit ruisseau d'une grande limpidité, qui allait se jeter dans l'anse où il avait amarré sa barque. Il remonta son cours pendant plus de deux milles, et arriva à un confluent où venaient aboutir une douzaine de petites sources s'échappant d'immenses bancs de sable, et qui s'étendaient devant lui à perte de vue. La soirée s'avançant, Marc regagna son

Marc ne pouvait détacher les yeux de ce spectacle grandiose.

embarcation et se prépara à prendre du repos, sachant bien qu'il aurait le lendemain besoin de toutes ses forces.

Deux heures avant le lever du soleil, Marc avait déjà fait son appareillage; le temps était fort beau, et la *Brigitte* filait cinq nœuds à l'heure; avec un vent aussi favorable elle eût pu en faire sept, mais les lames assez hautes de la pleine mer abritaient un peu ses basses voiles. Au moyen de sa boussole, Marc gouverna pendant deux heures dans la direction du sud-ouest. Quand le jour parut et que le Pic se montra de nouveau, notre marin n'eut qu'à s'applaudir du succès et de la direction de sa marche. Mais une nouvelle déconvenue l'attendait avec le retour complet de la lumière; il s'était tellement trompé dans ses évaluations primitives, que, malgré sa course de la veille et la rapidité de sa marche depuis son départ, il dut reconnaître qu'il était encore à une dizaine de lieues du but. Désormais il ne fit plus un mille sans faire de nouvelles découvertes; les collines et les ravins, teintés diversement par les lueurs du soleil levant, se montraient très distinctement sur les flancs de la montagne, et l'admiration de Marc redoublait à chaque instant. Mais ce fut surtout quand il ne fut plus qu'à une lieue du Pic qu'il put se rendre exactement compte du phénomène sublime qui s'était produit si près de lui. Le massif était beaucoup plus considérable qu'il l'avait imaginé; il n'avait pas moins de huit à dix milles de longueur, bien que sa largeur n'excédât pas deux milles; il se dirigeait du sud au nord et s'était présenté par son côté le plus étroit à l'observateur placé sur le Récif, d'où était venue l'erreur de Marc sur son éloignement et ses proportions.

Le vent ayant fraîchi vers la fin de la traversée, Woolston ne fut pas fâché de voir sa frêle embarcation entrer sous l'ombre projetée par les grands rochers de l'extrémité septentrionale de l'île. Il croyait déjà les ranger qu'il en était encore à plus d'un mille, tant les proportions gigantesques de la montagne mettaient en défaut sa science ordinaire et ses calculs. On peut dire qu'il ne put s'en former une idée qu'après les avoir touchés, pour ainsi dire; et alors, malgré l'abri qu'ils lui offraient contre les coups de vent, le roulement des vagues était si impétueux sur le rivage, qu'il craignait de ne pouvoir aborder. Il allait peut-être profiter des dernières heures du jour pour revenir sur ses pas, quand, à sa grande joie, il aperçut un havre préparé par la nature, et mieux disposé pour lui venir en aide que n'auraient pu le faire tout l'art et toute la science des hommes.

Entre deux rochers de même hauteur, et dont l'un d'eux s'avançait dans la mer de manière à la masquer presque entièrement, se montra tout à coup une étroite ouverture. Profitant du vent qui l'y poussait, il pénétra sans difficulté dans un bassin de cent verges de diamètre et environné de bancs de sable. L'eau avait plusieurs brasses de profondeur, et l'atterrissement était des plus faciles. Marc serra ses voiles sur-le-champ et sauta à terre en prenant le grappin avec lui; puis il s'agenouilla sur le sol et rendit grâce à Dieu.

Un courant rapide descendait en serpentant des plus hauts sommets et venait se jeter dans le bassin; Marc conçut aussitôt l'idée de le remonter, et il partit sans retard avec son fusil. L'ascension fut moins difficile qu'il ne l'aurait cru d'abord, et il put la faire constamment abrité des rayons du soleil par l'ombre des rochers.

Il gravit ainsi près de deux milles avant de mettre le pied sur un terrain plat; il arrivait aux trois quarts de sa course, quand tout à coup l'aspect changea de la façon la plus inattendue et la plus réjouissante.

L'aridité sauvage que Marc avait rencontrée partout disparut, et il dut reconnaître qu'il entrait sur un sol qui depuis longtemps déjà émergeait au-dessus des flots de l'Océan :

le sommet du pic de Vulcain, comme celui du Récif, avait seulement été porté à une plus grande hauteur lors de la dernière éruption. Autrefois placée à peine au-dessus du niveau de la mer, cette île déjà ancienne, trop basse pour être aperçue de la demeure du jeune solitaire, avait été portée à une altitude beaucoup plus considérable sans que sa surface eût été bouleversée ni son aspect modifié.

Un cri de joie et d'enthousiasme s'échappa de ses lèvres à la vue de ces côtes richement boisées : les cocotiers, les bananiers, toute la végétation luxuriante du tropique se déroulait devant lui. La verdure portait la trace d'une ondée qu'il avait vue tomber sur la montagne peu d'instants avant qu'il n'abordât, et il retrouvait les traces très visibles de la pluie de cendres qui avait recouvert quelques jours plus tôt ses propres domaines. Il pénétra dans un bouquet d'arbres et n'eut qu'à étendre la main pour ramasser des noix de coco, ce fruit délicieux dont le lait fournit une boisson si agréable, et dont la chair, quand elle est fraîche, présente une nourriture si succulente.

Il se reposa une heure sous ces ravissants ombrages, puis il se mit à parcourir la plaine, dont il ne pouvait se lasser d'admirer toute la beauté et la richesse. Il marchait de surprise en surprise, et passait des aspects les plus grandioses aux sites les plus riants. Une multitude d'oiseaux au brillant plumage se balançaient sur les branches des arbres, et il reconnut plusieurs espèces qui devaient fournir un excellent manger.

Il aperçut des becfigues en train précisément de becqueter un figuier garni de fruits; il en abattit plusieurs d'un seul coup de fusil. Puis il alluma un peu de feu et se prépara un délicieux rôti de gibier. Il avait dans son sac du biscuit et une bouteille de rhum; est-il besoin de dire qu'il fit le plus grand honneur à ce festin?

Son front s'assombrit pourtant tout à coup ; il était heureux, très heureux ; mais que n'avait-il un compagnon pour partager son bonheur ? Ah ! il n'eût plus rien eu à demander au ciel si sa jeune épouse eût été auprès de lui, jouissant avec lui des dons de la Providence !

Il était bien loin de s'imaginer que ses plus chers désirs étaient sur le point de se réaliser ; que bientôt il n'aurait plus rien à souhaiter, s'il était vrai que le cœur puisse jamais être entièrement satisfait sur cette pauvre terre !

CHAPITRE XIII

Le point le plus élevé de l'île, le Pic, était situé à l'extrémité septentrionale et à deux milles à peu près du bouquet d'arbres sous lequel Marc s'était reposé. La végétation s'arrêtait aux premiers contreforts de ce cône fortement incliné et dont les flancs étaient à peu près lisses, quoique portant la trace des dernières commotions. Marc comptait trouver là-haut une vue très étendue de l'Océan qui lui permettrait de relever des indications qu'il n'avait pas pu prendre à bord ni du sommet du Récif. Après un repas succulent et un repos suffisant, il entreprit son ascension avec beaucoup de courage, mais ne l'effectua pas sans fatigue et sans difficultés. Il ne mit néanmoins guère plus d'une heure pour atteindre le point culminant. C'était la vue immense qu'il avait souhaitée; découvrant d'abord l'île entière, il put en admirer toute la richesse, en constater toutes les ressources. La plaine se déroulait devant lui avec ses vergers remplis de fruits, ses prairies et ses bocages disposés à souhait pour le plaisir des yeux. Il y avait des parties tellement boisées, qu'elles semblaient de véritables forêts, avec toutes sortes d'arbres de la plus belle venue; c'était là une incomparable richesse dont il pourrait profiter, car jusqu'à présent il n'avait vécu que sur la réserve du *Raucocus*. Le climat était si doux, la végétation de l'île si vive, que notre jeune aventurier imaginait toujours qu'il allait voir des groupes de colons et d'agriculteurs apparaître au milieu de ces champs remplis de moissons, de ces prairies où l'herbe poussait si drue et si fleurie.

Il avait apporté avec lui la meilleure lunette du *Raucocus;* il put sonder de l'œil tous les recoins de cette terre vraiment merveilleuse, et nulle part il ne reconnut aucune trace positive de la présence de l'homme, rien même qui indiquât qu'un de ses semblables y eût pénétré : on n'avait point coupé d'arbres dans ces futaies ; nul n'avait cueilli avant lui des noix de coco ; pas la moindre trace sur la côte ou dans les clairières qu'on eût jamais allumé là le plus petit feu pour cuire des aliments. Il était seul comme toujours, seul comme sur son cratère ; il n'y avait point de quadrupèdes non plus ; les reptiles n'avaient pas davantage pénétré dans cette île fortunée, mais inhabitée jusqu'à ce jour. Les oiseaux étaient les seuls êtres animés qui eussent pris possession de cet Éden. C'était bien beau ; néanmoins Marc poussa un profond soupir : son isolement lui pesait de plus en plus. Et puis que faire de tant de trésors, d'un si beau séjour, si l'on n'avait point de compagnon pour l'apprécier, pour en jouir avec soi ?

Le Pic lui-même, quoique stérile et dénudé, était pour la plaine une source de richesses : ses flancs étaient par places couverts de guano, et les pluies faisaient descendre l'engrais dans la plaine et y portaient la merveilleuse fécondité qu'admirait Marc. Un ruisseau qui s'échappait, plus abondant qu'on eût pu croire, des pieds du Pic, serpentait à travers les prairies et recueillait sur son chemin, avant d'aller se jeter dans l'anse où était amarrée la *Brigitte,* une foule de petits affluents qui augmentaient considérablement son débit. Il y avait même sur son parcours un petit lac d'un effet charmant, et dont le trop-plein se déversait également dans la petite baie à laquelle Marc avait donné le nom d'anse Mignonne.

Ayant ainsi considéré tout ce qui l'environnait, le solitaire tourna naturellement sa lunette vers le groupe d'îles qu'il avait quitté la veille. Il le dominait du point élevé où il était placé, et en distinguait aisément les moindres détails, bien qu'à l'œil il pût à peine apercevoir le cratère et le *Raucocus*. Satisfait de cette inspection des lieux qu'il connaissait si bien, où il avait souffert et qu'il aimait pourtant à cause des ressources qu'il y avait trouvées, et surtout à cause des améliorations que lui-même y avait créées, il tourna ses regards vers tous les points de l'horizon pour voir s'il ne découvrirait pas d'autres terres.

Marc avait à peine dirigé sa lunette vers l'occident, qu'il bondit comme atteint d'une commotion subite : il avait en face de lui une terre, une terre parfaitement visible, située peut-être à cent milles, mais sur la réalité de laquelle il ne pouvait pas se faire illusion. Il se mit alors à la considérer attentivement, et pendant plus d'une heure ne put en détacher ses regards.

Sentant le vertige envahir son cerveau, il se détourna brusquement de ce spectacle trop attrayant et trop plein de promesses, et se mit à se promener au haut du Pic, allant et venant pour se remettre et aussi pour réfléchir. Le cône était si élevé et si abrupt, qu'il voyait de tous côtés la mer rasant les côtes de l'île ; il s'arrêta tout à coup dans sa promenade, cloué sur place, haletant, sur le point de perdre le souffle : il venait d'apercevoir une voile !

Une voile ! non pas à l'horizon, mais à ses pieds, dans les eaux du Pic ! Il n'avait pas vu un seul bâtiment se montrer, même à la plus grande distance, depuis la disparition de Bob, emporté avec la *Neshamony* par la tourmente, et il en voyait un s'avançant vers l'île et qui semblait vouloir y aborder.

Quand il eut un peu retrouvé son sang-froid, il s'agenouilla pour remercier Dieu; puis il prit sa lunette, et au premier coup d'œil reconnaissant l'embarcation, il poussa un grand cri :

« La pinasse! la *Neshamony!* »

Il courait comme un fou; il agitait son mouchoir, comme si ses signaux avaient pu être distingués à une pareille distance.

Il reprit sa lunette: c'était bien là la pinasse, la voile dont il avait lui-même donné la forme et les dimensions, la pinasse entraînée par la tempête, et qui après un intervalle de quatorze mois cherchait à regagner la plage où elle avait été construite; c'était la *Neshamony,* et Bob était à son bord.

Ayant retrouvé un peu de calme, Marc prit son fusil et en tira deux coups; il attendit, et ne voyant point de signaux à bord lui indiquant qu'on l'avait entendu, il continua ses décharges à intervalles égaux, jusqu'à ce qu'il eût vu un pavillon hissé au mât de l'embarcation, qui arrivait alors immédiatement sous le Pic. Il eut enfin la certitude d'avoir signalé sa présence quand il entendit un coup de fusil tiré à bord pour lui répondre.

S'élançant alors dans le ravin, Marc se mit à courir de toutes ses forces pour rejoindre la *Brigitte.* Il eut bientôt fait de descendre la montagne, de détacher le grappin et de démarrer. Il tremblait de ne pas arriver à temps pour rejoindre Bob, — car c'était bien lui! il l'avait reconnu, et à cet égard il n'entrait pas le moindre doute dans son esprit; — il sortit donc au plus vite de la petite passe et fit force de voiles. Comme il parait le dernier rocher qui fermait l'ouverture, il aperçut la *Neshamony* qui rangeait la côte à cent brasses de lui, cherchant à aborder. Il poussa un cri de joie, et de l'autre bord il lui fut immédiatement répondu, car Bob venait aussi de le reconnaître. Quelques instants après ils étaient dans les bras l'un de l'autre à bord de la pinasse. Marc resta longtemps sans pouvoir dominer son émotion ; ses larmes coulaient en abondance, et il ne rougissait point de montrer toute la joie qu'il éprouvait de rencontrer son vieux compagnon. Il vit enfin qu'il y avait un autre individu à bord, et comme cet homme avait la peau basanée, il en conclut, sans apporter plus d'attention à ce fait, que c'était un naturel d'une des îles voisines où Bob avait abordé, et qui avait consenti à l'accompagner à bord.

Ce fut Bob qui le premier rompit le silence :

« En vérité, monsieur Marc, il ne pouvait rien m'arriver de plus heureux que de vous revoir. Ah ! j'avais bien peur, quand j'ai entrepris ma croisière, de ne pouvoir vous retrouver ; je n'étais pas si sûr que cela de reconnaître mon chemin.

— Dieu soit loué, s'écria Marc, de sa grande bonté ! Merci, mon cher Bob, de ne m'avoir point oublié ! Vous avez donc abordé dans une de ces îles, que je vous vois en compagnie ? Ce que je trouve de plus merveilleux, c'est que vous ayez pu rejoindre le Récif, vous qui ne vous piquez pas d'ordinaire de savoir trouver votre chemin en pleine mer.

— Le Récif ! s'écria Bob, je ne le reconnais point. Cette montagne n'est pas le Récif, ou le pays a bien changé depuis que je l'ai quitté. »

Marc lui expliqua en deux mots les étonnants phénomènes dont il avait été témoin et les grands bouleversements de la nature opérés autour de lui. Il fit ensuite rapidement l'historique de sa propre vie depuis leur séparation : le fait capital était la construction de la *Brigitte,* qui l'avait amené le matin même au Pic, où ils venaient de se rencontrer si heureusement. Bob écoutait avec attendrissement les détails que Marc lui donnait, mais ne pouvait s'empêcher de tourner de temps en temps ses regards sur cette masse immense sortie subitement de la mer et que couronnait toujours la fumée du cratère, d'où s'échappaient parfois encore des flammes, de la cendre et même des blocs de pierre.

« Voilà, s'écria-t-il, voilà tous nos tremblements de terre expliqués ! A l'époque dont vous parlez, j'étais encore à cent cinquante lieues d'ici, et nous avons ressenti des secousses si violentes, que nous ne pouvions nous tenir sur nos jambes. Deux jours plus tard, j'appris que les choses s'étaient passées exactement de la même façon à plus de cent lieues de l'endroit où j'étais par un bâtiment qui vint nous rallier...

— Un bâtiment ! s'écria Marc, dans cette contrée ! Bob, vous n'avez pas rencontré de bâtiment !

— Si fait, Monsieur; il n'est point extraordinaire que j'aie rencontré un bâtiment dans ces parages. J'aurais plus tôt fait de vous conter mon histoire à mon tour; mais j'ai un long câble à dérouler, et si vous le trouvez bon, nous descendrons à terre jeter un coup d'œil sur cette île, et goûter aussi à ces moineaux que j'aperçois là-bas et dont la chair doit être de bon goût. Je suis natif de Jersey, vous savez, et je me connais en gibier. »

Marc eût bien voulu être renseigné de suite, surtout depuis qu'il savait que Bob avait rencontré un bâtiment et avait dû, par conséquent, recevoir des nouvelles de leur pays et peut-être même de leurs familles; mais il n'osa insister. Bob mourait de faim; il fallut accéder à sa demande, et les deux embarcations se dirigèrent de conserve vers la passe et furent bientôt amarrées côte à côte dans l'anse Mignonne.

Nos deux amis grimpèrent lestement la côte escarpée, suivis par l'homme de couleur, compagnon de Bob. Marc ramassa chemin faisant sa lunette et son fusil, dont il s'était débarrassé pour descendre plus vite. Arrivés à la plaine, les deux nouveaux venus ne purent s'empêcher de jeter des cris d'admiration, et Marc, remarquant que celui qu'il avait pris pour un naturel des îles s'exprimait dans la même langue que lui, se retourna pour l'examiner de plus près, puis s'écria tout à coup :

« Que vois-je, Bob ? Je n'ose en croire mes yeux ! Mais n'est-ce pas là Socrate ?

— Mais oui, répondit Betts, c'est *Soc,* comme nous disons, et Didon, sa femme, n'est pas bien loin. »

Cette simple réponse, cette dernière parole surtout, jeta Marc dans un trouble extrême : Socrate et Didon étaient les serviteurs favoris, les esclaves de Brigitte au moment où Marc avait quitté l'Amérique ; ils faisaient partie de la propriété dont elle avait hérité de sa grand'-mère ; ils lui étaient dévoués corps et âme, et l'appelaient maîtresse. Marc les avait vus bien souvent, et ils le connaissaient depuis longtemps ; si bien que Didon, avec la malice et la familiarité d'une servante préférée, avait pris l'habitude, bien avant le mariage de Brigitte, de l'appeler « son jeune maître ». Une foule de questions se pressèrent à la fois sur ses lèvres en reconnaissant Socrate ; mais il s'abstint, n'en ayant au fond qu'une seule à faire et tremblant de la poser. Il attendit.

Marc n'était guère en état de se rendre compte de sa propre situation ; il marchait comme en un rêve, ne sachant pas bien au juste ce que les événements de la journée avaient de réel. La découverte d'une terre sans doute habitée dans son voisinage, la vue d'une voile sur l'Océan, la rencontre de son compagnon Bob, enfin la reconnaissance qu'il venait de faire des serviteurs de Brigitte : tous ces faits l'avaient jeté hors de lui ; il ne savait plus ce qu'il faisait ; il n'osait élever la voix, poser des questions, tremblant de voir son rêve s'envoler et sa vie d'isolement le ressaisir de nouveau.

Il mena ses compagnons droit au bosquet sous lequel il avait dîné deux ou trois heures auparavant; il restait encore une abondante provision mise en réserve pour le soir : Bob fut charmé de faire honneur à un si bon repas, préparé d'ailleurs à souhait pour son appétit; il fut surtout bien aise de l'arroser d'un vieux rhum qu'il connaissait bien, mais dont il n'avait pas bu depuis longtemps. Il avait eu, en effet, depuis qu'il était sorti de son exil, l'occasion de constater bien souvent que le capitaine Crutchely était véritablement un connaisseur, et il s'était aussi reproché de ne s'être pas montré assez reconnaissant pour sa mémoire lorsqu'il avait si souvent, pendant son séjour sur le Récif, puisé sans compter à sa précieuse réserve.

Bob mangeait lentement d'ordinaire; il parut ce jour-là prolonger encore plus son repas, comme s'il se fût délecté dans un parfait épicurisme, voulant jouir aussi complètement que possible des biens de la vie. Brave garçon! il avait un mobile bien plus élevé : il voyait l'effet qu'avait produit sur son jeune ami son apparition inattendue sur cette côte, et il redoutait pour lui une émotion trop vive qui aurait pu le tuer; il n'était donc pas fâché de retarder ses explications. Il était bien aise que Marc eût reconnu le nègre; cela devait, lui semblait-il, le préparer à apprendre les nouvelles les plus extraordinaires.

Mais son dîner, malgré sa lenteur, s'acheva, et il fallut bien se décider à parler, à raconter ses aventures; il jugea prudent de prendre encore des précautions oratoires, de procéder par voie d'insinuations qu'il croyait fort habiles pour atténuer l'effet de ses paroles; puis il entra décidément en matière.

Marc, qui le connaissait, ne voulut point l'interrompre ni

même l'engager à se hâter; il savait qu'il ne gagnerait rien à vouloir donner à sa narration un tour plus vif. Il le laissa aller, contenant son impatience, et au fur et à mesure qu'il parlait sentant son cœur se raffermir et sa volonté de minute en minute plus maîtresse d'elle-même. Il avait été à l'école du malheur et avait su en profiter.

Bob fut pourtant bien long et bien diffus : n'importe, Marc le laissa s'appesantir sur les courants, les vents contraires, la marée, toutes les circonstances matérielles de son voyage, craignant, s'il lui disait un mot, de s'attirer des répliques qui ne feraient qu'embrouiller le récit. Le lecteur n'aurait point la patience de Marc; il ne supporterait point les longueurs de Bob avec le même courage; aussi ne donnerons-nous que la substance de son récit.

Lorsque Betts avait été entraîné par la tempête l'année précédente, il n'avait eu d'autre parti à prendre que d'abandonner la *Neshamony* au gré des vagues. Il avait fait néanmoins tous ses efforts pour gagner le vent, essayant de parer les masses d'écume qui annonçaient la présence des brisants; il n'y réussissait pas toujours, la tempête l'emportant par-dessus les obstacles. Heureusement le vent avait fait monter l'eau considérablement, et la pinasse put passer sur tous les récifs sans même les effleurer; trois heures après il se trouva en pleine mer. L'ouragan, trop violent encore, l'empêcha de déployer ses voiles, et il resta le jouet des flots jusqu'à ce que le vent fût tombé.

Il resta dans ces parages à chercher pendant huit jours le moyen de revenir sur ses pas; il n'y put réussir. Il perdait, disait-il, pendant la nuit le chemin qu'il avait gagné pendant le jour; — il ne voulait pas convenir que cela était le résultat d'un défaut d'orientation. Huit jours plus tard une terre se montra sous le vent, et Bob mit le cap dessus dans l'espoir de la trouver habitée. Il ne fut pas trompé;

c'était une montagne volcanique d'une composition analogue au pic de Vulcain et complètement déserte. Marc reconnut la terre qu'il venait d'apercevoir du haut du pic et qu'il avait considérée avec tant d'intérêt.

De ce point, que Bob avait nommé en souvenir de son vieux navire l'île Raucocus, il avait aperçu d'autres terres au nord et à l'ouest; il s'était alors dirigé de ce côté, espérant y rencontrer quelque bâtiment faisant le commerce de la cire et du bois de santal. Cent lieues plus loin, il trouva en effet un groupe d'îles fort basses, mais habitées. Les indigènes étaient d'un naturel fort doux et assez accoutumés à voir des hommes blancs; mais l'apparition soudaine de la *Neshamony,* conduite par un seul homme, leur fit une impression profonde; ils crurent à quelque apparition merveilleuse, et prodiguèrent au vieux marin toutes sortes de marques du plus grand respect. Ces hommages révélèrent à Bob le cas qu'on faisait de lui, aussi ne manqua-t-il pas d'exploiter la situation; il se prêta de la meilleure grâce du monde au rôle qu'on voulait lui faire jouer. Il se lia intimement avec le chef des indigènes et échangea son nom avec lui; désormais il ne s'appela plus qu'Ooroony, tandis que le chef prenait le nom de Betts. Ils partirent ensemble pour un voyage d'exploration, dans lequel Bob avait compris qu'il rencontrerait un bâtiment. Le fait était vrai. C'était un navire espagnol, de l'Amérique du Sud, qui servait à la pêche des perles et était sur le point de mettre à la voile pour retourner dans son pays.

Le chef indien eut des démêlés avec le capitaine espagnol et quitta Bob, tout en l'assurant du regret qu'il avait de l'abandonner ainsi, et ce dernier se décida aussitôt à s'embarquer sur le brick, qui appareilla le lendemain. Il débarqua à Panama, traversa l'isthme et arriva à Philadelphie cinq mois après son départ du Récif. Il s'en alla tout de suite

Rencontre de Marc et de Bob à bord de la *Neshamony.*

raconter ses affaires aux armateurs du *Raucocus;* ils abandonnèrent aussitôt toute prétention sur le bâtiment, ne voulant pas risquer une grosse somme pour essayer de le tirer du mauvais pas où l'avaient jeté la tempête et l'incurie de son capitaine. Ils retombèrent sur les assureurs; Bob jura que le navire était à jamais perdu, et tout fut dit. Ce serment devint plus tard la base d'un procès qui dura aussi longtemps que vécut l'ami Abraham White.

Cette affaire terminée, Bob s'en alla secrètement trouver Brigitte, et lui fit un récit circonstancié des événements. La jeune femme versa un torrent de larmes; Anne, la sœur de Marc, ne fut pas moins émue. Il était temps d'ailleurs que Bob arrivât : en effet, il y avait plus de trois mois que le *Raucocus* aurait dû être de retour de son expédition, et le docteur Yardley s'efforçait de persuader à sa fille, qu'en admettant que son mariage fût valide, — ce qu'il contestait fort, — elle était veuve désormais.

L'ancienne division des deux confrères Yardley et Woolston s'était encore augmentée dans ces derniers temps. Anne, la sœur de Marc, avait épousé un jeune médecin qui n'était malheureusement d'accord ni avec le père de sa belle-sœur, ni avec son propre beau-père; ce qui donnait à sa femme, déjà douloureusement affectée de l'absence de Marc et de sa séparation d'avec Brigitte, de constantes inquiétudes.

Le docteur Yardley avait encore une raison pour persuader à sa fille que son mariage ne devait pas être considéré comme sérieux : sa propre femme était morte, et sa famille avait hérité d'une grosse somme dont il voulait garder l'administration. Aussi avait-il introduit en justice une instance tendant à établir que sa fille n'avait point été mariée légalement; qu'il y avait eu clandestinité, détournement, violence et le reste; que d'ailleurs le mariage eût-il été légal, il y avait lieu de le casser. Enfin il soutenait, surtout devant sa fille, que Marc, étant absent depuis près de deux années, devait assurément avoir succombé, et que le *Raucocus* devait s'être perdu corps et biens dans des mers inconnues, et qu'on n'en entendrait plus jamais parler. Sur ces entrefaites, un prétendant à la main de Brigitte se présenta, et son père se hâta de l'assurer de son agrément et de l'encourager dans la poursuite de son dessein. Brigitte, au désespoir, ne savait plus que faire.

Bob arriva donc tout à fait à point. Il fit les choses très secrètement ; il alla sans se trahir de chez les Woolston chez les Yardley, et réciproquement ; il eut des réponses pour toutes les questions, donna des conseils et fut un organisateur merveilleux.

Brigitte se décida à aller elle-même à la recherche de son mari, et en même temps, pour n'être plus tourmentée par son père, à s'arranger de façon à rester avec Marc dans son île et à y passer, s'il le fallait, la fin de ses jours. M. Heaton, médecin sans clientèle possible entre MM. Woolston et Yardley, résolut d'accompagner Brigitte avec sa femme, et d'aller chercher fortune dans cette île inconnue dont Bob parlait avec un enthousiasme communicatif. Ne fallait-il pas aussi aider la femme de ce pauvre Marc à le retrouver et à le tirer de sa solitude, et le meilleur moyen n'était-il pas de la partager avec lui ?

Grâce au frère de M. Heaton, qui habitait New-York, on put se réunir sous un prétexte d'affaires dans cette ville, où Brigitte avait précisément placé les mille dollars qu'elle tenait de la succession de sa grand'-mère ; et tout le monde fut bientôt prêt à partir. Socrate, Didon et Junac, les esclaves de Brigitte, mis dans le secret, étaient partis clandestinement. Bob amenait aussi une recrue : l'amie Marthe Waters, qu'il connaissait de longue date et qu'il venait d'épouser, ayant trouvé le temps de mener à bien tous ces grands projets dans l'intérêt de son ami Marc Woolston, et par-dessus le marché de travailler aussi à son propre bonheur.

Toutes les mesures avaient été si bien prises, que nos neuf aventuriers purent mettre à la voile sans obstacle ; ils avaient expédié la veille à Bristol des lettres fort tendres, où ils expliquaient tout au long leurs projets. Cinq mois plus tard, ils étaient à Panama. Ils retrouvèrent là le navire qui avait amené Bob ; il était en partance, ils s'embarquèrent donc de nouveau sans perdre un instant. Ils prirent même à Panama une nouvelle recrue : un charpentier nommé Bigelow, qui consentit à les suivre avec sa femme et son petit enfant, et s'engagea à rester avec eux moyennant une somme convenue.

Soixante jours après, ils arrivèrent à l'île aux Perles et débarquèrent là avec tous leurs effets. Bob y retrouva des connaissances ; il avait d'ailleurs apporté de précieux cadeaux, et il sut s'en servir. Il eut vite conclu un arrangement pour faire transporter sur des canots toute sa troupe et leur cargaison jusqu'aux îles de son ami Betts. Ce n'était pas peu de chose, car ils avaient amené avec eux deux vaches, un jeune taureau, deux poulains, des chèvres et un assortiment complet d'instruments d'agriculture. Ils avaient trois cents milles à faire ; le voyage s'effectua sans peine. Bob retrouva la *Neshamony* où il l'avait laissée. L'espèce de culte dont elle était l'objet l'avait fort bien défendue ; nul n'avait osé s'en approcher. Son ami Ooroony d'ailleurs l'attendait. Le vieux marin lui donna un fusil, et leur amitié fut ainsi cimentée pour jamais. Il fallait maintenant gagner l'île Raucocus ; la *Neshamony* ne pouvait pas transporter la colonie et sa cargaison. Bob conclut un nouveau marché, et l'on s'embarqua encore une fois. Personne d'ailleurs ne manquait de courage ; l'espoir les soutenait tous, et ils se sentaient d'autant plus résolus, qu'ils approchaient davantage du but.

Heaton et Bob renvoyèrent les sauvages dès qu'ils eurent atterris à l'île Raucocus; ils ne souhaitaient pas leur apprendre le chemin du Récif. Arrivés là, et à l'exclusion de tout étranger, on tint conseil. L'île offrait de grandes ressources; il y avait des arbres fruitiers, des oiseaux, de belles prairies; en un mot, des ressources plus grandes qu'au Récif même à l'heure où Bob l'avait si involontairement quitté. L'endroit n'était donc point mauvais pour un premier établissement, car il fallait bien établir un campement pendant que l'on tenterait de retrouver Marc. Il était dans les environs, disait Bob; mais de quel côté? On chercherait; mais la *Neshamony* ne pouvant contenir toute la colonie, force était donc de l'établir ici durant les recherches.

Il fut décidé que Bob irait d'abord seul à la découverte, accompagné de Socrate. Mistress Heaton venant d'accoucher, son mari ne pouvait la quitter; d'ailleurs il devait rester pour s'inquiéter des intérêts de tout le monde.

Bob ne savait pas où était le Récif, mais il était convaincu qu'il le trouverait du côté du vent et dans un rayon de cent milles. De l'île Raucocus il avait aperçu le pic de Vulcain; il ne comprenait pas que ni lui ni Marc n'eussent jamais remarqué cette montagne. Il en conclut que le Récif devait être bien loin en arrière du côté du Nord, et que c'était la route qu'il fallait suivre pour retrouver Marc. Il gouverna donc d'abord vers le Pic autant que le vent le lui permit; après dix heures de marche, il arriva dans ses eaux. Il venait d'en faire le tour et cherchait s'il ne découvrirait pas un endroit où il pût aborder, quand il avait entendu les coups de fusil tirés par Marc.

CHAPITRE XIV

Rien ne saurait rendre l'émotion de Marc sachant enfin que Brigitte était près de lui, saine et sauve après tant de tribulations, pensant qu'il allait la rejoindre en quelques heures. Il remercia vivement la Providence de cet incomparable bienfait, qui lui faisait oublier tous ses maux passés. Quelle douceur aussi pour lui de voir toute cette colonie qui venait habiter son désert et le transformer! Quel charme également dans le souvenir de ce dévouement de sa jeune épouse, de sa sœur bien-aimée, de son beau-frère et de tous leurs compagnons, qui venaient à lui, confiants, partager ses biens, acquis au prix de tant de peines, et qui abandonnaient pour lui la vie civilisée et les avantages que leur offrait leur patrie !

Marc et Bob commencèrent par tenir conseil, et décidèrent de transporter au plus tôt au Pic tous les nouveaux venus. Il y avait en effet à craindre que les naturels du pays, connaissant l'asile des blancs, ne vinssent leur faire de trop fréquentes visites; il régnait d'ailleurs entre eux de grandes divisions, et un parti ennemi d'Ooroony pouvait fort bien, en haine de ses protégés et par amour de la rapine, les piller un jour ou l'autre. Il leur importait donc beaucoup de mettre le Pic le plus tôt possible en état de défense.

Le soleil se couchait quand la *Neshamony* partit pour l'île Raucocus; la route n'était pas difficile à tenir, et nos trois amis étaient tous d'excellents marins. La pinasse se comporta fort bien, et Bob ne perdit pas une occasion de faire ressortir ses bonnes qualités. Marc passa presque toute la nuit, pendant que Socrate dirigeait l'embarcation, à demander à son vieil ami de nouveaux détails sur la santé de sa femme, sur la manière dont elle avait supporté la traversée; il paraissait avoir retrouvé tout son calme, bien qu'il fût évident qu'il n'avait qu'une pensée : revoir celle qu'il aimait à bon droit si tendrement.

A dix heures du matin, ils n'étaient plus qu'à dix milles de l'île; un peu plus tard, Bob arbora un pavillon en haut de son mât : c'était le signal convenu pour apprendre à ses amis qu'il ramenait Marc Woolston avec lui. Bob montrait déjà de loin les tentes dans lesquelles Heaton et toutes les personnes dont il avait la conduite étaient logées. Mais le signal avait été aperçu : les tentes se soulevèrent, et Marc vit accourir sur l'esplanade où ils allaient aborder Brigitte suivie des autres colons. Il s'élança en avant : sa femme l'aperçut et se précipita vers lui en tendant les bras; elle poussa un cri de joie et s'affaissa. Comme on rangeait la côte, notre solitaire sauta lestement sur un rocher. Bob reprit aussitôt le large, allant débarquer sur un autre point et voulant laisser ces deux jeunes gens, si malheureux de leur longue séparation, jouir sans témoin de leur incomparable félicité. Il ne fallait pas que personne pût troubler la joie de cette première entrevue.

Une demi-heure plus tard, Marc et Brigitte vinrent rejoindre leurs amis. Marc se jeta dans les bras de sa sœur, et fut heureux de faire la connaissance de son nouveau beau-frère. Quand on fut un peu remis des émotions de la rencontre, Marc raconta ses aventures depuis le départ de Bob. La colonie ainsi réunie ne pouvait se décider à reprendre la mer, et l'on passa huit jours à goûter cette vie pleine d'intimité et de douceur dont le pauvre solitaire avait été privé si longtemps.

Il était cependant nécessaire de penser au départ, de ne pas s'attarder davantage, pour les raisons que nous avons déjà fait connaître et dont chacun appréciait toute la justesse.

Les vaches et les poulains présentèrent pour le transport de grandes difficultés : la pinasse n'avait point été aménagée pour recevoir de pareils hôtes. On trouva néanmoins une combinaison qui rendit la chose possible, tout en réservant un espace suffisant pour embarquer en plus cinq ou six personnes. Les femmes firent naturellement partie du premier convoi, sous la conduite de Marc, d'Heaton et de Socrate. Bob et Bigelow restaient dans l'île avec le reste des animaux et des bagages ; on calculait d'ailleurs que huit jours suffiraient pour cette expédition, qui allait avoir à lutter en cette saison contre le vent. Marc fut obligé de prendre des ris et de gouverner vers le sud pour laisser à la pinasse la liberté de son allure ; il avait résolu de ne virer de bord qu'à la hauteur du volcan, comme l'avait fait Bob dans sa première croisière. Au coucher du soleil, il était en vue du volcan, et le lendemain matin, après deux bordées, il n'en était plus qu'à une lieue ; il vira de nouveau et gouverna vers le nord-est. Le volcan était tranquille ; les grondements souterrains, qui n'avaient point cessé complètement, étaient pourtant considérablement diminués. Ce qui rassura encore Marc, c'est que le fond de la mer s'élevait progressivement et régulièrement; ayant jeté la sonde, il ne trouva pas plus de quinze brasses d'eau.

La nuit était venue, et avec elle le vent avait beaucoup fraîchi. Cette dernière circonstance lui donna l'occasion de reconnaître les qualités de la pinasse, qui ne s'était point encore trouvée à pareille épreuve. Les lames étaient longues et fortes, et malgré cela le petit bâtiment courait de l'avant avec un merveilleux aplomb. Il faisait si sombre, qu'ils n'avaient guère que le vent pour se diriger; mais vers minuit, sans qu'il se fût opéré de changement dans l'atmosphère, ils sentirent tout à coup la mer plus calme; ils en conclurent qu'ils étaient sous le vent de l'île. Ils coururent donc de courtes bordées jusqu'au jour, et au lever du soleil ils virent le géant se dresser devant eux. Ils n'avaient plus qu'à longer la côte pour retrouver l'anse Mignonne. Ils eurent pourtant de la peine à la découvrir, faute d'avoir assez bien relevé la côte avant leur départ. Marc commençait à s'inquiéter, quand elle s'ouvrit subitement devant lui. Il y trouva, calme et tranquille, la *Brigitte,* qu'il y avait amarrée avant son départ.

Il s'agissait maintenant de transporter la cargaison au sommet du ravin, dans la plaine où ils avaient résolu d'établir leur demeure. Marc et Socrate, Didon et Thérèse, la femme de Bigelow, se chargèrent des fardeaux les plus lourds, selon leurs forces; Heaton eut assez à faire de soutenir sa jeune femme, qui portait elle-même son enfant. Brigitte, joyeuse, s'élança en avant, curieuse de connaître sa nouvelle résidence, dont on lui avait raconté des merveilles, et elle arriva dans la plaine un quart d'heure avant les autres. A leur arrivée, ils la trouvèrent assise dans le bosquet où Marc avait pris son repas quelques jours auparavant, et ayant déjà cueilli un énorme bouquet de fleurs et toute une provision de fruits.

Nos explorateurs avaient apporté avec eux tous les éléments d'un bon repas : le feu fut vite allumé, et la marmite mise en place. D'un seul coup de fusil, Heaton tua plus de becfigues qu'il n'en fallait pour le rôti. Marc présenta un panier d'œufs frais qu'il avait précédemment apporté du Récif ; ils se mirent à table et mangèrent d'excellent appétit, après la course du matin et les rudes efforts de la montée. Le contentement et la joie étaient sur tous les visages, comme ils étaient dans tous les cœurs.

Il ne fallut pas moins de deux jours pour monter dans la plaine la cargaison de la *Neshamony*. On commença par dresser les tentes ; elles étaient très confortables et avaient toutes les deux un plancher en bois. On construisit un hangar couvert de chaume à côté, et le troisième jour, tant on fit diligence, l'installation était prête. Marc songea alors à retourner à l'île Raucocus. Cette séparation coûta bien des larmes à Brigitte; mais sa désolation ne fit point hésiter son mari ; il devait trop à ses amis pour n'aller pas lui-même au-devant d'eux, et d'autre part il tremblait que les sauvages n'eussent fait de nouveau leur apparition dans l'île depuis son départ.

La traversée devenait à chaque fois plus facile, par la connaissance qu'on acquérait des vents et des courants ; il fallut trois heures de moins pour franchir la distance. Arrivée au point du jour, la pinasse, dont le chargement fut vite expédié, pouvait repartir le soir même.

Quand la *Neshamony* fit sa seconde entrée dans l'anse Mignonne, Brigitte était sur la côte ; et Marc, comparant ce retour à tant d'autres durant sa vie solitaire, fut profondément ému de cette attention de sa chère femme : il en oublia un instant toutes ses fatigues, mais il n'omit point de remercier Dieu de ce grand bienfait.

Il ne fut pas aisé de décider la vache à faire l'ascension

du ravin; heureusement quelqu'un eut l'idée de porter devant elle son veau, et elle s'empressa de le suivre ; elle fut vite dédommagée de sa peine quand, arrivée au sommet, elle vit se dérouler devant elle les immenses et belles prairies qui garnissaient tout le plateau.

Marc demeura au Pic pendant le troisième voyage. Heaton, qui avait laissé là-bas des caisses précieuses dont il voulait surveiller l'embarquement, fut chargé de conduire l'expédition; sa femme d'ailleurs reprenait de jour en jour ses forces, sous l'influence d'un climat si doux et si vivifiant. Marc lui donna des instructions; il n'était point étranger, d'ailleurs, à la navigation, et il partit avec Socrate. Quatre jours après son départ la *Neshamony* rentrait au port, amenant une seconde vache, son veau et deux chiens.

Voyant qu'il pouvait compter sur son beau-frère, le jeune Woolston résolut de retourner faire une visite au cratère et d'emmener avec lui sa femme, à laquelle il souhaitait vivement de montrer son ermitage. Thérèse, que Didon soignait comme sa maîtresse elle-même, resta au Pic, et les deux époux s'embarquèrent un matin sur la *Brigitte*. Le soleil levant leur montra à distance la montagne qu'ils venaient de quitter, et ce spectacle leur parut si grand et si sublime, que Brigitte s'écria tout à coup :

« Votre récif, mon cher Marc, peut être fort attrayant; je l'aime pour les ressources qu'il vous a fournies; pourtant je doute fort qu'il vaille la résidence du Pic. Je crois que nous devrons toujours en faire notre demeure préférée.

— Je le crois comme vous, chère amie; si nous voulons fonder sérieusement une colonie, le Pic devra en être le centre. Mais le cratère ou le Récif nous fournira du poisson et des légumes; nous utiliserons aussi l'île Raucocus, où nous ferons nos pâturages.

— Que je souhaite vivement de le voir, ce Récif! »

Le cratère se montra bientôt dans le lointain, puis on aperçut la cime des mâts du *Raucocus*. Marc doubla le promontoire qu'il avait nommé le cap du Sud, et ils voguèrent à pleine voile dans la passe entre les rochers. La vue de ces solitudes arides fit monter des larmes dans les yeux de la jeune femme; elle pensait à la vie triste et abandonnée qu'avait dû mener là, durant de si longs mois d'exil, son pauvre mari, n'ayant d'autres ressources que les provisions du bord et celles qu'il avait su se procurer à force de travail et de persévérance. Marc lui dit de prendre patience, qu'elle verrait bientôt à l'entrée du cratère tous les biens que Dieu lui avait prodigués dans son malheur, et comment son travail opiniâtre avait été largement récompensé.

Le troupeau de porcs, abandonné à lui-même depuis si longtemps, ne tarda pas à se montrer; il avait grandement prospéré et se composait au moins d'une vingtaine de sujets, tous en parfait état. Ils avaient labouré une surface immense de terrain, et il ne faudrait que bien peu de travail pour en faire une prairie superbe.

Vers le milieu du jour, nos explorateurs abordèrent au lieu ordinaire de débarquement et trouvèrent chaque chose à sa place. Kitty broutait sur le Sommet; à la vue des nouveaux arrivants, elle accourut comme un chien et se mit à bondir et à gambader pour montrer toute la joie qu'elle éprouvait de retrouver son maître. Elle fit également fête à Brigitte, qui la caressa beaucoup, songeant qu'elle avait été longtemps la seule compagne de son mari.

La jeune femme voulut pourtant avant tout faire visite au vieux *Raucocus;* elle ne mit pas sans émotion le pied sur le navire: c'est dans sa cabine qu'elle avait été mariée. Cette même cabine avait été témoin des souffrances de Marc; il y avait été gravement malade, et y avait vécu seul, abandonné, sans secours: tous ces souvenirs délicieux et tristes assaillirent la jeune femme quand elle y entra et firent couler ses larmes en abondance. Marc la consola : la cabine avait toujours été hospitalière pour lui, et Dieu, sans parler de son mariage, l'avait comblé là de tous ses dons. Il y avait été malade, il est vrai, mais il y avait trouvé tous les remèdes qui l'avaient remis sur pied ; il y avait rencontré toutes les douceurs qui lui étaient si nécessaires, et qu'il avait si fort appréciées ; il avait puisé dans la cargaison du navire tous les moyens dont il s'était servi pour régénérer ce rocher stérile. Il y avait trouvé une provision de bois, et ce trésor était devenu pour lui, par la construction de la *Neshamony* d'abord, de la *Brigitte* ensuite, le moyen de recouvrer sa liberté et d'être réuni aux siens.

Tous deux tombèrent à genoux et remercièrent Dieu, dont la bonté éclate jusque dans les châtiments qu'attirent nos fautes : tous deux avaient mérité d'être châtiés pour n'avoir pas assez respecté l'autorité paternelle ; mais ils avaient de nouveau trouvé grâce devant le Seigneur, et il leur prodiguait maintenant ses dons et ses faveurs.

Marc alla faire une promenade dans son potager, pendant que Brigitte s'occupait du déjeuner ; elle était initiée à tous les secrets de l'art culinaire, aussi nous laissons à penser si son mari, de retour, trouva le festin délicieux. Lorsque le soleil eut un peu perdu de sa force, ils visitèrent le cratère et le Sommet. Brigitte ne se lassait point d'admirer toutes les richesses que Marc avait accumulées dans ce coin de terre et en si peu de temps ; elle allait de surprise en surprise : elle rencontrait des radis gros comme son poignet, des laitues pommées, des melons fondants, des asperges comme elle n'en avait jamais vues au marché de Philadelphie. Elle trouva la petite installation de Marc au Sommet vraiment ravissante ; elle en voulait faire, disait-elle, sa promenade favorite.

Brigitte voulait tout voir : on dut ensuite visiter le poulailler; il avait fort prospéré pendant l'absence du propriétaire. Trois couvées nouvellement écloses causèrent la plus grande joie à la jeune femme, et elle fut ravie de dénicher dans une petite tonne pleine de paille toute une collection d'œufs frais.

Ils rentrèrent enfin dans la cabine et se reposèrent délicieusement des fatigues d'une journée si bien remplie.

Ils passèrent entièrement seuls toute une semaine sur le Récif. Malgré son affection pour sa chère Anne, Brigitte se récria quand Marc parla de retourner au pic de Vulcain; mais le gouverneur, — c'est le nom qu'Heaton donnait déjà à Marc en prévision d'un avenir prochain qui réclamerait, au nom de l'ordre et pour assurer le bonheur de tous, l'adoption d'une hiérarchie reconnue nécessaire; — le gouverneur déclara qu'il ne voulait pas abandonner plus longtemps ses amis, qui peut-être avaient besoin de lui. Il ne pouvait se défendre d'un pressentiment fâcheux en pensant que les naturels des îles connaissaient leur retraite, et qu'un jour ou l'autre la petite colonie pourrait les avoir sur les bras.

La traversée heureusement fut rapide; l'arrivée de la *Brigitte* coïncida avec celle de la *Neshamony*, qui rentrait précisément en ramenant le reste de la cargaison. On avait seulement laissé deux chèvres dans les montagnes, sûr qu'elles y trouveraient aisément leur vie.

Bob rapportait pourtant une nouvelle inquiétante : quand la pinasse chargée n'attendait plus qu'un vent favorable pour mettre à la voile, on avait aperçu une flottille de canots et de catamarans, — sorte de radeaux fort en usage chez les sauvages, — qui faisait force de rames vers l'île Raucocus. Ces indigènes venaient assurément des îles Betts. A l'aide de sa lunette, Bob avait reconnu à bord du canot principal un certain Waally, qui avait toujours été l'ennemi d'Ooroony. Cette expédition ne devait donc pas être pacifique.

La pinasse avait aussitôt pris le large et mis à la voile. Ne redoutant rien pour l'instant d'un ennemi tout à fait impuissant dans ces conditions, il avait manœuvré pendant une heure autour de la flottille pour faire ses observations avant de s'éloigner.

Il avait fort bien reconnu une expédition de guerre et remarqué deux blancs au milieu des naturels des îles; ils étaient montés dans le canot de Waally. La présence de ces deux matelots, échoués sans doute sur ces îles sauvages, ne lui parut point d'un bon augure. Alors, pour dérouter cette troupe ennemie, au lieu de mettre dehors au vent de l'île, il avait gouverné dans la direction opposée. La nuit étant venue sur ces entrefaites, il revint sur ses pas; mais, ayant à lutter contre le vent, il lui fallut trois heures pour regagner le terrain perdu. A onze heures, il doublait enfin la pointe septentrionale de l'île et rangeait de nouveau la côte. Les sauvages n'avaient point allumé de feu dans leurs camps; mais l'intrépide marin voulait à tout prix avoir des renseignements; il amena ses voiles, mit pied à terre et se glissa le long des rochers dans la direction où il pensait trouver les naturels.

Il avait été éventé, et était surveillé à son insu; au moment où il rampait au milieu des buissons et des herbes pour s'approcher davantage du but qu'il poursuivait, une main se posa carrément sur son épaule. Bob, bien armé, allait faire un mauvais parti à l'homme qui le dérangeait ainsi dans son expédition nocturne, quand ces mots lui furent adressés en bon anglais :

« Où allez-vous ainsi, camarade? »

Cette question, faite discrètement et à voix basse, rassura l'honnête Bob. On s'expliqua : c'étaient les deux hommes

Un inconnu, au milieu de l'obscurité, mit la main sur l'épaule de Bob.

blancs qu'il avait aperçus ; ils s'étaient cachés et avaient habilement surveillé ses mouvements. Les sauvages endormis les croyaient au milieu d'eux ; ils suivirent Bob sur la pinasse.

Par un hasard providentiel, Bigelow les connaissait ; ils avaient navigué sur le même bâtiment, et de plus étaient compatriotes et du même village. Venus tous trois sur un baleinier dont le capitaine était un ivrogne, ils avaient successivement quitté le bord. Bigelow avait pris la route de Panama, où il s'était marié ; Peters avait retrouvé Jones dans ses courses vagabondes, et tous deux erraient à l'aventure depuis assez longtemps dans les îles aux Perles, quand Waally leur avait offert de l'accompagner dans son expédition. Ils avaient accepté, dans l'espoir de trouver un moyen de se rapatrier.

Tout à coup des cris retentirent dans l'île : les sauvages avaient sans doute aperçu la pinasse, ou remarqué l'absence des blancs. Bob donna l'ordre de lever l'ancre, et l'on partit : Jones, heureux de s'attacher à un sort inespéré ; Peters, à moitié hésitant à cause d'un mariage qu'il avait contracté avec une jeune indigène nommée Peggy, et qu'il regrettait beaucoup ; mais il fut pris à l'improviste et contraint par la nécessité. Jones le consola en lui faisant comprendre qu'il n'était pas impossible que sa femme vînt le rejoindre un jour.

Bob était fort content de ces nouvelles recrues ; les moyens de résistance de la petite colonie se trouvaient ainsi fort augmentés dans le cas d'une attaque, et d'autre part les sauvages, privés de ces deux habiles matelots, auraient de la peine à marcher contre le vent et à lui créer de bien sérieuses inquiétudes.

Marc félicita Bob de son courage et de son habileté, et tous les colons firent bon accueil aux nouveaux venus. Puis l'on songea immédiatement à préparer une défense sérieuse du pic de Vulcain, car il était évident qu'on aurait un jour ou l'autre à subir les attaques des sauvages ; le mieux était de se mettre tout de suite en mesure. La résistance n'était pas bien difficile à organiser : le *Raucocus* avait à bord huit caronades de douze, montées sur des affûts d'un maniement aisé ; la provision de poudre était au grand complet. Marc forma donc la résolution d'aller vite chercher avec la pinasse deux caronades et de les placer au haut du ravin, seul accès qui permît de parvenir dans la plaine où le campement avait été établi, et qui commanderaient également l'anse Mignonne tout entière.

Sans doute le Récif serait de même par la suite exposé aux incursions des sauvages ; mais quelques hommes à bord du *Raucocus* avec deux ou trois pièces suffiraient à défendre la position, et il serait aussi aisé de rendre le cratère inexpugnable.

Dans le conseil tenu pour discuter cette grave affaire, Heaton proposa d'établir une sorte de gouvernement, auquel tous jureraient d'obéir, et qui dirigerait les affaires de la petite société. Marc nommé gouverneur par acclamation, Heaton et Betts reçurent le titre de conseillers à vie. Cela se passa fort tranquillement ; quand les intérêts sont tous communs et peu nombreux, il est aisé de se constituer en société d'après les principes les plus justes et les plus simples ; au contraire, lorsque les intérêts deviennent plus divisés et opposés les uns aux autres, les complications se présentent, et l'organisation de toute société devient bien plus difficile.

Marc, très intelligent et très bon, prit son rôle très au sérieux, et n'eut plus d'autre pensée que de procurer le bien-être général de la colonie qui lui était désormais confiée, sachant bien qu'un chef doit s'oublier, se sacrifier, s'il le faut, pour le salut de ses subordonnés. Avant tout il fallait organiser la défense du Pic. Les armes à feu ni les munitions ne manquaient; Heaton en avait apporté une provision. Il importait tout d'abord de placer ces munitions en lieu sûr; Peters et Jones furent chargés de creuser une caverne à l'entrée de l'Escalier, — c'est le nom que l'on donnait au ravin conduisant de la baie à l'habitation des colons, — et à l'abri des inondations.

Marc fit établir au Pic un bûcher qui devrait lui servir de signal pendant son expédition au Récif, dans le cas où des barques suspectes se montreraient au large. Il partit alors avec Betts, Bigelow et Socrate, emmenant aussi Didon et Junon, qui devaient, indépendamment de la cuisine qu'elles avaient à préparer, lessiver une quantité énorme de linge sale que Marc avait mis de côté sans le nettoyer depuis son arrivée dans l'île; il puisait au magasin toutes les fois que le besoin s'en faisait sentir, et n'avait jamais eu le courage d'entreprendre un blanchissage embarrassant et fastidieux pour lui, assuré qu'il était que la réserve irait au delà de ses besoins. Heaton resta avec les deux matelots pour surveiller le Pic, et donner ses soins aux femmes demeurées près de lui.

En revoyant ces lieux qu'il connaissait naguère si bien, Betts marchait d'étonnement en étonnement; les lacs étaient devenus des prairies, les rochers de véritables montagnes; le cratère et le Sommet lui réservaient aussi les plus agréables surprises : il n'avait vu que l'ébauche; maintenant le travail était achevé, et la réussite dépassait tout ce qu'il avait pu espérer.

On se mit vite à l'œuvre, dès le lendemain matin; Socrate, qui avait apporté sa faux, se mit à attaquer le pré qui environnait le potager de Marc; les deux femmes s'agenouillèrent devant leurs baquets, et les marins se mirent à descendre dans la pinasse les caronades, puis les caisses de munitions, de biscuit, des barils de bœuf et de porc salé, nourriture dont Marc ne faisait plus maintenant grand cas, mais qui pouvait rendre encore bien des services à la colonie. On tua aussi deux porcs afin d'avoir de la viande fraîche, et vers le soir Bob s'en alla pêcher et rapporta plus de cent poissons. A dix heures du soir, la *Neshamony* appareilla de nouveau; Bigelow restait sur le *Raucocus* pour faire une inspection générale du bois, ainsi que la famille Socrate, qui avait encore de la besogne pour plusieurs jours. Au sortir des passes, Marc donna le gouvernail à Bob; puis ayant considéré l'horizon pour voir si quelque signal lui était adressé du Pic, il s'endormit profondément et s'éveilla dans l'anse Mignonne secoué par son ami.

Deux pierriers armaient déjà la pinasse; Marc mit le feu à l'un d'eux pour annoncer son retour. En un instant, tous les membres de la colonie accoururent, les saluèrent joyeusement, puis s'attelèrent aux caronades pour les grimper au haut de l'Escalier et les mettre en place. On en fit l'essai immédiatement pour les souffler; l'une fut pointée dans la direction du ravin : la trace des balles montra qu'elle le balayait tout entier; l'autre fut dirigée sur l'anse Mignonne, et l'eau partout soulevée prouva qu'une barque assez imprudente pour s'avancer jusque-là serait le plus aisément du monde mise en pièces.

A une hauteur de plus de trois cents pieds, une roche surplombait le lieu de débarquement et se trouvait précisément à l'extrémité d'une vaste plate-forme; Marc y fit établir une chèvre, et les provisions apportées du cratère, qui eussent pris un temps interminable pour être montées par le ravin, le furent rapidement et, pour ainsi dire, sans efforts. Ce point parut même si favorable à la défense, qu'on y plaça une troisième caronade.

Quatre jours s'étaient écoulés durant ces travaux, et les barques des sauvages ne se montraient point; il était temps de repartir pour le cratère. Marc s'embarqua encore avec Bob, emmenant cette fois Brigitte avec lui. En débarquant, il vit à sa grande surprise que Bigelow mettait déjà en place la carcasse d'une embarcation beaucoup plus grande que la pinasse; mieux disposée pour la charge que pour la marche, elle pourrait porter quatorze tonneaux. Marc pensa que décidément le *Raucocus* était bien monté, et que les armateurs n'avaient rien oublié; car Bigelow avait également mis la main sur les pièces d'un canot un peu plus grand que la *Brigitte*. Jusqu'à l'achèvement de ces deux barques, il y eut chaque jour au moins deux hommes occupés dans le chantier; le gouverneur devinait trop bien les services qu'elles seraient appelées à lui rendre dans l'avenir pour n'en pas presser la construction. Quand elles furent achevées, la plus grande s'appela *la Marie*, et la plus petite, peinte d'ailleurs en noir, se nomma *la Didon*.

Pendant ce temps, la *Neshamony* ne cessait d'aller du Pic au Récif, transportant des provisions, faisant un échange perpétuel, qui établissait une sorte de balance entre les ressources des deux campements. Brigitte envoyait des fraises à Anne, et celle-ci, en retour, lui expédiait de la crème fraîche et du beurre.

Socrate, véritable jardinier, donnait tous ses soins au potager de Marc, celui-ci n'ayant plus le temps de s'en occuper; et il fallait bien convenir que jamais le jardin n'avait eu un aussi bel aspect.

Sur le Pic, Peters se montrait également un parfait agriculteur; il fit des défrichements, et tout de suite se mit à travailler à l'amélioration des figuiers sauvages, qui couvraient des espaces immenses, mais dont les fruits laissaient beaucoup à désirer comme goût et comme grosseur.

Des orages assez violents, vers l'époque à laquelle ils s'étaient produits l'année précédente, éclatèrent au Récif, mais ne causèrent heureusement aucun désastre; au contraire, l'eau de mer, ayant envahi la plupart des roches volcaniques, y laissa des débris qui devinrent le principe d'une fécondité dont Marc profita sans tarder. Les vastes champs stériles sortis des flots l'année d'avant furent ensemencés aussitôt. La végétation s'y montra aussi vive que sur les autres points où l'expérience en avait été faite.

Le gouverneur, comme on l'appelait couramment maintenant, à son retour au Pic, trouva Bigelow occupé d'une grande idée; il avait découvert dans la forêt des bois magnifiques, et il entreprenait de construire un schooner de quatre-vingts tonneaux, c'est-à-dire un bâtiment qui pourrait faire le tour de l'océan Pacifique. Il avait résolu de l'armer sérieusement, et de cette façon d'assurer à la colonie la suprématie des mers, du moins en ce qui concernait les naturels des îles, dans toute la région environnante. Bigelow connaissait son métier; il avait autrefois conduit la construction d'un grand brick, et il était assuré de trouver dans la carcasse du *Raucocus* tous les fers et tous les cuivres qui lui seraient nécessaires. Marc décida que ce nouveau bâtiment s'appellerait *l'Ami-Abraham-White,* mais on le nomma simplement *l'Abraham.*

Ce fut une grande et difficile entreprise; elle nécessita l'emploi de toutes les forces et de toutes les intelligences de la colonie. Elle fut pourtant menée à bonne fin, sans qu'il fût nécessaire, comme on l'avait craint un instant, au grand désespoir de Brigitte, de démolir le vieux *Raucocus.*

Heaton, dont l'imagination active ne restait point en repos un instant, songea à réaliser un autre projet; il avait remarqué dans la descente du ravin une chute qui aurait admirablement fait tourner un moulin; il s'adjoignit Peters, et à eux deux parvinrent, après bien des essais et des tâtonnements, à avoir une scierie en pleine activité.

Ces grands travaux n'entravaient point les occupations ordinaires, et n'empêchaient point les allées et venues d'une île à l'autre. Bien que l'hiver ne fût point rigoureux, il avait paru à Marc que la saison des pluies serait désagréable à passer sous la tente; il en parla à Heaton, qui fit aussitôt une grande maison à un seul étage, avec des planchers en bois. Comme il avait apporté des caisses de verre, on put se donner le luxe d'avoir des fenêtres. La plus grosse difficulté consistait dans la construction d'une cheminée; il en vint pourtant à bout avec l'aide de Socrate, qui lui conseilla de brûler des écailles d'huîtres pour en faire de la chaux. Un banc d'huîtres superbes, et auquel on avait déjà fait plus d'une visite intéressée, fournit abondamment la matière première. La chaux trouvée, la construction d'une cheminée ne fut plus qu'un jeu pour ces hommes, que la nécessité rendait déjà pleins d'expérience.

Tout le monde travaillait; l'abondance et la prospérité régnaient partout; le climat était délicieux; les membres de la colonie vivaient dans une grande union, s'estimant et s'aimant les uns les autres. Seul Peters regrettait d'avoir, dans la hâte de son départ, dû partir sans pouvoir emmener son épouse; il ne se consolait point, et sa solitude lui pesait chaque jour davantage.

CHAPITRE XV

La construction de l'habitation avait été faite très rapidement, et nos colons en prirent possession avant la saison des pluies. Les travaux du chantier ne furent pas menés avec autant d'ardeur : le schooner n'avançait qu'avec lenteur, et on ne pouvait encore prévoir quand il serait possible de le lancer à la mer. La prospérité et la réussite entière de tous les projets qu'on avait d'abord formés, avec la douceur du climat et l'absence d'embarras, amollissaient toutes les volontés ; aussi bien au Récif qu'au pic de Vulcain, on se laissait vivre, on s'endormait. Mais il survint bientôt des événements si graves, qu'il fallut sortir de cette dangereuse insouciance.

Le nombre des habitants avait augmenté : la femme de Bob lui avait donné un fils, qui s'appela Robert ; Brigitte, peu de temps après, devint mère d'une charmante petite fille. Jones se maria avec Jeanne Waters ; ce fut le gouverneur qui lut pour la cérémonie les prières de l'Église, ce qui, en l'absence d'un ministre, parut suffisant pour régulariser cette union.

Peters était toujours triste et chagrin d'avoir abandonné sa femme dans les îles ; il demanda au gouverneur de lui permettre de prendre une embarcation pour aller à la recherche de sa compagne. Marc, ne voulant pas le laisser faire seul cette excursion, se décida à l'accompagner ; il voulait revoir l'île Raucocus et y transporter quelques porcs qu'il y laisserait vivre à l'état sauvage.

D'autres membres de la colonie demandèrent à faire partie de l'expédition : Bob, Bigelow, qui voulait choisir du bois pour les coittes du schooner en construction, et Socrate, chargé de la cuisine, s'embarquèrent avec eux.

Au début de la campagne, on résolut de visiter l'îlot où avait éclaté la dernière éruption volcanique; aucun colon ne le connaissait encore. Marc et Bob s'en étaient approché, mais n'avaient point mis le pied sur les rochers qui environnaient immédiatement le volcan. Il fallut faire un détour d'une quinzaine de lieues ; mais rien ne les pressait, et ils avaient grand intérêt à se rendre un compte exact des choses.

La brise soufflait doucement, et la journée s'avançait quand la *Neshamony* se trouva à proximité du volcan. Marc s'en approcha avec précaution, sa sonde à la main; la montagne, très régulière, paraissait avoir six à sept cents pieds de hauteur; sa base, toute en laves, occupait un périmètre d'environ mille acres.

Le volcan n'étant pas éteint, il était nécessaire d'aborder avec les plus grandes précautions : Marc choisit une petite plage en retrait sous l'abri des rochers. Ayant mis pied à terre, il lui fut aisé de reconnaître qu'autrefois l'île avait été favorisée d'une végétation fort riche, et dont les traces apparaissaient partout. Pour l'heure, l'avantage que présentait aux colons cet amas de laves, c'est qu'il offrait une issue aux forces cachées et tumultueuses qui s'agitaient incessamment dans les entrailles de la terre et s'accumulaient sous le sol, impuissant à les contenir.

Depuis une heure à peu près, la petite troupe parcourait l'île avec précaution, mais de façon pourtant à la bien étudier, et l'on s'apprêtait à reprendre la mer pour pousser jusqu'à l'île Raucocus, quand Bob fit la plus inattendue des découvertes. Il aperçut tout à coup un canot amarré au milieu des rochers; un homme se tenait tout auprès, faisant lui aussi des préparatifs de départ. Est-ce que les hostilités allaient commencer? L'armée des sauvages se trouvait-elle par hasard dans les environs? Un examen attentif de l'étranger persuada vite à nos colons qu'ils n'avaient rien à craindre, et Marc, pour en avoir le cœur net, résolut de s'avancer vers lui et de s'enquérir de ce qui motivait sa présence en ces parages.

A ce moment, Peters poussa un cri de joie à la vue d'une seconde personne sortie du canot, et qui, l'ayant reconnu, accourait joyeusement de son côté; c'était sa femme, la jeune Indienne Peggy. Il ne pouvait d'ailleurs rien arriver de plus heureux pour avoir des explications; aussi fut-on bien vite au courant des événements survenus dans les îles depuis le départ de Jones et de Peters. Les hostilités entre Waally et Ooroony avaient recommencé avec plus d'ardeur que jamais; ce dernier avait été vaincu. Dès lors, Waally n'avait plus songé qu'à poursuivre les blancs pour leur enlever leurs trésors, et il venait d'entreprendre une nouvelle campagne à la tête de cent canots et de plus de mille guerriers.

Le frère de Peggy, Uncus, avait dû marcher avec eux, et la jeune femme avait suivi l'expédition. Waally avait traversé l'Océan, profitant des vents et des courants que les Indiens connaissent fort bien, et il était arrivé depuis plus d'un mois à l'île Raucocus, à plus de cent lieues de l'île aux

Perles. Il avait commencé à y fonder un établissement, charmé d'ajouter cette île fertile à ses autres possessions; mais là ne devaient pas se borner ses prétentions. D'ailleurs son but n'était pas atteint, puisqu'il n'avait pas rencontré les blancs et n'avait pu les dévaliser; quand il aperçut le pic de Vulcain, il n'eut plus qu'une idée, celle d'en faire la conquête : il était persuadé que les étrangers s'étaient réfugiés là et y avaient caché tous leurs trésors.

Uncus et Peggy, instruits de ce qui se préparait et entendant chaque jour proférer contre les deux déserteurs Jones et Peters les plus atroces menaces, résolurent de quitter Waally, qu'Uncus d'ailleurs n'aimait point. Ils étaient partis tous les deux un soir sur un canot, et, dirigés par la fumée du volcan, ils étaient venus jusque-là; mais n'ayant point encore pu relever le pic de Vulcain, ils avaient abordé malgré leur frayeur et s'apprêtaient, quand on les avait découverts, à se remettre en route à la recherche des blancs.

Uncus était un sauvage intelligent et fin, ce qui permit à Marc de se renseigner. Il pensait que les Indiens profiteraient du premier jour de calme pour reprendre la mer. Il apprit qu'ils étaient nombreux et pleins d'ardeur; ils n'avaient qu'une quinzaine de fusils, dont ils ne savaient guère se servir; mais en revanche étaient abondamment fournis d'armes indigènes, et, vu leur nombre, Uncus conseillait de chercher en toute hâte une île plus lointaine pour s'y réfugier, dût-on abandonner une partie de ses effets à ces sauvages; il semblait très inquiet, à cause de sa fuite précipitée sans doute, que Waally ne vînt à les rejoindre.

Marc était bien d'une autre humeur; il avait confiance dans la force et la position du Pic; malheureusement il avait tout à craindre pour le Récif : il n'était pas facile de mettre à l'abri des déprédations des sauvages le cratère, le *Rau-*

cocus, le schooner en construction et les troupeaux disséminés de tous les côtés. Comment arrêter une flottille d'une centaine de canots ? Il n'avait que huit hommes à sa disposition, et encore en admettant qu'Uncus s'enrôlât dans sa petite armée. Les femmes rendraient sans doute des services pour le transport des munitions, pour la surveillance; Junon et Didon, au besoin, pour le coup de feu. Mais tout cela restait bien au-dessous de l'armée des sauvages.

Il fallait prendre une résolution immédiate : on renonça à visiter l'île Raucocus; d'ailleurs Peggy était retrouvée. On laissa au pied du volcan les deux porcs qu'on avait amenés, et l'on rentra bien vite à l'habitation. Bigelow, armé d'une longue-vue, grimpa vite au sommet du Pic; Heaton, qui était dans le bois, fut rappelé, et vingt minutes plus tard le conseil fut assemblé. Peters et Jones coururent aux magasins et disposèrent les caronades.

Une demi-heure plus tard, Bigelow fit annoncer par sa femme que l'Océan était couvert de canots et de catamarans et que l'ennemi n'était pas à plus de trois lieues. Cette nouvelle, bien que prévue, jeta la consternation dans tous les esprits. On était en sûreté sur le pic de Vulcain, on pouvait se défendre; mais qu'allait devenir le Récif? A la vérité, ce groupe d'îles ne se voyait pas de loin en mer sur des canots bas; mais il suffisait que l'un d'eux s'aventurât à la découverte de ce côté, et Marc savait qu'à mi-chemin on apercevait le Sommet et la cime des mâts du vieux navire. Nos colons avaient d'ailleurs un autre sujet d'inquiétude. Junon avait l'habitude de venir chaque semaine apporter du lait et du beurre à ses voisins; elle était fort habile à diriger un bateau à la voile, aussi arrivait-elle toujours seule, et il y avait précisément une huitaine de jours qu'elle n'était pas venue.

Marc et ses conseillers montèrent eux-mêmes au haut

du Pic pour surveiller de tous côtés l'Océan; les femmes et les enfants y montèrent avec eux; il ne resta en bas que les hommes chargés des caronades, sous la direction de Bigelow.

La flottille des sauvages était parfaitement en vue; elle s'avançait sur trois lignes et en bon ordre, marchant dans la direction de l'île, mais sans pourtant laisser paraître qu'elle avait en vue un point déterminé.

Ce spectacle méritait d'attirer l'attention de Marc, et néanmoins c'était du côté du Récif qu'il regardait avec un intérêt encore plus vif et plus marqué. Ce fut Bob pourtant qui signala le premier au nord un point blanc, qu'il devina tout de suite être une voile. La longue-vue, dirigée de ce côté, ne laissa pas le moindre doute; c'était la *Didon :* elle n'était plus qu'à dix milles, et dans deux heures elle accosterait à l'anse Mignonne.

La situation devenait des plus critiques, et le conseil n'avait jamais encore été appelé à prendre une décision plus grave et plus urgente. Il n'y avait pas seulement le fait des dangers personnels que courait la brave et fidèle Junon, il y avait aussi et surtout à craindre que le secret de l'entrée de l'anse ne fût livré à l'ennemi, et cette découverte pouvait entraîner la destruction des embarcations construites avec tant de peine, et peut-être la ruine de la colonie entière. Les canots des Indiens se trouvant encore à plus d'une lieue en mer du côté opposé, Bob pensa qu'il fallait se jeter en toute hâte dans la *Brigitte* et aller au-devant de la *Didon,* et qu'alors les deux embarcations pourraient courir des bordées au vent jusqu'à la nuit, puis retourner secrètement au Récif, ou à la faveur des ténèbres rentrer dans l'anse Mignonne. Peut-être le gouverneur, qui ne voyait pas d'autre solution possible et voulait à tout prix essayer de sauver Junon, allait-il donner son assenti-

Brigitte se chargea d'écrire la lettre.

ment à ce projet faute de mieux, quand une proposition inattendue et qui au premier moment parut si étrange, que personne ne pouvait se décider à la croire acceptable, vint peurtant réunir tous les suffrages.

Uncus et Peggy assistaient au conseil; celle-ci savait assez d'anglais pour ne rien perdre de ce qui faisait l'objet de la discussion; elle avait d'ailleurs plusieurs fois demandé discrètement des explications à Bob. On la vit tout à coup s'entretenir vivement avec son frère, lui montrer d'un côté la petite embarcation qui faisait force de voiles pour rallier l'île du Pic, et de l'autre la flottille innombrable des Indiens; puis tout à coup, sans mot dire, elle avait abandonné Uncus, silencieux, mais gardant aux lèvres un sourire de martiale résolution. Quelques minutes plus tard elle ramenait Peters, son mari, qu'elle avait été chercher dans la plaine, où il était occupé à la garde des batteries. Mis au courant par sa femme, il s'avança au milieu du cercle, expliquant que le frère de Peggy, Uncus, proposait, si l'on voulait accepter ses services, d'aller à la nage au-devant de Junon pour la prévenir à temps et lui donner aide et protection, en lui portant les instructions que le gouverneur jugerait utile de lui faire parvenir.

Tous les assistants connaissaient les véritables merveilles opérées en ce genre par les naturels des îles du Sud, accoutumés à passer des heures entières dans l'eau, nageant comme des poissons et capables de résister aux fatigues les plus prolongées, sachant ménager leurs forces et se reposer au milieu des flots même fortement agités, se faisant un jeu de lutter contre les vagues; et cependant tous se récrièrent en entendant cette proposition. Il leur paraissait inhumain de vouer ainsi à un tel danger, à une mort certaine, pensaient-ils, ce jeune homme dévoué, arrivé au milieu d'eux depuis quelques heures à peine, pour tenter une entreprise qu'ils jugeaient au-dessus des forces humaines. Peters insista ; il avait vu souvent Uncus aller à la nage d'une île à l'autre; rejoindre la *Didon* n'était, selon lui, qu'un jeu pour lui ; il fallait accepter ses services, ce serait le moyen de s'assurer encore plus son dévouement. Bref, il fit si bien, qu'il modifia l'opinion de tous ; il affirma en terminant qu'il avait la certitude qu'Uncus au besoin pourrait nager jusqu'au Récif lui-même.

Ce premier point résolu, une autre difficulté se présentait. Comment l'Indien, qui ne savait pas un mot d'anglais, se ferait-il comprendre de Junon? C'était une fille résolue, pleine d'énergie, et qui, voyant un sauvage tenter d'entrer dans son bateau, pourrait fort bien le repousser à grands coups d'aviron. Brigitte intervint alors dans la discussion ; elle repoussa cette dernière supposition avec beaucoup d'énergie : Non, les choses ne se passeraient pas ainsi ; elle connaissait Junon; elle était brave, c'est vrai, mais elle avait un cœur excellent ; elle n'aurait qu'une pensée, une seule, en voyant un homme essayer d'aborder son canot, celle de venir en aide à un malheureux abandonné. Junon, continua Brigitte, savait lire ; elle lui avait elle-même donné des leçons ; eh bien, elle lui écrirait un billet, dans lequel elle lui dirait d'avoir toute confiance dans Uncus. Junon connaissait l'histoire de Peters et de Peggy, et, apprenant que l'Indien était le frère de cette dernière, elle se confierait à lui et se laisserait diriger par son expérience.

Il n'y avait plus d'objections à faire; la lettre fut écrite immédiatement. Alors Uncus, ayant salué le gouverneur en mettant la main sur son cœur, descendit vers le bord de la mer. Marc, Peters et Peggy l'y suivirent ; le gouverneur, chemin faisant, lui donnait des instructions que Peters et sa femme traduisaient de leur mieux. La jeune femme était radieuse ; elle ne montrait pas la moindre inquiétude pour son frère, et laissait voir à tout propos combien elle était fière qu'un homme de sa race, son propre frère, pût rendre un si grand service à leurs nouveaux amis.

Uncus, arrivé sur la côte, plaça dans ses cheveux le billet que Brigitte lui avait remis; puis, entrant dans l'eau, il glissa au milieu des vagues de l'Océan avec la facilité et la rapidité d'un poisson. Peggy frappa des mains en signe de triomphe et pour encourager son frère; puis elle rejoignit Peters, qui était déjà retourné auprès de sa batterie. Marc s'éloigna aussi du rivage et regagna le Pic au plus vite. Parvenu au sommet, il jeta un coup d'œil rapide sur l'Océan et jugea que le moment de la crise était proche. Les canots des Indiens s'avançaient rapidement; les pagaies frappaient l'eau en cadence, et le mouvement semblait s'accélérer d'instant en instant. Les sauvages n'avaient pu jusqu'alors apercevoir la voile de la *Didon,* placée encore à cinq milles de la pointe septentrionale de l'île, tandis qu'eux-mêmes étaient à égale distance au sud. Dix milles les séparaient donc encore, et pourtant du haut du Pic il semblait que la flottille ne fût qu'à une portée de canon de la frêle embarcation.

Mais tous les yeux étaient tournés du côté d'Uncus; il était sorti de l'ombre des grands rochers, et grâce à la pureté de l'air on l'apercevait flottant comme un point noir à la surface de l'eau. Avec la longue-vue on pouvait suivre tous ses mouvements; il jetait alternativement ses bras en avant avec une vigueur et une régularité merveilleuses; les lames les plus fortes ne le faisaient point dévier; on voyait seulement qu'il prenait soin de se maintenir toujours au vent. Il avait su aussi, avec un instinct qui tient du prodige, profiter d'un courant qui régnait autour de l'extrémité septentrionale de l'île, et qui, se faisant sentir sur la côte de l'ouest, poussait directement au sud. Dans les dispositions présentes, ce courant tendait à éloigner la flottille indienne et du canot de Junon et aussi de l'entrée de l'anse Mignonne, tandis qu'elle favorisait Uncus.

Tous les colons réunis au sommet du Pic étaient devenus silencieux, dans l'attente de ce qui allait se passer. Junon s'avançait tranquillement, pleine de confiance, serrant le vent un peu plus près que d'habitude à cause de la faiblesse de la brise. Uncus ne déviait pas d'une brasse, et il manœuvra avec tant d'adresse, il prit si bien ses mesures, qu'il mettait la main sur le plat-bord du bateau avant que Junon se fût doutée de son approche. Il se jeta d'un bond dans la barque et tendit à la négresse la lettre de Brigitte. Pendant qu'elle en prenait connaissance, Uncus se mit aussitôt en devoir de serrer la voile, moyen le plus sûr pour dérober à l'œil perçant de l'ennemi la présence de l'embarcation dans ces parages. Marc en voyant effectuer cette manœuvre, dont il devinait le sens, s'écria : « Dieu soit béni ! tout est pour le mieux. »

Le gouverneur, désormais tranquille de ce côté, ne redoutant rien pour Junon, n'ayant plus à craindre qu'une manœuvre surprise dévoilât l'existence de l'île du Récif aux Indiens, ou la passe de l'anse Mignonne, descendit en toute hâte dans la plaine pour se mettre à la tête de ceux de ses hommes qui avaient à surveiller les mouvements de Waally et de sa flotte et à préparer la défense du Pic.

CHAPITRE XVI

Uncus avait exécuté son plan avec une grande rapidité, et cependant lorsque le gouverneur atteignit le bois bordant l'extrémité de l'île du côté du nord, les canots de l'ennemi arrivaient sous les rochers. Cette pointe était distante de l'anse Mignonne d'un ou deux milles, et parvenue à cet endroit, la flottille ennemie, emportée par le courant et ayant le vent contraire, n'avait point de chance de trouver un lieu de débarquement possible. Les colons ne voyaient donc rien à craindre pour l'instant; ils avaient reçu l'ordre de se tenir cachés, et l'on pouvait espérer que l'ennemi, faute d'une baie pour débarquer, et supposant d'ailleurs que l'île était déserte, passerait outre sans tenter un abordage impossible.

Vue de la plaine, la flotte de Waally présentait un aspect des plus imposants : les canots étaient de forte dimension et montés par de nombreux guerriers; ils étaient ornés de tous les attributs étranges qui constituent le luxe des sauvages, qu'ils aiment surtout à déployer dans leurs expéditions guerrières. Ils avaient des plumes, des chapeaux flottant au vent, des insignes militaires, des symboles étranges fixés aux proues des embarcations; et les Indiens avaient revêtu pour la circonstance leurs plus beaux et surtout plus brillants accoutrements. Néanmoins dans ce moment leur humeur martiale et quelque peu fanfaronne était remplacée par une hésitation; il était évident qu'ils ne savaient que penser de la nature du lieu qu'ils tentaient d'aborder : la fumée du volcan, le roc lisse et brillant qui se dressait devant eux comme pour leur barrer le passage, tout était fait pour les frapper d'étonnement. Ignorants et superstitieux comme tous les sauvages, ils devaient naturellement attribuer ces faits extraordinaires à quelque intervention surnaturelle. Heaton, qui les connaissait bien, estimait que leurs doutes et leurs hésitations ne pouvaient avoir une autre cause; il y avait là une impression dont on pouvait peut-être tirer parti pour le salut de la colonie. Cette opinion émise devant le gouverneur lui fit proposer de tirer un coup de canon, dans la pensée que le bruit de la détonation, multiplié par les nombreux échos constatés souvent déjà au milieu des rochers du ravin, pourrait les mettre en fuite. Au dire de Heaton, ce moyen n'était pas parfaitement sûr : les Indiens avaient entendu tirer des coups de fusil; le stratagème eût pu tourner contre ceux qui l'employaient en trahissant leur présence, et en donnant par conséquent aux sauvages la certitude qu'on pouvait avoir accès dans l'île. D'autre part, le maître charpentier affirmait que dans les îles de corail basses et plates il n'y avait pas trace d'écho, et que les Indiens ne pouvaient pas avoir idée de ce phénomène. Sous ce rapport, la tranchée de roches que traversait le ruisseau qui se jetait dans l'anse Mignonne était dans des conditions extraordinaires de sonorité : plusieurs fois Marc et son beau-frère, pour procurer un peu de distraction à leurs femmes, avaient déchargé leurs armes en montant l'escalier, et toujours l'effet avait été merveilleux. Ils se souvenaient encore du bruit épouvantable qu'ils avaient fait en mettant le feu aux caronades, pour les souffler, le jour de leur installation en haut du ravin. Il fut donc décidé que l'on tenterait l'épreuve, et Betts, qui connaissait le mieux l'endroit propice, fut expédié à la batterie du haut pour pointer un canon de manière à en tirer le plus de bruit possible.

Waally venait d'arrêter son grand canot, et les embarcations de tous les chefs placés immédiatement sous ses ordres étaient venues se ranger autour de lui; ils se consultaient sur la conduite qu'ils devaient tenir et sur la manière dont ils devaient s'y prendre pour explorer plus sûrement la côte et chercher un lieu de débarquement. Tout à coup un fracas épouvantable retentit à leurs oreilles, sans que rien les eût préparés à ce tumulte des éléments; le bruit se propagea de tous les côtés et se répercuta de rocher en rocher sur un espace de plusieurs milles, avec des grondements vraiment effroyables. Les sauvages ne pouvaient apercevoir la fumée; aussi ne purent-ils imaginer d'où provenaient ces longs et furieux coups de tonnerre éclatant dans un ciel pur et serein, et paraissant venir à la fois de tous les points de l'horizon et descendre de rocher en rocher. Un cri s'éleva tout à coup; quelqu'un dit que la montagne parlait, que les dieux de ces lieux déserts étaient courroucés, et que quiconque approcherait de l'île serait foudroyé. Ce fut le signal d'une débandade générale; tous les canots se mirent à fuir au plus vite, et pendant plus d'une demi-heure on n'entendit que le bruit des pagaies battant furieusement les flots et faisant jaillir autour d'eux, tant la précipitation était grande, des montagnes d'écume.

La joie des colons fut à son comble, quand quelque

temps après ils virent rentrer dans la baie l'embarcation de Junon. Marc était persuadé que de longtemps les Indiens ne se permettraient plus d'excursion dans ces parages.

Uncus fut chaleureusement félicité par tous ses nouveaux amis, auxquels il venait de rendre un si grand service. Peggy se chargea de lui transmettre les remerciements du gouverneur et de Junon; il exprima, en se servant du même interprète, les sentiments qui l'animaient; il détestait profondément Waally à cause de sa cruauté et de sa mauvaise foi, et il était toujours resté, bien que forcé de se ranger parmi les partisans de ce chef usurpateur et violent, secrètement fidèle à Ooroony, et il affirmait qu'il préférait mourir que de rejoindre ses compatriotes avant le retour de ce dernier. Junon montra aussi beaucoup d'amitié à Peggy, et après d'aussi vives inquiétudes la colonie reprit son train de vie accoutumé, tout le monde se félicitant d'avoir échappé à un pareil danger.

Les canots avaient tous disparu, fuyant à toutes voiles devant le vent dans la direction du sud-ouest. Waally avait-il aussi été dupe du stratagème des blancs, ou son esprit plus fortement trempé avait-il deviné la ruse dont ils s'étaient servis? Marc penchait pour ce dernier avis; Waally avait dû céder au découragement, à la frayeur des siens, et sans tenter de résister à un entraînement plus fort que sa volonté; pour ne point exposer son autorité à un échec, il avait lui-même donné le signal du départ.

Marc n'en conservait pas moins un grand mécompte de n'avoir pu accomplir son voyage à l'île Raucocus, de n'avoir pu surtout s'y établir d'une façon sérieuse avant l'arrivée des Indiens dans la contrée. Il avait la certitude que Waally allait essayer d'y fonder une colonie, et ce voisinage deviendrait extrêmement dangereux. Il était aisé de prévoir qu'un jour ou l'autre une collision aurait lieu entre les deux partis; la terreur produite par le fracas des échos ne durerait pas toujours; le premier Indien rôdant dans les environs verrait bien une des embarcations entrer dans le petit port au pied du Pic, et il montrerait le chemin aux autres; les hostilités recommenceraient, et peut-être ne faudrait-il pas attendre six mois pour voir se renouveler l'attaque des sauvages. Le gouverneur fit part de ses inquiétudes aux membres de son conseil, et on agita la question de savoir s'il ne fallait pas, profitant du succès déjà obtenu, poursuivre immédiatement Waally et le refouler dans les îles de corail, après lui avoir infligé une défaite qui le mettrait dans l'impossibilité de rien tenter contre la colonie des blancs. On se demanda aussi s'il ne valait pas mieux s'abriter aussi longtemps que possible à l'ombre du mystère qui les enveloppait jusqu'alors, et qui venait de les tirer d'un si grand danger.

D'un commun accord on s'arrêta à cette dernière pensée : les forces de Waally étaient trop considérables pour les affronter ouvertement avec le peu de forces numériques dont on disposait, et l'on résolut d'attendre pour une expédition sérieuse que l'*Ami-Abraham* fût construit et pût faire entendre sa voix d'airain, défense encore plus sûre que les vains roulements, pour retentissants qu'ils soient, d'un écho. Une fois en possession d'un bâtiment d'aussi fort tonnage, il ne serait point malaisé de contraindre Waally à battre en retraite; peut-être même arriverait-on à le renverser complètement et à le remplacer par Ooroony à la tête des indigènes, dont on se ferait ainsi des alliés et, qui sait! des auxiliaires précieux dans l'avenir. Cette conclusion adoptée, il ne fut plus question que d'achever le schooner et de le lancer à la mer, et tout le monde se mit à la tâche avec ardeur.

Il fallut pourtant user de beaucoup de prudence et d'adresse pour mener à bonne fin cette entreprise. Le chantier était établi au Récif, et pour y envoyer des travailleurs on serait dans la nécessité de dégarnir le Pic, qui devait néanmoins être toujours prêt à résister à un coup de main tenté par les sauvages; car il ne faut pas oublier que cinquante milles de distance séparaient les deux établissements, et que trop d'allées et de venues de l'un à l'autre pouvaient être dangereuses et livrer le secret de la passe donnant accès dans l'anse Mignonne et révéler l'existence du cratère, ignorée jusqu'à présent des sauvages. Ils avaient fui; mais sans doute ils n'étaient pas allés bien loin; selon leur coutume, le premier émoi passé, ils reviendraient rôder de ce côté par petites troupes, et il ne faudrait pas longtemps pour les ramener de nouveau dans les eaux des établissements. Il était impossible de songer à risquer un combat sur mer avec la *Neshamony,* la *Didon,* la *Brigitte* et la *Marie.* Le schooner devait donc de toute nécessité être achevé, et achevé au plus tôt. A cet effet, le conseil arrêta les mesures suivantes : Heaton resterait au Pic avec Peters et Uncus pour garder ce poste si important et aussi le plus exposé aux excursions de l'ennemi, tandis que Marc se rendrait au Récif avec le reste de la colonie. Bigelow partit même immédiatement pour mettre la dernière main à des travaux commencés.

Dix jours plus tard, Marc fit voile vers le Récif avec son escadre, comprenant la pinasse, la *Brigitte* et la yole; la *Didon* fut laissée au Pic pour l'usage de la petite garnison. La distance était trop grande pour que l'on pût communiquer de l'un à l'autre à l'aide de signaux; d'autre part, il y eût eu un véritable danger et une grosse perte de temps à correspondre à l'aide des embarcations; aussi Marc imagina l'expédient suivant pour suppléer à ce défaut de relations suivies. Il y avait, tout près de la cime du Pic, un arbre isolé qui se distinguait de fort loin en mer; il fut convenu que

Heaton l'abattrait dès qu'il se verrait menacé par une nouvelle invasion de Waally, et le gouverneur enverrait tous les matins une embarcation qui s'avancerait assez loin dans le détroit pour s'assurer que l'arbre était encore debout.

La traversée eut lieu par un temps magnifique ; le climat si doux et si splendide de cette région exerçait une influence magique sur tous les esprits. A respirer cet air si pur et si délicieux, à contempler ce ciel éclatant, cette mer tranquille, les cœurs se sentaient plus légers, et il n'y avait plus de place pour les soucis, les inquiétudes qui les dévoraient peu de jours encore auparavant. Marc, heureux de la présence de Brigitte, voyait son bonheur s'accroître, se compléter par le nombre des colons venus avec elle et réunis désormais sous sa loi. Qu'ils lui semblaient loin maintenant les jours si tristes de son isolement et de son abandon ! une société heureuse voguait autour de lui, et dans sa propre barque ses yeux se reposaient avec bonheur sur sa femme et son enfant. Brigitte subissait la même influence ; elle souriait à son époux et pressait tendrement sa petite fille entre ses bras. Cette joie intérieure s'augmentait encore de l'idée que la possession d'un grand bâtiment donnerait la sécurité à tous et fonderait à jamais l'indépendance de la colonie. Avec de pareils sentiments, avec ce soleil éclatant et splendide, plusieurs n'étaient pas loin de croire que, le schooner lancé à la mer, la suprématie de l'Océan leur appartiendrait de plein droit.

La traversée dura peu, et quatre heures après avoir appareillé, la *Neshamony* était sous le vent du cap Sud et pénétrait dans le canal qui longeait les anciens domaines du gouverneur. Marc ne pouvait se lasser d'admirer tous les changements survenus autour de lui depuis son arrivée dans cette région : les terrains cultivés remplaçant les marais ; les prairies défoncées par les porcs et maintenant couvertes d'herbes hautes et vertes prenant la place de la croûte de lave; des arbres partout, partout de la verdure, où n'apparaissaient naguère que des roches nues, que des laves roulées, un chaos indescriptible et sans nom; en un mot, l'abondance et la fécondité remplaçant l'aridité la plus complète; un pays inhospitalier et sans ressource tout à coup transformé, — en trois ans! — par les soins attentifs, le travail persévérant d'un seul homme aux prises avec la nécessité, et offrant à une colonie entière les moyens de subvenir largement à sa vie et ajoutant au nécessaire d'incomparables douceurs inconnues dans bien des pays civilisés.

Le petit port du cratère offrit tout de suite une apparence de vie et d'activité qui faisait plaisir aux matelots : le vieux *Raucocus,* invalide, à tout le moins enfermé pour longtemps dans sa baie trop étroite; l'*Ami-Abraham,* déjà fort avancé et ne réclamant plus que quelques travaux supplémentaires pour pouvoir être confié aux flots; la *Neshamony,* coquette et légère; les deux barques, tout cela formait un ensemble réjouissant. Les nouveaux venus se mirent aussitôt à aider Bigelow, et les derniers préparatifs furent si vite achevés, que, n'eût été l'heure un peu avancée, le lancement se fût fait sans retard : l'opération fut définitivement remise au lendemain.

Marc voulut profiter des dernières heures de la journée pour aller faire sur la *Brigitte* une promenade en mer avec sa femme; le but de l'expédition était de s'assurer qu'il n'était rien survenu de nouveau dans la journée au pic de Vulcain, et que l'arbre qui devait servir de signal était toujours à sa place. Lorsqu'il eut atteint le point où l'arbre était visible et qu'il eut constaté qu'il était debout, Marc vira de bord et se mit en mesure de regagner le cratère. Lorsque l'embarcation entra dans le canal qui conduisait au Récif, le soleil commençait à descendre sous l'horizon. Le jeune marin, toujours l'esprit tourné vers les objets dont la création lui appartenait en quelque sorte, énumérait les transformations que ces lieux avaient subies depuis son naufrage sur ce roc; il montrait ses nouvelles prairies, ses nombreux troupeaux. Au bruit de la barque filant dans l'étroit canal, les porcs se levèrent tous ensemble, humèrent l'air bruyamment, grognèrent, puis se mirent à fuir dans toutes les directions.

« Notre passage, dit Marc en riant, a jeté le trouble parmi ces pauvres bêtes, et les voilà toutes parties en proie à la peur.

— Pas toutes, mon cher gouverneur, reprit la jeune femme; je vois là-bas, à l'extrémité de la prairie, plusieurs porcs qui n'ont point bougé à notre approche. Il me semble même qu'ils nous regardent fort attentivement : ne les apercevez-vous pas ? »

Marc regarda attentivement dans la direction indiquée par Brigitte.

« Vous faites erreur, ma chère femme, reprit-il au bout d'un instant; tout le troupeau est délogé, il n'en reste pas un seul.

— Comment ! s'écria la jeune femme, vous ne voyez pas leurs têtes immobiles sur le bord de l'eau, dans l'autre canal ?

— Mais il n'y a pas de canal en cet endroit; c'est une baie qui s'ouvre du côté opposé au Récif, et puis... Mais, grand Dieu ! Brigitte, ce sont des sauvages ! »

Il n'y avait pas à s'y tromper : ce que Brigitte avait pris à un mille de distance pour une partie du troupeau de porcs, c'étaient les têtes et les épaules d'une vingtaine d'Indiens accroupis dans la vase, pouvant assez bien se confondre avec les bêtes auxquelles ils s'étaient mêlés, et qui étaient occupés à suivre avec beaucoup d'attention les mouvements de la barque, qu'ils venaient sans doute d'apercevoir pour la première fois. Marc prit sa lunette, qui ne le quittait guère, et put les compter; ils avaient deux canots, deux canots de guerre; mais il n'y en avait point d'autres au large pour le moment.

Ce fut là pour Marc une triste découverte. Il avait espéré que le Récif, qui était de tous côtés d'un abord si facile, demeurerait longtemps encore inconnu des sauvages. La sécurité était seulement à ce prix; car des espaces aussi vastes ne pouvaient pas être défendus par le petit nombre des colons contre les troupes de Waally. Mais ce n'était pas le temps de déplorer la triste situation où on allait se trouver, il fallait au plus tôt avoir recours aux décisions les plus énergiques.

Ce qui importait avant tout, c'était de prévenir les colons du cratère. Les sauvages ayant vu la barque, dont la voile était déployée, il n'y avait pas lieu de changer de direction. Les Indiens voyaient bien le cratère; les mâts du *Raucocus* et le schooner en construction étaient également à portée de leurs regards; néanmoins tout cela ne devait leur apparaître que confusément, car ils en étaient encore séparés par une distance d'au moins deux lieues. Quel effet ce spectacle allait-il produire sur eux, et quelles résolutions eux-mêmes allaient-ils prendre? La vue du navire allumerait leur cupidité et leur instinct du pillage; cependant ils n'ignoraient pas que de semblables bâtiments ne se hasardent point dans ces parages sans être bien armés, et il y avait là de quoi contenir, au moins pour le moment, leurs passions vivement allumées. Ils ne soupçonnaient pas l'état du *Raucocus;* ils ne connaissaient pas le nombre des soldats composant la garnison, ni quels étaient leurs moyens de défense.

« Grand Dieu ! s'écria Marc, ce sont des sauvages ! »

Telles furent les réflexions de Marc en rentrant dans le petit port, ce qu'il accomplit tranquillement, méthodiquement, sans hâte ; aussi les Indiens, qui s'étaient vus découverts, ne firent-ils pas un mouvement tant que la barque fut en vue. Brigitte se conduisit fort bien dans cette occasion ; elle trembla un peu au premier instant en pressant tendrement son enfant sur son cœur ; mais elle recouvra vite sa présence d'esprit, et se montra en tout point la digne femme du gouverneur.

Marc et Brigitte rentrèrent au Récif à la nuit tombante. Les colons venaient d'abandonner le chantier ; la soirée était fraîche et délicieuse, et ils soupaient gaiement sous une tente dressée sur une plate-forme, au bord de la mer, pour jouir en même temps de la brise. Marc ne voulut pas troubler cette tranquillité et ce repos, qu'ils avaient tous si bien mérité ; il alla visiter le schooner prêt à mettre à l'eau, et il revint les féliciter de leur travail, qu'ils avaient considérablement avancé dans la journée.

Plus tard seulement il prit Betts à part, et lui apprit la funeste rencontre qu'il venait de faire. A cette nouvelle, celui-ci demeura atterré ; il avait si bien cru que les Indiens ne viendraient jamais jusqu'au Récif ! En présence des nécessités du moment, il retrouva tout son courage pour discuter avec son chef et son ami les mesures urgentes que commandait la circonstance.

« Nous pouvons nous attendre, dit le matelot, remis de sa première surprise, à les voir arriver d'un moment à l'autre. Ces reptiles sont capables d'essayer de nous attaquer cette nuit même.

— Je ne le pense pas, dit Marc ; la baie dans laquelle sont leurs canots n'a point de passage qui conduise de ce côté. Il leur faudrait, avant de pouvoir trouver notre canal, retourner en pleine mer, à l'extrémité occidentale des rochers.

Ils ne sauraient faire ce trajet cette nuit sans se perdre au milieu du labyrinthe des passes; ils ne tenteront certainement pas cette entreprise avant demain matin; jusque-là notre sécurité est assurée.

— Quel malheur pourtant, monsieur Marc, qu'ils aient découvert le Récif! Nous étions là si tranquilles autrefois!

— Oui..., et si malheureux! répliqua Marc. Combien de fois n'avons-nous pas souhaité de voir notre retraite découverte, même par de pires ennemis! Il est vrai pourtant que c'est un grand malheur pour nous, et j'avoue que je ne m'y attendais nullement. Enfin nous n'avons plus qu'à faire nos préparatifs de défense et à compter sur la Providence, qui ne nous a jamais abandonnés dans des circonstances plus critiques encore. Elle nous a sauvés quand tant de nos compagnons ont péri : espérons qu'elle jettera encore sur nous un regard favorable.

— Précisément, monsieur Marc, à propos de nos compagnons, il faut que je vous raconte ce que je viens d'apprendre de Jones, qui a vécu longtemps au milieu des sauvages depuis le mariage de son ami avec Peggy. Il m'a appris qu'il y a trois ans environ, avant qu'il ne se fût échappé pour se joindre à nous, une chaloupe vint dans ce qu'ils nomment le pays de Waally. — C'est une partie du groupe que je n'ai jamais pu visiter, attendu que mon ami Ooroony était déjà au plus mal avec Waally. — Cette chaloupe contenait sept ou huit hommes exténués, mourant de faim et de fatigue; il y a trois ans de cela, m'a dit Jones, autant qu'il peut se le rappeler. Quels étaient ces hommes? Il ne l'a jamais su; ils sont, paraît-il, tenus au secret, et Waally les fait travailler ferme du matin au soir. Jones n'a donc jamais pu les voir; il a cependant recueilli de droite et de gauche divers renseignements sur leur compte, ainsi que sur l'embarcation qui les a amenés.

— Quoi ! Bob, pourriez-vous supposer que ce sont nos camarades ? s'écria Marc, en proie à une profonde émotion.

— J'en suis convaincu, Monsieur, reprit le vieux matelot, ému comme son chef. Les Indiens ont dit à Jones que le bateau avait un oiseau peint sur l'arrière, et vous n'avez pas oublié, monsieur Marc, que notre chaloupe portait à cette place une aigle aux ailes éployées. Ce n'est pas tout ; il raconte avoir entendu dire qu'un de ces hommes a une marque rouge sur la figure. Ne vous souvenez-vous pas que Bill Brown avait le visage traversé par une balafre ? Figurez-vous, Monsieur, que Jones ne m'avait jamais dit un mot de cela avant ce soir ? C'est en travaillant ensemble qu'il m'a raconté tous ces faits, et je me suis promis de vous en parler à la première occasion. Je crois, Monsieur, et vous penserez comme moi, que ce sont nos braves camarades emportés par la tempête au moment où le navire a échoué. »

Marc oublia presque les sauvages et les dangers présents à la pensée que ses anciens matelots vivaient ainsi dans l'esclavage et si près de lui. Il fit venir Jones en toute hâte, et, le questionnant avec soin, se fit redire tous les détails que Bob lui avait donnés. Jones n'avait jamais pénétré dans l'île où se trouvaient ces malheureux ; mais on lui avait bien souvent parlé d'eux. On racontait que beaucoup de leurs compagnons étaient morts de faim avant d'arriver au Groupe ; qu'il n'en avait guère survécu que la moitié, et qu'ils avaient tous fait partie d'un équipage dont le navire s'était perdu au milieu des brisants. L'homme à la balafre était très habile, disait-on, à se servir de toutes sortes d'outil, et Waally l'employait à la construction d'une grande embarcation qui pût résister au gros temps, les barques des Indiens ne pouvant tenir la mer pendant la tempête. Ces détails convenaient merveilleusement bien à Brown, qui était le maître charpentier du *Raucocus* et qu'on avait surnommé le Balafré.

Tout confirmait donc cette supposition : qu'une partie de l'équipage placé sous les ordres du capitaine Crutchely était parvenue à se sauver lors du naufrage du navire, et que ces hommes étaient prisonniers de Waally, ce même chef indien qui menaçait la colonie fondée par les autres survivants de l'équipage. Mais Marc ne pouvait en ce moment pousser l'enquête plus loin, ni songer à prendre les moyens d'arracher ses anciens compagnons à leur malheureux sort; des intérêts plus pressants l'appelaient d'un autre côté. Il devait avant tout donner son attention au salut des siens, à son propre salut.

CHAPITRE XVII

Le gouverneur ne pouvait pas attendre plus longtemps pour communiquer aux membres de la colonie l'inquiétante découverte qu'il venait de faire. Tout d'abord ils ne purent échapper à une impression de terreur qui s'empara d'eux à cette nouvelle; mais le courage revint vite aux plus énergiques, et leur résolution ramena la confiance chez les autres. Marc leur promit de prendre sur l'heure toutes les mesures nécessaires pour les protéger. Le cratère avait déjà été fortifié avec grand soin; on en avait fait la véritable citadelle du Récif; la résistance devait donc s'organiser sur ce point. Quelques-uns proposèrent bien de chercher un refuge sur le navire, plus facile à défendre et entouré d'un fossé naturel. Mais le cratère contenait trop de richesses, des richesses de première nécessité pour la colonie, et jamais le gouverneur ne se serait décidé à l'abandonner aux déprédations des sauvages. A la vérité, le cratère avait un côté faible : son entrée n'était pas assez défendue. Pour remédier à ce défaut, une caronade fut braquée de manière à balayer le passage, et c'était plus qu'il ne fallait pour arrêter les sauvages, si peu experts en matière d'armes à feu. La paroi absolument lisse du rocher ne permettait pas à des hommes, même vigoureux et habiles, d'espérer pénétrer dans la place;

d'un autre côté, les sauvages n'avaient point d'échelles, et le bois était rare sur la plage, toute la provision ayant été absorbée par la construction du schooner. Deux autres caronades furent disposées en batterie au Sommet, commandant la vaste étendue des rochers environnants, des prairies, des marais salins, et le réseau des canaux pouvant donner accès au Récif. L'*Abraham* reçut aussi des moyens de défense suffisants; et il resta encore à bord du *Raucocus* trois canons prêts à être utilisés contre les assaillants, s'ils pénétraient dans la baie intérieure ou s'approchaient trop près de l'établissement des blancs.

Marc disposa tout pour la nuit en cas d'alerte. Brigitte ayant l'habitude de coucher dans la cabine du navire, il fut décidé qu'elle ne modifierait rien à sa manière de faire; seulement l'équipage du vieux vaisseau fut augmenté : Bigelow et Socrate y vinrent s'établir avec leurs familles. Le commandement du cratère fut donné à Betts, avec Jones pour lieutenant.

La garnison, il faut en convenir, n'était pas bien forte; mais les citadelles étaient solides, les situations exceptionnelles, et, de plus, l'ennemi, bien que rompu au maniement de ses armes de guerre habituelles, demeurerait désorienté en face des moyens fournis aux blancs par les ressources de la civilisation. A neuf heures, toutes les dispositions étaient prises ; les femmes et les enfants seuls se couchèrent, et encore ils prirent la précaution de rester habillés.

Marc et Betts étaient convenus de se rejoindre toutes les fois qu'ils seraient libres au pied du schooner, pour conférer ensemble et prendre leurs décisions de concert. Ils y vinrent tous les deux quand tout fut ainsi réglé, et, se retrouvant au milieu du silence, au lieu de se reposer ils échangeaient leurs pensées, s'encourageaient mutuellement, tout en constatant combien leur situation pouvait devenir critique d'un moment à l'autre. Ils étaient, à vrai dire, dans une sorte d'île, une île véritable, aux rives déchirées et contournées depuis le dernier cataclysme volcanique; une seule entrée pouvait donner accès à l'ennemi : le pont en planches dont nous avons parlé. Cette pensée leur donnait quelque sécurité : ils ne pouvaient être attaqués avant le lever du jour. Ils demeurèrent là, tantôt silencieux, tantôt se communiquant leurs pensées à voix basse, mais toujours l'oreille au guet.

« Nous sommes un peu à court de bras, monsieur Marc, disait Bob, pour tenir tête à toute cette vermine. Je les ai comptés l'autre jour du haut du Pic : il y avait cent trois pirogues, et j'estime de douze à quinze cents le chiffre des combattants.

— Je suis de votre avis, Bob; mais seraient-ils quinze mille, il faut que nous leur tenions tête. Il faut même que nous les forcions à se battre; autrement nous ne nous en tirerons jamais, et nous les aurons constamment sur les bras. Il n'y a qu'une victoire, et une victoire éclatante, qui puisse nous donner quelque sécurité pour l'avenir.

— Oui! oui! monsieur Marc, battons-les! battons-les! Je ne demande pas mieux que de taper, et ferme encore, soyez-en sûr; et si nous sommes obligés de lâcher pied, que ce ne soit pas avant de leur avoir envoyé quelques bonnes bordées. Ah! monsieur Marc, que ce rocher est changé, et qu'il est différent de ce que nous l'avons vu au premier jour! Vous rappelez-vous le temps où nous étendions du limon sur ce granit pour faire pousser des melons et des concombres? Les temps aussi sont bien changés! Nous avions la paix alors, aujourd'hui c'est la guerre; on était tranquille en ce temps-là, maintenant c'est le tumulte et le bacchanal.

— Nous étions seuls aussi, et vous n'avez pas oublié, Bob, combien notre isolement nous paraissait triste?

— Je me faisais très bien à l'idée de *robinsonner* ainsi quelques années avec vous.

— Nous ne sommes plus isolés maintenant. Nous avons des compagnons, des amis, Bob, et nous avons nos femmes avec nous, nos enfants...

— Ohé! le bâtiment! » cria au milieu du silence de la nuit une voix inconnue, mais en anglais correct et avec l'intonation particulière aux marins.

L'individu qui criait était sur la côte de l'île la plus voisine du Récif, non loin du pont dont nous avons parlé.

« Dieu sauveur! s'écria Betts, monsieur le gouverneur, qu'est-ce que cela peut bien signifier?

— Cette voix ne m'est pas inconnue, dit Marc, et il me semble que je la reconnais... Ohé! cria-t-il à son tour sur le même ton, qui hèle le *Raucocus?*

— C'est donc là le *Raucocus?* reprit aussitôt la même voix.

— Oui, vraiment, c'est le *Raucocus!* Mais vous, n'êtes-vous pas Bill Brown, le charpentier du bord?

— Lui-même en personne! Mais, monsieur Marc, je vous reconnais aussi. Dieu nous vienne en aide! je suis enchanté de vous retrouver ici. J'ai un peu deviné la vérité quand j'ai aperçu vos mâts; pourtant je ne pensais pas avoir la chance de retrouver mon vieux navire, je le croyais perdu corps et biens! Pouvez-vous nous faire traverser ce détroit, Monsieur?

— Êtes-vous seul, ou quels sont vos compagnons?

— Je suis avec Jim Wattles, que vous connaissez bien. Nous nous sommes sauvés neuf dans la chaloupe du bâtiment : deux sont morts, Hillson et le subrécargue, avant d'atteindre une île; sept encore sont vivants, mais nous ne sommes que deux ici.

— Vous n'avez pas de ces moricauds avec vous?

— Non. Voilà bien deux heures que nous les avons quittés; nous nous sommes décidés à décamper aussitôt que nous avons aperçu les mâts de votre navire. N'ayez aucune crainte, monsieur Woolston, ils sont à des milles d'ici, enchevêtrés dans les courants, et ils ne s'en tireront pas avant le retour du soleil. Mais, par exemple, vous en entendrez parler demain matin. Jim et moi, nous avons eu de la peine à nous en dépêtrer; nous avons commencé par courir des bordées en gouvernant vers cette terre, et, favorisés par le vent, nous nous sommes tenus cachés tant que les canots ont été en vue; puis nous avons fait force de rames jusqu'ici, et nous voilà. Si vous avez pitié de deux camarades, monsieur Woolston, reprenez-nous à bord du bon vieux bâtiment. »

Voilà l'étrange dialogue qui suivit le cri inattendu du marin, et qui devait changer si complètement l'état des choses sur le Récif. Brown n'était point une recrue à dédaigner, et Marc savait bien qu'on pouvait compter sur sa parole. Il lui indiqua la situation du petit pont et courut au-devant de lui avec Betts; et l'instant d'après ces hommes qui réciproquement s'étaient crus morts se serrèrent affectueusement la main.

Les deux marins étaient seuls, comme ils l'avaient affirmé; ils avaient agi avec une parfaite bonne foi. Bientôt ils racontèrent leur histoire, qui s'accordait de tous points avec le récit tronqué de Jones. Lorsque la chaloupe avait été emportée par la bourrasque loin du bâtiment, elle avait dérivé sous le vent et avait côtoyé le cratère; les matelots du *Raucocus* avaient aperçu le Récif, mais n'avaient pu s'en approcher. Hillson n'avait d'ailleurs à ce moment qu'une préoccupation : empêcher l'embarcation de se remplir d'eau et de clapoter. Puis ils avaient été saisis par un courant, qui les avait fait sortir de cette passe dangereuse et les avait poussés sous le vent des écueils. Persuadés que le navire était perdu sans espoir, ils n'avaient pas jugé à propos de faire aucun effort pour revenir sur leurs pas. Ne pouvant découvrir une île où ils pussent se réfugier, ils avaient gouverné vers l'ouest, dans l'espérance de trouver une terre quelconque qui leur offrît un asile. Mais la route avait été longue, les provisions s'étaient épuisées; avec la faim et la soif, le désespoir était venu, et alors avaient commencé ces scènes horribles qui se produisent tant de fois dans ces terribles naufrages. Hillson avait dû succomber des premiers, prédisposé à une mort plus prompte par des excès antérieurs. Néanmoins sept hommes survivaient encore, quand la chaloupe était arrivée au groupe des îles de Waally. Ce chef terrible les réduisit en esclavage après les avoir dépouillés; il leur accorda la vie, parce qu'il voulait utiliser leur travail. Ayant vite reconnu l'habileté de Brown, il en fit son favori, et il l'employa à la construction d'une pirogue qui pût tenir la mer et lui assurer la suprématie dans la contrée tout entière. Ils demeurèrent, pourvus d'ailleurs de tout ce dont ils avaient besoin, dans une petite île où jamais aucun blanc n'avait pu pénétrer. Ainsi, tandis que Bob avait été amicalement accueilli par Ooroony, que Heaton, Jones et Peters avaient pu vivre à leur guise à quelques pas d'eux, ils étaient demeurés prisonniers et obligés de travailler pour leur tyran.

Ooroony l'avait toujours jusqu'alors emporté sur son adversaire; mais Waally se décida à entreprendre l'expédition à la tête de laquelle il s'était montré avec des forces si imposantes autour du pic de Vulcain. La faveur de Brown étant tout à fait établie, le chef indien n'avait point hésité à le prendre avec lui, en lui permettant de se faire accompagner par Wattles, son aide charpentier; les compagnons étaient restés dans leur île, continuant à travailler au fameux canot de guerre qui devait rendre Waally invincible. Brown et Wattles étaient à bord de la pirogue du maître quand Marc avait tiré sa caronade dans le ravin du Pic et jeté l'épouvante au milieu de la flottille ennemie, grâce aux roulements épouvantables de l'écho. Ces bruits étaient les plus effrayants qu'ils eussent jamais entendu, et ils ne songèrent que plus tard à la cause qui avait pu les produire. Ils se gardèrent bien de détromper les sauvages, car toutes leurs sympathies étaient pour ces inconnus, des blancs comme eux; et ils n'eurent plus qu'une pensée, celle de les rejoindre. C'est Brown qui avait amené les Indiens à prendre cette fois une direction opposée au Pic et à venir dans ces parages, car il avait gardé quelque idée de la situation du récif sur lequel le *Raucocus* avait échoué.

Il ne comptait point rencontrer le navire; mais il pensait trouver des débris de bois, de fer ou de cuivre qu'il eût utilisés dans sa construction; il avait fait valoir ce motif aux yeux de Waally. A la vue du Récif, ce guerrier avait été rempli de joie; il avait devant lui une terre accessible, et non une montagne mystérieuse, couronnée de flammes et de fumée. Rien ne s'opposerait à sa conquête, et il regardait déjà cette île comme annexée à ses propres États; il est vrai que ce territoire était dénudé, couvert de vase, et paraissait impropre à toute végétation; mais, n'importe! c'était un moyen d'agrandir ses domaines si restreints, et il voulait tout de suite entrer en possession de cette découverte de Brown. Celui-ci conduisit la flotte sur les bords de l'île; on y trouva un port convenable pour toute la flottille, c'est-à-dire un banc de sable fin et de l'eau en abondance.

Brown proposa alors à Wattles de pousser une reconnaissance à travers les dunes; ils emmenèrent les deux pirogues les plus rapides : Marc et Brigitte avaient aperçu en passant, cachés dans la vase, les équipages de ces embarcations. Les sauvages avaient été surpris de cette rencontre, mais n'avaient osé se jeter avant; car ils avaient vu de loin le navire, et aussi le cratère et les magnifiques cultures qu'il renfermait.

Cette dernière découverte parut bien plus importante à Waally que celle des îles même : c'était là, pensait-il, la région habitée par Heaton et ses compagnons, là qu'ils avaient entassé leurs richesses, là qu'étaient ces animaux rares, ces vaches, qu'il convoitait si vivement. Ooroony avait laissé échapper tout cela; lui saurait bien s'en assurer la possession. De son côté, Brown pensait que les blancs étaient là, la présence du bâtiment l'indiquant assez. Quels étaient-ils? Sans doute des pêcheurs de perles, chargés d'approvisionner le marché de Canton. Il était possible aussi qu'une colonie se fût établie en cet endroit, et que ces colons fussent précisément ceux dont il avait tant entendu parler, et à la recherche desquels Waally s'était lancé.

Il ne vint pas un instant à la pensée du maître charpentier que ces mâts, dont il distinguait la cime, pouvaient être ceux du *Raucocus;* mais du moment où il s'agissait de colons, de blancs, d'hommes appartenant sans doute à la race anglo-saxonne, cela lui suffisait. La résolution de Brown et de son compagnon fut vite prise : laissant les canots d'exploration s'engager dans une fausse voie, ils leur faussèrent compagnie et prirent la fuite, résolus à s'attacher aux étrangers du cratère.

Ils comptaient, il faut le dire, trouver un bâtiment équipé, armé, tout prêt à mettre à la voile aussitôt qu'ils auraient pu apprendre à son capitaine le danger qui le menaçait; aussi n'avaient-ils point hésité à remettre leur fortune aux mains de marins inconnus, plutôt que de rester plus longtemps sous la dépendance d'un tyran. Leur fuite avait été facile; ils avaient eu soin de colorer leur départ d'un prétexte : ils avaient dit qu'ils voulaient chercher à reconnaître le caractère des étrangers aperçus par la troupe en embuscade. Leur surprise avait été grande en reconnaissant leur ancien officier.

Woolston, touché de ce récit, leur raconta à son tour brièvement son histoire, la manière dont le bâtiment avait été tiré d'affaire, et enfin la fondation de la colonie. Alors seulement on tint conseil sur ce qu'il y avait à faire : Brown et son compagnon se montrèrent fort résolus, mais ne cachèrent pas leur désappointement de se trouver en si petite compagnie et d'unir leur sort à une colonie dans une situation si précaire; surtout maintenant qu'ils connaissaient le Récif, ils auraient pu, pensaient-ils, rendre plus de services à leurs amis en restant avec Waally. Ce ne fut point l'idée de Marc. Il se félicitait au contraire de l'arrivée de ces excellentes recrues, qui lui étaient envoyés par la Providence en ce moment critique; d'ailleurs il n'y avait pas à revenir sur les événements, aussi nos deux marins acceptèrent-ils franchement et même avec joie leur situation nouvelle.

Ils apportaient des renseignements précieux. Ils avaient une haute idée des talents militaires de Waally, et le regardaient comme un guerrier brave, plein d'adresse et de ruse. Ils affirmaient, d'autre part, que ses guerriers n'étaient pas aussi nombreux que les colons le pensaient; l'erreur venait de ce qu'un certain nombre de femmes avaient accompagné la première expédition. Le chef indien n'avait pas plus de huit à neuf cents hommes avec lui. Il avait bien quelques armes à feu et un petit canon; mais les munitions étaient très rares : il ne possédait que trois boulets, et encore ne savait-il manœuvrer son canon que d'une façon fort imparfaite. Dans des engagements précédents avec ses ennemis, il avait plus d'une fois tiré ses trois boulets sans nuire à personne, et le lendemain il avait dû employer une partie de sa troupe pour retrouver les malheureux projectiles. Seulement les insulaires étaient armés de lances et de massues dont ils savaient faire un usage très meurtrier.

Brown, apprenant que le schooner serait bientôt prêt à être lancé, demanda au gouverneur d'être autorisé à y travailler avec son camarade, afin de hâter autant que possible le moment où il pourrait prendre la mer; ce qui lui fut accordé avec plaisir. Le schooner, équipé et armé, avait déjà à bord tout ce qui était nécessaire pour une croisière sérieuse; même sa provision d'eau douce était faite. Brown pensait que, dans l'état des choses, la colonie pourrait se réfugier tout entière sur le schooner, louvoyer à travers les passages et gagner le large, et, une fois en pleine mer, se moquer de Waally et de sa flottille de canots et de catamarans.

Woolston n'était pas de cet avis. Jamais il n'aurait consenti à abandonner le Récif, où il avait souffert, où il avait pu réunir ses amis ; il ne se séparerait pas plus volontiers du vieux bâtiment sur lequel il s'était embarqué, dans la cabine duquel il s'était marié, où sa fille était née. Non, non, il ne laisserait pas les sauvages brûler le *Raucocus*, ce qu'ils ne manqueraient pas de faire, ne serait-ce que pour en retirer du fer et du cuivre, dont ils étaient si friands. Le cratère, avec toutes ses ressources, si nécessaires maintenant à la colonie naissante, ne pouvait être livré aux déprédations des indigènes ; il n'y fallait point penser. Bob l'appuyait de son mieux, et affirmait qu'il ne faudrait se servir du schooner qu'à la dernière extrémité, mais qu'auparavant il fallait faire usage de tous les moyens de défense qui étaient en leur pouvoir.

Ces résolutions adoptées par les nouveaux venus, Marc se demanda s'il devait éveiller ses hommes pour les mettre au courant; mais il préféra les laisser se reposer, puisqu'il n'y avait rien à faire jusqu'au jour.

Au lever du soleil, tous furent debout sur le Récif, et on leur apprit les événements de la nuit. L'arrivée des deux matelots donna plus de confiance aux anciens colons, et tout le monde se mit à la besogne. Bigelow travaillait déjà au schooner avec ses nouveaux compagnons, et jamais plus utile concours n'arriva plus à point et pour une opération plus délicate et plus importante. Marc monta sur le Sommet; il en redescendit affirmant que Waally devait encore être loin, puisqu'il ne l'avait aperçu dans aucune direction, ni lui ni ses canots. Il donna alors des ordres pour hâter le lancement de l'*Abraham*. Pendant deux à trois heures, tous les ouvriers travaillèrent avec un grand courage; les femmes elles-mêmes s'occupaient le plus activement possible : pendant que les unes préparaient le déjeuner, les autres charriaient dans l'enceinte du cratère les objets les plus précieux que l'on voulait mettre à l'abri d'un coup de main.

En examinant les fortifications de la place de plus près, Marc reconnut plusieurs points faibles, et il entreprit d'y remédier immédiatement. Entre autres choses, il fit ouvrir une porte pour fermer plus avantageusement l'entrée du cratère ; il appela deux ou trois hommes pour exécuter ce travail, jugé par lui plus nécessaire encore que le lancement du navire. Cette opération fut vite faite. Quand elle fut achevée, l'*Abraham* n'était pas encore à l'eau ; néanmoins, au dire de Bigelow, il était absolument prêt, et il n'y avait qu'un coup de hache à donner. Mais l'heure du déjeuner était venue, le repas était prêt. Marc décida qu'il n'y avait pas lieu de se hâter, les canots de l'ennemi n'étant point encore en vue : il fallait mettre en tout de l'ordre et de la méthode, même en face de l'ennemi. Il fut donc résolu qu'on déjeunerait d'abord et qu'on lancerait le schooner immédiatement après. Les travailleurs, affamés, furent de cet avis.

Il s'en fallut bien peu néanmoins que cette sécurité ne fût fatale à la colonie. Les hommes, fatigués, se mirent à déjeuner sous la tente, tout près de leur chantier. Les femmes mangeaient également de leur côté ; quelques-unes même étaient encore sur le cratère ou sur le bâtiment, occupées à des travaux de ménage. Rien ne laissait soupçonner qu'une attaque fût imminente.

On se souvient que la tente était dressée près de la source, tout près du pont mettant le Récif en communication avec une île d'assez vaste étendue, celle où les porcs avaient été parqués. Ce pont, composé de deux planches mises bout à bout, n'avait guère plus de cinquante à soixante pieds de long ; c'était la seule communication avec l'île, reliée depuis la dernière éruption avec l'ensemble des terrains vagues et incultes, séparés les uns des autres par des canaux de toutes dimensions et s'en allant dans toutes les directions.

Le gouverneur ne prenait point ses repas avec les autres membres de la colonie; il avait trop l'habitude de la discipline du bord pour se commettre ainsi avec ses inférieurs, et il savait bien quels inconvénients peut avoir une trop grande familiarité. Brigitte n'eût pas aimé non plus à s'asseoir à la table commune; tous leurs amis étaient de braves gens, mais, pour la plupart, sans aucune éducation, et il lui était pénible de manger à côté des femmes des matelots. Ils prenaient donc leurs repas d'ordinaire en tête à tête, servis par les gens de Brigitte.

Ce jour-là, rien n'avait été changé à leurs habitudes. Marc franchissait la passerelle pour aller au chantier rejoindre les ouvriers, qui, leur repas terminé, devaient reprendre leurs travaux. Tout à coup des cris effrayants remplirent les airs, et une bande de sauvages, se démasquant, parut sortir du creux de tous les rochers, au milieu même du parc aux porcs. Ils s'étaient glissés silencieusement le long des passages, franchissant les courants d'eau à la nage, profitant du plus mince abri pour se dissimuler, et ils n'étaient plus qu'à deux cents verges environ de l'endroit qu'ils se proposaient d'attaquer.

Marc, en cette circonstance difficile, montra un sang-froid vraiment admirable. Il donna aussitôt ses ordres avec calme, clarté et promptitude, et envoya immédiatement Bigelow et Jones retirer le pont, ce qui fut l'affaire d'un instant. Dès lors les colons avaient entre eux et leurs ennemis un fossé large et profond. A la vérité, ce n'était pas une grosse difficulté pour des naturels de la mer du Sud, accoutumés, pour ainsi dire, à vivre dans l'eau; mais cet obstacle donnait encore le temps de se retourner. Les sauvages, qui n'avaient vu le cratère que de loin, n'avaient pu soupçonner l'existence de ce courant profondément encaissé; aussi, ayant pris le chantier pour but de leur course, se trouvèrent-ils vivement désappointés en se trouvant séparés de lui par un bras de mer. Waally, pour se venger de sa déconvenue, fit une décharge de toute son artillerie; un coup de canon partit même de sa pirogue. Tout cela fit grand bruit, mais point de mal, et Bob remarqua que leurs ennemis n'avaient plus que deux boulets à leur service.

Revenus de la première surprise, les colons, hommes et femmes, soumis à un commandement régulier, coururent aux armes et furent tous à leur poste en un instant. Le canon, chargé à mitraille et placé sur la poupe du *Raucocus,* fut pointé de façon à balayer les abords du pont; les autres caronades du Sommet furent disposées de telle sorte qu'elles commandaient la partie la plus rapprochée du Parc aux porcs, où était le gros des ennemis. On voyait là Waally à la tête des siens, désignant le détachement qui devait traverser le détroit à la nage. Il n'y avait pas de temps à perdre pour riposter avec avantage. Junon se tenait près du canon placé sur la poupe du navire; ceux du Sommet étaient confiés aux soins de Didon, et toutes les deux, vaillantes et résolues, tenaient une mèche allumée à la main. Le gouverneur fit un signe; la mèche s'abaissa, et la caronade, vomissant la mitraille, abattit une dizaine d'Indiens : trois furent tués sur le coup, les autres reçurent de graves blessures. Mais les assaillants ne reculèrent point; au contraire, un jeune chef, poussant des cris féroces, s'élança dans le canal, suivi d'une centaine de sauvages. Marc donna un nouveau signal, et Junon mit à son tour le feu à sa pièce : une nouvelle décharge de mitraille, rebondissant sur le Récif, vint éclater sur les rangs les plus pressés des guerriers ennemis; une douzaine au moins restèrent encore sur place. Waally comprit que l'heure était décisive, et qu'il fallait tout oser pour reconquérir le terrain perdu. Il lança d'un signe une foule des siens, qui se précipitèrent en même temps dans l'eau, et il les animait du geste et de la voix.

Jones et Bigelow étaient à bord de l'*Abraham;* ils avaient sous la main deux caronades pointées à travers les sabords d'arrière, et disposées de manière à battre le Parc aux porcs. Car le gouverneur avait supposé que, si l'ennemi arrivait par terre, c'était là qu'aurait lieu le grand effort de la bataille; il avait donc assigné ce poste de confiance à ces deux vaillants colons, se faisant accompagner personnellement de Brown et de Wattles, tous deux bien armés, pour former une réserve prête à se porter partout où la nécessité réclamerait sa présence. Telles étaient les dispositions qu'avait prises à l'avance le gouverneur; elles allaient peut-être être déjouées par l'audace de l'ennemi, qui voulait transporter l'action sur le cratère même. Woolston eut en ce moment une idée lumineuse : le schooner était prêt à être lancé, on s'en souvient; il se trouvait précisément abrité avec ses compagnons, pour observer l'ennemi, derrière la quille du bâtiment. Il cria tout à coup à Brown, le voyant à deux pas d'un des accores, tandis que lui-même touchait l'autre de la main :

« Mettez votre fusil de côté, Brown, et jetez bas votre accore ! »

Puis élevant la voix :

« Attention sur le pont ! Nous allons vous lancer à l'eau ! »

Et aussitôt le schooner commença à s'ébranler ; tous les colons poussèrent un cri, et l'*Abraham* vint fondre sur les nageurs épouvantés. Aussitôt Bigelow et Jones firent feu des deux caronades, et, sous la volée de mitraille, le bassin tout entier se couvrit d'écume, promptement rougie en plus d'un endroit. C'était plus qu'il n'en fallait pour mettre en déroute les sauvages : Waally se précipita avec les siens vers les anses où ses canots étaient amarrés, et les nageurs se sauvèrent comme ils purent.

Les colons ne perdirent pas un instant : le schooner fut amené à l'aide d'un câble, et Marc, Brown et Wattles s'em-

Didon, debout près de la caronade, s'apprête à y mettre le feu.

barquèrent aussitôt : un équipage de cinq hommes suffisait fort bien à la manœuvre. Ils établirent promptement les voiles, laissant Bob au commandement du Récif avec le reste des forces; ils doublèrent l'île du Limon, afin d'arriver au point où Waally rassemblait toutes ses forces : la manœuvre était facile dans cette passe ayant un quart de mille de large. Le schooner s'avançait vivement et d'une façon menaçante, bien que Marc n'eût pas l'intention d'en venir à une attaque. Il se mit donc à louvoyer, à courir des bordées au vent, exécutant toutes sortes de manœuvres dilatoires, pendant que ses hommes tiraient le plus de coups possible, plutôt pour effrayer l'ennemi que pour lui tuer du monde. De cette façon il faisait beaucoup plus de bruit et de fumée que de mal; c'est ce qu'il voulait, la victoire lui étant définitivement assurée. Les sauvages, en proie à une panique épouvantable, ne reconnaissaient plus l'autorité de leurs chefs; aussi à peine furent-ils sous le vent, qu'ils firent force de rames pour se sauver au plus vite.

Woolston avait son plan : il ne voulait pas serrer l'ennemi de trop près avant d'être en pleine mer, et il lui fallait pour cela attendre deux ou trois heures; il se contenta donc d'abord de les suivre à une certaine distance, leur envoyant une décharge de temps en temps pour accélérer leur marche. L'équipage de l'*Abraham* manœuvrait tout à son aise, ses voiles tendues; les sauvages, au contraire, s'épuisaient à battre les vagues de leurs pagaies. Plusieurs canots avaient des voiles d'écorce, mais on ne s'était pas donné le temps de les ouvrir au vent; d'ailleurs elles n'auraient point suffi à éloigner les embarcations de l'*Abraham*. Arrivé en pleine mer, Waally crut que la chasse était terminée; il se trompait fort : elle allait seulement commencer pour tout de bon. Marc, par une manœuvre imprévue, fondit sur trois des canots, en aborda un, et fit l'équipage prisonnier. Parmi les captifs se trouva un jeune chef que Brown reconnut pour le fils du chef lui-même; Marc résolut de profiter de cette circonstance heureuse pour mener à bien ses projets sans effusion de sang. A l'aide de ses deux matelots, qui lui servaient d'interprètes, il envoya l'un des prisonniers faire à Waally des propositions d'échange.

Waally fut long à se décider à se fier à la parole de son vainqueur; l'amour paternel l'emporta, et il vint seul et sans armes sur l'*Abraham*. Il offrit des canots, des plumes, des dents de baleines en échange de son fils. Marc offrit de rendre le jeune homme à son père aussitôt que les cinq matelots prisonniers, compagnons de Brown, seraient à son bord, déclarant à Waally qu'il allait reprendre les hostilités sans retard s'il n'acceptait ces conditions.

Waally souhaitait vivement garder ses prisonniers; malgré la décision et la netteté de Woolston, il fallut encore longtemps lutter contre les ruses, les détours, les subterfuges de l'Indien. La fermeté de Marc triompha à la fin, grâce à l'amour paternel, et le traité fut conclu : le schooner piloterait la flottille indienne jusqu'au groupe des îles Betts; là Waally enverrait chercher les cinq marins, et resterait lui-même à bord du bâtiment jusqu'à ce que l'échange fût consommé. Waally voulait aussi que Marc s'engageât à l'aider à renverser Ooroony pour établir définitivement sa propre suprématie sur les îles. Marc refusa net; il eût été plutôt disposé à favoriser Ooroony qu'à travailler à sa chute, et il résolut même d'avoir une entrevue avec lui avant de regagner le Récif.

Brigitte et les membres de la colonie fussent restés tout à fait sans nouvelles de l'expédition, si Bob n'avait eu le bon esprit d'armer la *Neshamony* aussitôt qu'il avait vu le schooner disparaître à l'horizon. Il le suivit de loin, et l'accosta juste au moment où le traité venait d'être conclu; repartant alors en toute hâte, il rapporta avant la nuit ces bonnes nouvelles au Cratère.

CHAPITRE XVIII

L'*Abraham* vogua doucement pendant trois jours, conduisant la flottille au groupe des îles habitées par les sauvages. Lorsqu'il fut au vent des îles, il mit en panne, et les canots rentrèrent dans leurs ports respectifs ; il gardait à bord ses otages, attendant l'accomplissement entier du traité. Le lendemain, Waally revint trouver Woolston accompagné des cinq matelots du *Raucocus :* Dickinson, Harris, Johnson, Edwards et Bright. Il ne laissait pas aller sa proie sans peine; mais il cédait à la force.

Rien ne saurait rendre la joie des pauvres prisonniers; au bonheur de recouvrer la liberté, s'ajoutait le plaisir de retrouver leur chef et de lui devoir la fin de leur dure captivité. Marc les voyait aussi arriver avec un vif plaisir : ce surcroît d'équipage devait faire de l'*Abraham* une véritable puissance dans cette partie du monde. Le schooner, avec deux caronades et une pièce de six, ayant douze hommes à bord, tous robustes et vigoureux, permettait au gouverneur de jouer au milieu de ses voisins un rôle politique vraiment prépondérant. Waally, voyant combien la situation de son ennemi était désormais changée, essaya encore d'introduire dans le traité une clause qui assurât sa suprématie sur Ooroony. Woolston se récria, demanda quels avantages il pourrait retirer d'un pareil arrangement, qui lui ferait sacrifier à un ennemi déclaré, mais vaincu, un ami fidèle qui avait rendu aux siens les plus grands services. Waally répondit effrontément qu'une alliance avec lui rendrait les blancs maîtres absolus de l'île Raucocus, sur laquelle il n'élèverait plus aucune prétention. Marc eut un sourire de dédain et signifia au sauvage que l'île lui appartenait, qu'il en avait pris possession avant lui, et qu'il saurait bien s'y maintenir; il lui défendit de s'en approcher désormais avec ses canots, sinon il irait l'en faire repentir jusque dans son île, où se trouvait l'habitation privée du chef indien. Waally s'emporta, montra le plus vif ressentiment, et quitta l'*Abraham* de fort mauvaise humeur.

Marc le laissa partir, assez content de le voir lui-même rompre une alliance à peine conclue. Il n'avait point manqué à la parole donnée : l'échange des prisonniers s'était fait loyalement et sans retard. Cela lui permettait de prendre la résolution qu'il jugerait la plus convenable. Jones avait vécu longtemps avec Ooroony; il le connaissait fort bien et montrait pour lui une vive sympathie. Le gouverneur fut heureux de le charger d'un message pour le chef déchu; il l'embarqua sur un des canots des sauvages tombés en son pouvoir, et le chargea d'aller négocier avec lui. La batterie du schooner couvrit la frêle embarcation jusqu'à l'anse où elle prit terre, et quelques heures plus tard l'honnête et généreux Ooroony était à bord de l'*Abraham*. Il fut reçu avec les marques les plus touchantes d'intérêt et d'amitié : il avait été si malheureux, si humilié, que cet accueil lui fit monter aux yeux des larmes de reconnaissance. Marc le remercia de ses bontés pour sa femme, pour sa sœur, pour Heaton et pour son ami Bob. « Sans vous, lui disait-il, j'aurais passé le reste de ma vie dans la solitude, séparé à jamais de ceux que j'aime; sans vous encore, la colonie partie d'Amérique pour venir à mon aide serait restée en route, impuissante, et n'eût pas tardé à partager le sort des malheureux matelots tombés entre les mains de Waally. »

Tout l'équipage de l'*Abraham* s'était rassemblé autour du pauvre chef indien, et chacun lui témoignait son amitié et sa confiance à sa manière. Tous, en effet, savaient que sa bonté toute seule avait amené la révolution qui lui avait enlevé le pouvoir ; s'il eût châtié Waally lors de sa première révolte comme il le méritait, alors que la puissance était entre ses mains, ce chef turbulent, ambitieux et jaloux, né son tributaire, ne l'aurait point supplanté. Tous les matelots, charmés de le voir, lui donnaient l'assurance que ses maux étaient finis, qu'ils le soutiendraient contre son indigne rival. Marc tint aussitôt conseil sur la dunette, et l'on décida de régler les relations des îles entre elles. On prit la résolution de soutenir ouvertement Ooroony ; aussi bien le courroux, la menace de Waally donnaient lieu de tout craindre de lui, et sa perfidie justifiait, autorisait toutes les précautions.

On sut bientôt, à n'en pouvoir douter, que les Indiens préféraient le caractère loyal et généreux d'Ooroony à la violence et aux fourberies de son compétiteur rival. L'attrait du changement avait entraîné ces naturels mobiles; la force avait eu raison des dernières résistances ; mais ils se repentaient maintenant de leurs erreurs, et appelaient de tous leurs vœux le retour de l'ancien régime.

Il y avait au milieu du groupe une île qui avait toujours été regardée comme le siège de l'autorité. Ooroony y était né, sa famille établie depuis de longues années : Waally était parvenu à l'en chasser, et il s'y était installé à sa place. Ooroony affirmait que s'il pouvait redevenir maître de cette île, dont la possession semblait garantir la suprématie du souverain, l'équilibre entre les deux chefs serait rétabli, et la lutte redeviendrait possible. Ses partisans secrets se rallieraient à lui, ses fidèles reprendraient courage, et son adversaire peut-être n'entreprendrait même pas de résister. Le schooner pouvait sans grandes difficultés entreprendre cette campagne libératrice, et Ooroony, protégé par les colons du Récif, retrouverait son rang.

Marc se décida à venir en aide à l'homme honnête qui lui avait déjà rendu tant de services. Il mena le bâtiment à une portée de canon de la forteresse de Waally; c'était là que ce chef avait établi le siège de sa domination; ses principaux partisans y demeuraient avec lui, et par la terreur qu'ils inspiraient ils asservissaient l'île entière et, pour ainsi parler, toute la région. Marc somma la citadelle de se rendre, enjoignant aux chefs qu'elle abritait d'avoir à en sortir, et même de quitter l'île au plus vite. Ils répondirent, sans vouloir rien entendre, par un refus hautain. Le bruit de cette expédition s'était répandu dans tout le groupe : tous les indigènes avaient les yeux sur le navire et ne perdaient pas un seul de ses mouvements. La politique de Marc, — si le mot ne paraît pas trop gros, — avait transpiré, et beaucoup de sauvages étaient descendus dans l'île du commandement, attendant ce qui allait se passer et faisant secrètement des vœux pour le rétablissement d'Ooroony. Ce dernier, aussi courageux que bon, demanda à Marc de le laisser débarquer au milieu des siens. Après quelques hésitations, le gouverneur y consentit; il fit mettre à terre le chef dépossédé, prêt à lui venir en aide si quelqu'un cherchait à lui faire un mauvais parti. Mais à peine Ooroony eut-il touché la rive, que ses amis, se sentant soutenus par le schooner, prirent leurs armes, qu'ils avaient dissimulées jusqu'alors, et vinrent se ranger autour de leur ancien chef. Ils furent bientôt assez nombreux pour tenir seuls tête à leurs adversaires; ils étaient si résolus, si enthousiasmés de la tournure que prenaient les affaires, qu'ils semblaient capables de jeter Waally et tous les siens à la mer.

La chose n'était pourtant pas si aisée; les assiégés opposèrent une vive résistance. Le carnage menaçait d'être terrible, tant les deux camps étaient animés l'un contre l'autre. Marc se résolut alors à intervenir. Il pointa sur la citadelle sa pièce de six; la mitraille traversa la palissade avec un tel fracas, bien que sans effusion de sang, que les sauvages en furent épouvantés et contraignirent leur chef à arborer la branche de palmier, symbole de soumission et de paix.

Ce succès amena une révolution dans l'île, et quarante-huit heures après Ooroony rentra en possession du rang et du commandement dont il jouissait quand Bob était venu lui demander asile sur la *Neshamony*. Waally fit pour conserver quelque pouvoir toutes les concessions possibles ; il montra le plus vif repentir, et promit tout ce qu'on voulut exiger. Ooroony fut donc plus puissant que jamais, et il eut lieu de penser qu'il régnerait désormais paisiblement jusqu'à la fin de ses jours. Il n'y avait pas huit jours que la guerre avait commencé sur le Récif lorsque ces grands résultats furent obtenus, plutôt par l'habileté que par la force.

Marc ne voulut pas prolonger son séjour aux îles; il avait trop grande hâte de faire cesser l'inquiétude de ceux qu'il avait laissés derrière lui. Il fit des échanges pour se procurer certains objets qui lui manquaient au Pic; puis, ayant acquis la certitude que le groupe produisait le bois de santal en abondance, il fit un traité par lequel les sauvages devaient couper une grande quantité de ce bois, que le schooner viendrait chercher à trois mois de là. Cela fait, l'*Abraham* mit aussitôt à la voile.

Marc, pour le retour, au lieu de s'engager dans les courants sous le vent, largua les écoutes et gouverna au nord par un chemin qui le conduisit droit au Récif. Une heure avant son arrivée le schooner fut signalé, et toute la colonie se réunit pour lui faire accueil. Lorsque les résultats de l'expédition furent connus, la joie fut générale, et tous conçurent l'espoir d'un avenir heureux et tranquille.

Le gouverneur ne tarda pourtant guère à être aux prises avec de sérieuses difficultés : la colonie s'était accrue; plus de monde donnait plus de soucis. Quels étaient les devoirs de Marc Woolston, second du *Raucocus,* chef de l'équipage après la disparition du capitaine? quels étaient ses devoirs vis-à-vis des marins du *Raucocus?* Perdu au milieu des mers, il avait regardé le navire et sa cargaison comme lui appartenant exclusivement, et il y avait puisé à pleines mains comme sans scrupules. Les circonstances étaient changées : les matelots du vieux bâtiment n'avaient-ils pas droit à une part des bénéfices de la colonie, devenue si florissante? Bien d'autres questions se posaient encore; Marc remit à plus tard le soin de les résoudre.

Le lendemain de son arrivée au Récif, il fit monter la plupart de ses hommes à bord de l'*Abraham,* et il mit à la voile pour le Pic, emmenant Brigitte, qui souhaitait vivement d'aller rendre visite à sa sœur Anne.

Six heures après avoir quitté son mouillage, l'*Abraham* entrait dans l'anse Mignonne. Les colons connaissaient déjà par Bob, qui les avait visités au passage, le succès de la campagne dans les îles; néanmoins la joie de Heaton, de sa femme et des autres habitants du Pic, fut bien grande.

Marc laissa sa femme et sa sœur jouir du plaisir qu'elles éprouvaient l'une et l'autre à se retrouver après une absence qui avait été longue et non exempte d'inquiétude, et il convoqua aussitôt un conseil général de la colonie. On y avait admis les sept marins du *Raucocus* délivrés dans la dernière expédition; la constitution de la colonie leur ayant été exposée, on leur demanda de faire connaître leurs intentions. Quatre d'entre eux, et Brown en tête, acceptèrent et signèrent la constitution et furent reçus citoyens du Récif; les trois autres, qui préféraient retourner en Amérique, s'engagèrent au service de Marc pour un temps et moyennant une rétribution déterminés. Ces préliminaires établis, le gouverneur exposa au conseil ses scrupules. On avait cru longtemps que le *Raucocus* ne pourrait jamais sortir du bassin où l'éruption volcanique l'avait enfermé; on se basait sur ce fait, qu'il avait tout juste assez d'eau pour se maintenir à flot, et le vieux bâtiment tirait, — Bob le savait, étant déjà à bord quand il avait été lancé, — treize pieds d'eau.

Mais Brown, fort ingénieux, avait trouvé le moyen de lui donner dix-huit ou vingt pieds d'eau, afin de le faire sortir des rochers où il était retenu prisonnier. Une fois hors de son bassin, rien n'était plus aisé que de le conduire en pleine mer, tous les canaux mettant le cratère en communication avec l'Océan ayant partout au moins cinq brasses de profondeur.

L'augmentation inespérée de l'équipage rendait encore l'opération plus facile, et dès lors une grave question de confiance se posait : le bâtiment, qui était la propriété de certains armateurs de Philadelphie, ne devait-il pas y être reconduit? N'était-ce pas le devoir strict du second du bâtiment? L'ami Abraham White et ses associés avaient été indemnisés par les sociétés d'assurances, Brigitte se rappelait parfaitement l'avoir entendu dire; mais les droits des assureurs se trouvaient dès lors substitués à ceux des armateurs. Le *Raucocus* était encore solide; il pouvait faire un bon et long service, après les réparations nécessaires à sa mâture et à ses agrès. Le gouverneur ajoutait qu'il pouvait remplir sa cale de bois de santal, l'échanger en passant à Canton pour un chargement de thé, et faire ainsi des bénéfices qui rendraient ce voyage très avantageux pour tous. Son voyage aurait encore un autre but : Brigitte allait être majeure, et sa fortune, sagement administrée, profiterait dès lors à la prospérité de la colonie tout entière.

Tout en préparant un retour en Amérique, Marc n'admettait pas un instant l'idée d'abandonner son projet de colonisation; les obstacles se dressaient à la vérité maintenant de tous côtés, mais il se sentait assez de résolution pour essayer d'en triompher. Il ne songeait pas à une absence de douze mois, — temps jugé nécessaire pour son expédition, — sans de vives inquiétudes. Que deviendrait la colonie pendant ce temps-là ? Quels ennemis ne pourrait-elle pas avoir à combattre ? Emmènerait-il Brigitte ? Impossible d'ailleurs de confier le *Raucocus* à aucun de ses hommes ; seul il pouvait en prendre le commandement, seul il avait à en répondre devant les héritiers ou ayants-cause de ses armateurs.

Tous les membres du conseil furent d'avis de reconduire le *Raucocus* en Amérique pour le restituer à ses propriétaires légitimes ; le chargement de bois de santal et son échange contre une cargaison de thé furent également approuvés.

On prit donc tout d'abord l'engagement de travailler avant tout à faire sortir le bâtiment de l'endroit où il était depuis si longtemps retenu prisonnier ; cela fait, la conduite à tenir serait discutée de nouveau. On envoya néanmoins des présents, colliers de verroterie, couteaux, haches, etc., à Ooroony et à Waally, leur demandant en retour de couper autant de bois de santal qu'il leur serait possible, et d'avoir à le faire transporter sur la côte. Ce fut Bob et Jones qui furent chargés de cette mission ; ils s'embarquèrent sur la *Neshamony,* avec ordre de revenir au plus tôt pour aider aux travaux du *Raucocus.* On n'attendit point leur retour pour se mettre à l'œuvre : laissant Heaton et Uncus à la garde du Pic et aux soins du moulin, Marc avec la colonie entière regagna le Récif ; et tout de suite on se mit au travail. Le pont du navire fut débarrassé de tout ce qui restait d'espars et d'agrès ; la cale fut complètement vidée, et tous les objets qui pouvaient se transporter furent déposés à terre ; les caisses pleines ou vides, les futailles eurent toutes le même sort. On constata aussitôt que le navire tirait quelques pouces d'eau de moins qu'auparavant ; il ne s'en fallait plus maintenant que de huit pouces pour qu'il

Brigitte déclara au conseil qu'elle resterait au milieu des colons.

pût sortir de son bassin naturel. On continua à enlever tout ce qui était transportable : voiles, agrès, provisions et ustensiles de toutes sortes vinrent également s'aligner sur la côte, et après une semaine le bâtiment s'était encore relevé de quelques pouces. La marée haute ayant coïncidé avec une forte brise qui faisait encore monter l'eau du bassin, le gouverneur, trouvant l'occasion favorable, voulut tenter immédiatement l'aventure. Tous les hommes ne furent pas de cet avis. Marc passa outre : le bâtiment s'ébranla et s'élança en avant. C'était le premier mouvement qu'il eût fait depuis l'éruption.

Au moment où l'on pouvait croire le succès assuré, le bâtiment toucha de l'arrière : le talon de la quille rencontrait une pointe de roc. C'était jouer de malheur : car à une brasse de distance à droite ou à gauche, la mer était libre. On en fut quitte pour la peur : la tenue était légère, et avec ses deux ancres dans les bossoirs, le *Raucocus*, remis en équilibre, effectua victorieusement son passage.

Les calfats s'emparèrent alors du bâtiment ; les mâts furent bientôt dressés, les agrès mis en place et les voiles en état ; l'eau douce et les provisions arrimées à leur tour ; des bœufs et des porcs furent généreusement sacrifiés et embarqués ; les soutes au pain furent vite remplies : il n'y avait plus qu'à faire choix de l'équipage. La chose présentait de grandes difficultés, et le gouverneur fit même enverguer les voiles avant de réunir le conseil pour désigner les matelots qui feraient partie de l'expédition. Il n'y avait plus à reculer. Bob était de retour depuis longtemps déjà : il apportait l'assurance qu'une grande quantité de bois de santal avait été apportée sur la côte, les deux camps indiens ayant rivalisé de zèle. Dans un mois au plus tard, la cargaison du *Raucocus* pouvait être complète, et il n'aurait plus qu'à mettre à la voile pour l'Amérique.

Le conseil fut convoqué. A peine les membres étaient réunis en séance, que Brigitte, à l'étonnement général, demanda à être entendue, et aussitôt elle annonça sa détermination de demeurer au Récif tandis que son mari conduirait le *Raucocus* à ses armateurs; elle connaissait son devoir et l'accomplirait fidèlement jusqu'au bout. Marc, aussi surpris que les autres, ne savait quel parti prendre; un combat violent se livrait en lui; il souffrait beaucoup à la pensée d'une aussi longue séparation, et, d'autre part, il ne pouvait manquer de comprendre et d'admirer l'héroïsme de la jeune femme. Il sentit aussi quel était son devoir, et, rassuré au fond du cœur par la prudence et le courage de Heaton, qui devait rester dans la colonie, il donna, sans laisser paraître son hésitation, son approbation à la généreuse résolution de sa jeune femme.

Marc choisit ensuite les hommes qui devaient composer l'équipage : Johnson, Edwards et Bright furent naturellement désignés; c'étaient trois marins expérimentés, et d'ailleurs ils avaient déclaré ne pas vouloir s'adjoindre à la colonie : c'était le cas de leur permettre de rentrer en Amérique. Bob devait aussi faire la traversée, et Marc lui donna le titre de lieutenant en premier; Bigelow fut nommé lieutenant en second. Brown devait rester au Récif pour remplacer le gouverneur, pendant que Heaton commanderait au Pic, avec autorité suprême sur toute la colonie.

Marc comptait demander à Ooroony quelques naturels pour l'aider dans la manœuvre; mais il lui fallait au moins huit blancs à bord. Wattles préféra rester avec son ami Brown; Dickinson et Harris, bien que devenus citoyens de la colonie, demandèrent à faire partie de l'expédition. Tous deux pensaient se marier durant ce voyage et ramener leurs femmes avec eux. Uncus avait déjà depuis quelque temps épousé Junon; ils demeuraient au Pic, où, grâce à la générosité de Brigitte, ils étaient fort convenablement installés. Brown ne s'était point condamné au célibat; confiant dans son chef, il l'avait simplement prié de lui choisir et de lui ramener une compagne qui pût lui convenir. Si l'on voulait assurer l'avenir de la colonie, il était nécessaire de favoriser les unions.

Le jour du départ arrivé, Marc conduisit le *Raucocus* dans une bonne rade, et l'équipage monta à bord. Les adieux de Marc et de Brigitte furent des plus touchants; mais tous les deux montrèrent un grand courage. Au point du jour, le *Raucocus* leva l'ancre et mit à la voile. Brown et Wattles l'accompagnèrent sur la *Neshamony* jusqu'au groupe de Betts, afin de rapporter au Récif les dernières nouvelles des voyageurs.

Marc s'occupa de sa cargaison de bois de santal; il se montra très généreux envers Ooroony et même envers Waally; il ne manqua point de fortifier par tous les moyens possibles le traité d'alliance qu'il avait conclu avec l'un et l'autre. Cela était d'autant plus nécessaire, que le Pic et le Récif eussent été presque sans défense s'il fût arrivé un accident à l'*Abraham* pendant son absence.

Marc partit enfin, laissant la *Neshamony* regagner la colonie. Cinquante jours après, il était à Canton; il fit là des affaires si heureuses, qu'après avoir rempli sa cale de thé, il lui resta encore un gros bénéfice en argent. Ayant trouvé un petit brick américain qui était à vendre, il l'acheta, mit à son bord tout ce qu'il put trouver de denrées utiles aux colons; il embarqua des vaches, une provision de fer, des armes, des munitions et des fusils.

Marc avait été amené à faire cette acquisition par la rencontre qu'il fit à Canton d'un ancien ami qui, ayant épousé à Calcutta une jeune Anglaise, avait dû quitter ses fonctions dans la marine. Saunders, — c'était son nom, — avait un excellent caractère; il était intelligent, aventureux et dévoué. Ayant appris l'histoire de la fondation de la petite colonie, il avait vivement souhaité d'en faire partie. L'arrangement fut vite conclu, et la *Sirène* partit la veille du jour où le *Raucocus* devait mettre à la voile. Bigelow, dont Marc n'avait pas absolument besoin, passa sur la *Sirène* comme pilote et premier lieutenant. Ce fut une grande joie pour Marc de penser que Brigitte et ses amis auraient ainsi de ses nouvelles, et que leur sécurité serait augmentée par la présence des nouveaux venus, Saunders s'étant engagé à ne pas quitter le Récif avant le retour de son ami.

La traversée du *Raucocus* fut heureuse et prompte; il entra bientôt dans les eaux de la Delaware, et surprit tout le monde par sa subite apparition. La propriété du vieux bâtiment avait été transférée aux assureurs; mais ils ne comptaient plus sur leur créance. Marc leur fit un rapport détaillé des événements, vendit ses thés avec de gros profits, et eut le plaisir de voir sa conduite approuvée de tout le monde. La compagnie, largement indemnisée, céda généreusement le bâtiment à Woolston; il resta en outre au jeune marin près de onze mille dollars.

Après ce succès, Marc fut naturellement considéré comme un grand homme. Sa famille le reçut à bras ouverts, et le docteur Yardley, enchanté cette fois du mariage de sa fille, revint complètement sur le compte de son gendre. Il lui rendit de fidèles comptes de tutelle, et le mit en possession de vingt mille dollars.

Dès lors Marc, voyant toutes ses affaires personnelles arrangées, fit ses préparatifs pour retourner au Cratère, où il voulait décidément se fixer. Il connaissait à cet égard les intentions de sa femme, tous deux ayant pour ce petit coin de terre où Marc avait vécu seul, et où ils s'étaient enfin retrouvés, une prédilection marquée.

CHAPITRE XIX

Si Marc l'eût voulu, il pouvait dès lors quitter les îles, réaliser par le commerce du bois de santal une grande fortune, et rentrer dans sa patrie. L'idée ne lui en vint pas. Il demeurait épris de la douceur de cet incomparable climat si tempéré du Pic, de la fertilité merveilleuse créée par lui sur les rochers abrupts du cratère. Mais il devenait nécessaire d'entreprendre la colonisation sérieuse des îles, et il importait de ne pas s'engager au hasard dans cette difficile entreprise. Pour y maintenir la tranquillité et la bonne harmonie, il fallait choisir avec beaucoup de soin les individus admis dans la nouvelle société.

Marc s'adjoignit d'abord un jeune homme ayant à peu près son âge et nommé Pennock, marié fort jeune et père déjà de plusieurs enfants; sans fortune, il se trouvait donc avoir des charges un peu lourdes; il accepta la proposition de Marc avec empressement. Il était fermier, bien qu'il eût été élevé pour occuper une position libérale. John Pennock avait deux sœurs non mariées, qui consentirent à l'accompagner avec sa femme et ses trois enfants. Woolston le chargea de recruter les autres colons, dont l'utilité serait incontestable dans le nouvel établissement; il lui recommanda de faire ce choix avec grand soin et de n'admettre pas un seul membre inutile.

Deux frères du gouverneur, Charles et Abraham Woolston, manifestèrent le désir de l'accompagner. Marc les accueillit avec joie, ainsi que cinq ou six autres personnes qu'il connaissait personnellement; pour le reste, il s'en remit, comme nous l'avons dit, aux soins de Pennock.

Tout cela se fit sans bruit; il importait, en effet, de garder à cet égard le secret le plus strict. Il était nécessaire de conserver le monopole du commerce de bois de santal, source unique de richesse pour la colonie; si ce projet se fût ébruité, les compétiteurs n'eussent point manqué de se ruer dans ces parages et de faire à nos amis une rude concurrence. C'est pour cela que le retour du *Raucocus* avait été annoncé sans phrases, et l'événement si extraordinaire de son naufrage et du sauvetage opéré par le jeune marin, qui eût fait tant de bruit dans les gazettes de nos jours, était passé presque inaperçu.

Ces difficultés heureusement évitées, Marc fit l'inventaire de sa cargaison. Elle se composait surtout des objets qu'il avait jugés nécessaires pour l'entretien de sa colonie, des graines et des instruments aratoires qui ne s'étaient point trouvés dans la réserve pourtant si riche du *Raucocus;* une douzaine de vaches, un couple de juments, un attelage de bœufs qui appartenait à Pennock, quelques voitures et plusieurs chariots, une bonne provision de fer en barre, des clous et autres articles de même genre. Marc emportait aussi une assez forte somme d'argent en menue monnaie, dont il connaissait l'usage pratique, surtout pour ses rapports avec les sauvages. La cale fut remplie de bois de construction, le magasin bien fourni de munitions de toute sorte et d'armes de toute nature. Le gouverneur fit en outre l'acquisition de quatre petites pièces de campagne, de deux pièces de trois et de deux obusiers de douze avec leurs affûts. Il emportait également six canons de bord, en outre de l'armement du *Raucocus,* qui fut entièrement renouvelé.

Woolston, au moment d'embarquer, put se convaincre que Pennock avait fait un choix fort judicieux d'émigrants : tous les métiers y étaient représentés ; tous étaient mariés, et plusieurs emmenaient avec eux des enfants encore en bas âge et quelques-uns déjà adultes, jeunes garçons et jeunes filles qui seraient l'avenir de la colonie. Un jeune ministre dont la santé réclamait un climat plus doux que celui qu'il habitait demanda à Marc de l'accompagner; les colons, quoiqu'ils n'appartinssent point tous à la même secte, l'accueillirent avec plaisir.

Le *Raucocus* leva l'ancre. Nous n'avons point dessein de le suivre jour par jour dans son voyage, car la traversée n'offrit rien d'extraordinaire ; il toucha Rio, renouvela ses provisions et repartit au bout de quarante-huit heures.

Il y avait cent soixante jours que le bâtiment tenait la mer ; les voyageurs demeuraient en excellent état, mais commençaient à s'impatienter d'une aussi longue traversée; quelques-uns, fatigués de cette vie si rude du bord à laquelle ils n'étaient point accoutumés, se prenaient à douter de l'habileté du gouverneur, se demandant s'il saurait retrouver ses îles merveilleuses. Marc, ayant fait le point et calculé la latitude, trouva qu'il était à trente milles environ au nord des îles qu'il cherchait ; il rectifia sa marche et attendit d'instant en instant que les hommes en vigie dans les barres de perroquet annonçassent que la terre était en vue. Interrogés plusieurs fois, ils répondirent qu'ils n'apercevaient rien. Un soupçon affreux traversa l'esprit de Marc : une nouvelle commotion était-elle venue engloutir les îles autrefois sorties du sein de la mer? Il n'eut pas le temps de s'arrêter à cette pensée; le cri : « Une voile ! » se fit entendre, et tout l'équipage se mit à le répéter, cédant à une sorte d'enthousiasme involontaire.

Après une heure de marche, les deux bâtiments étaient

assez rapprochés pour qu'on pût, à l'aide de la lunette, se reconnaître réciproquement.

« C'est la *Sirène!* s'écria Marc s'adressant à Bob, je la reconnais fort bien. Mais que vient-elle faire de ce côté, au vent des îles?

— Elle vient au-devant de nous, répondit le vieux marin; sûrement mistress Woolston et l'amie Marthe n'ont pu résister plus longtemps au désir de nous voir; elles viennent à notre rencontre. »

Marc était trop occupé pour répondre à cette remarque, qui ne manquait point d'un grain de fatuité; il continuait ses observations, et, surpris, dérouté, se parlant à lui-même, il murmurait entre ses dents :

« Comme sa marche est étrange! Bob, voyez donc, je vous prie, elle embarde comme une galiote battue par le vent; elle court des bordées comme un homme ivre. En vérité, il ne doit y avoir personne à la barre!

— Vous avez raison, Monsieur, la voile me paraît fort mal établie. Regardez donc le grand hunier, il n'y a pas une des écoutes qui soit raidie; la vergue est brassée à coiffer. »

Marc se promenait sur le pont, en proie à la plus vive inquiétude; à tout moment, il braquait sa lunette sur le bâtiment, qui n'était plus qu'à une lieue, et dont la marche lui semblait de plus en plus extraordinaire. Tout à coup il cria à Bob :

« Ordonne le branle-bas; tout le monde sur le pont! »

L'équipage fut aussitôt en mouvement : on fit descendre les femmes et les enfants, et les hommes, formés à la manœuvre durant leur longue traversée, coururent en toute hâte à leur poste; en un instant, tout était prêt pour le combat. Bientôt les deux navires ne furent plus qu'à une portée de canon.

Le même désordre régnait toujours à bord de la *Sirène;* elle faisait les évolutions les plus incompréhensibles, et il n'était pas nécessaire d'être marin pour s'apercevoir que le petit bâtiment voguait au hasard. Il avait fait une tentative pour brasser ses vergues, mais les bras avaient été mal placés; le plus grand désordre régnait dans tout le gréement, et, au fur et à mesure que la distance diminuait, il devenait plus aisé de reconnaître qu'il n'y avait point de vrais marins à bord.

La marche du brick n'avait aucune direction ; il paraissait, au premier abord, vouloir amortir son aile devant le vent ; mais il courait des embardées si folles et si bizarres, que ses voiles légères demeuraient presque constamment coiffées.

Marc cherchait à reconnaître les gens de l'équipage qui menaient la manœuvre ou se montraient dans les agrès ; il cria de nouveau :

« Placez les canons de chasse en batterie ! Il est sûrement arrivé un malheur au brick : il est au pouvoir des sauvages, qui ne peuvent le diriger ! »

Cette réflexion fit passer un frisson dans tous les cœurs : le brick au pouvoir des sauvages, c'était le cratère et le Récif détruits, la colonie ruinée, les femmes laissées sous la garde de Heaton livrées à ces misérables, égorgées peut-être. Marc passa un quart d'heure d'angoisse terrible. Qu'étaient devenus Brigitte et son enfant ? Quel avait été le sort de sa sœur, de tous ses amis ? Ooroony les avait donc trahis ?

« La pièce est-elle prête ? demanda le gouverneur.

— Oui, mon commandant, répondit Bob.

— Alors, pointe haut et fais feu ! Je veux d'abord les effrayer ; mais s'ils résistent, malheur à eux ! »

Bob ne se le fit pas dire deux fois ; il fit feu.

La surprise fut générale sur le *Raucocus* quand on vit le brick répondre immédiatement par une bordée. Ce fut d'ailleurs la seule démonstration défensive du brick ; ses cinq pièces, tirées précipitamment et sans direction, n'avaient fait aucun mal, et à partir de ce moment il n'y eut plus la moindre apparence d'ordre à bord de la *Sirène*. Les sauvages, dont plusieurs avaient été blessés par le recul des pièces, se sauvaient dans toutes les directions. Le bâtiment, absolument abandonné à lui-même, faisait chapelle, et les voiles étaient entièrement coiffées. Cependant le *Raucocus* allait l'aborder; Marc, ne voulant point exposer ses hommes au hasard d'un abordage, donna l'ordre de tirer à mitraille. Une demi-douzaine de sauvages furent tués ou blessés, et les autres disparurent aussitôt dans la cale. Quelques-uns cependant, en assez grand nombre, se jetèrent par-dessus bord et tentèrent de se sauver à la nage, bien qu'il n'y eût pas dans les environs la moindre apparence de terre ; ils prirent néanmoins la direction du vent, ce qui annonçait qu'ils savaient trouver une île de ce côté.

Marc loffa aussitôt sous l'arcasse du brick et jeta le grappin d'abordage; il s'élança sur le pont à la tête d'une vingtaine d'hommes, et en un instant il fut maître du bâtiment.

En un clin d'œil, ses marins s'emparèrent de la manœuvre, et le commandant descendit dans l'intérieur du brick. Il trouva Saunders dans la cabine, les pieds et les mains liés. Le cambusier et Bigelow avaient été traités de la même façon ; il n'y avait pas d'autres colons à bord, et l'équipage ne comptait que deux hommes de plus quand le brick avait été capturé par les sauvages.

Marc fut vite rassuré sur le sort de Brigitte et de la colonie. Les femmes, depuis six mois que leur allié Ooroony était mort, s'étaient enfermées au Pic. Waally, après la mort de son rival, s'était de nouveau emparé du pouvoir ; mais il ne s'était point hâté, en habile politique qu'il était, de déclarer la guerre à ses voisins, voulant avant tout se faire accepter par les hommes de sa nation, pour agir ensuite avec plus de chances de succès; il avait même continué à faire des provisions de bois de santal et à combler à l'occasion les blancs de marques de bonne amitié. Personne au cratère ne s'attendait à une invasion de sa part; mais en revanche, depuis une quinzaine de jours, tout le monde était sur le qui-vive, dans l'espoir de voir le gouverneur revenir de son expédition.

La *Sirène* avait, ces derniers jours, été chercher au groupe de Betts une provision de bois de santal, qu'elle était venue décharger au Pic; puis elle était repartie pour aller au-devant du *Raucocus,* et porter aux voyageurs des nouvelles de la colonie, qui toutes d'ailleurs étaient bonnes. Le matin même, l'équipage, composé de Saunders, de Bigelow, du cambusier et du cuisinier, ainsi que de deux Chinois engagés à Canton, avait été surpris par les sauvages. Tout le monde dormait encore à bord : les deux Chinois étaient chargés de veiller, mais ils s'étaient enivrés apparemment; les sauvages les avaient surpris et aussitôt massacrés; le reste de l'équipage devait la vie au sommeil profond dans lequel il était plongé. Les Indiens, depuis lors, essayaient de diriger le navire et sans doute de le conduire aux îles, ainsi que leurs captifs. L'apparition du *Raucocus* avait seule empêché ce malheur.

Saunders ne savait rien de plus; il pensait qu'une petite troupe de sauvages avait seule attaqué le brick, et que le gros des Indiens avait fait route vers le cratère, où Socrate, Uncus et Wattles, se trouvaient seuls en ce moment; garnison bien insuffisante pour défendre ce point important, où étaient accumulées une grande partie des ressources de la colonie. On avait fait là depuis un an plusieurs constructions, les terres avaient été ensemencées, et les troupeaux s'y étaient multipliés.

Saunders apprit à Marc qu'il se trouvait alors sous le vent du cratère au lieu d'être au vent, le *Raucocus* ayant été porté par les courants plus à l'ouest qu'on ne pensait. Le bâtiment, en suivant cette direction, eût abordé à l'île Raucocus : Marc rectifia sa marche et fit pourtant, cédant à un principe d'humanité, serrer le vent pour passer le plus près possible des Indiens qui s'étaient jetés à la mer; il laissa aller à la dérive deux ou trois canots, et les sauvages se hâtèrent de s'y réfugier; ils eussent peut-être tous péri sans cette attention charitable de leur ennemi.

Le *Raucocus* pouvait arriver au cratère par trois canaux; Marc se résolut à prendre celui du nord, parce qu'il pouvait le suivre sans être obligé de louvoyer. Il donna à la *Sirène* un équipage de douze hommes, et l'envoya vers les rades de l'ouest pour couper la retraite à Waally, dans le cas où il aurait déjà pillé le cratère, et l'empêcher d'emporter son butin. Après une heure de marche, le *Raücocus* arriva en vue de la terre, et, au soleil couchant, il jeta l'ancre dans la rade du nord; il y passa la nuit, ne jugeant pas prudent de s'engager dans d'étroits passages pendant l'obscurité. Il ne pouvait néanmoins attendre au lendemain pour s'inquiéter des colons demeurés au cratère, et il chargea immédiatement Bob de pousser une reconnaissance de ce côté avec un canot bien armé et bien équipé, avec mission d'aller en avant aussi loin que possible et de tout faire pour entrer en communication avec Socrate, peut-être déjà aux prises avec l'ennemi.

Jamais précaution ne fut prise avec plus d'à-propos. Bob, avec la chaloupe du bâtiment, qui portait deux voiles de fortune, marcha très vite, grâce à sa connaissance des lieux, et arriva en vue du Récif avant minuit. Il fut surpris de trouver tout en paix et trembla un moment que les sauvages n'eussent déjà accompli leurs sinistres projets. Mais cette inquiétude ne l'arrêta point; il mena bravement son embarcation jusqu'au quai du Récif, débarqua sans bruit et courut au cratère. La porte était entr'ouverte, et Bob ne remarqua aucune trace de désordre ou de violence. Il trouva la petite colonie plongée dans le sommeil, tranquille, et sans soupçon de ce qui se préparait pour sa perte. Les sauvages n'avaient point encore paru dans les environs, et Socrate ignorait que le brick fût tombé en leur pouvoir. Il fut ravi d'apprendre le retour du gouverneur, et l'arrivée de Bob, lui faisant connaître le danger qu'il courait, ne lui laissa néanmoins que peu d'inquiétude à cause du renfort qu'il amenait avec lui. La chaloupe débarqua vingt-cinq hommes résolus, et, montée par quatre marins, elle repartit aussitôt pour aller rendre compte à Marc de l'état des choses.

Bob se mit dès l'instant à organiser la défense : le Récif n'était pas difficile à mettre à l'abri d'un coup de main. L'*Abraham* et la *Neshamony* étaient au Pic, dans l'anse Mignonne; seuls, les porcs et les vaches étaient exposés à la rapacité des sauvages.

Bob prit immédiatement possession du pont en planches qui reliait le Récif avec la prairie, et chargea Socrate de veiller sur ce poste important; il lui donna dix hommes pour tenir tête à l'ennemi, s'il venait à se présenter. Waally, rencontrant cet obstacle, n'hésiterait pas sans doute à traverser le canal à la nage; mais le vieux marin savait par expérience quels avantages il y avait à combattre ainsi les Indiens dans l'eau à l'aide de la mitraille. Les caronades furent mises en place, et les sentinelles placées à leurs postes.

Comme il était aisé de le prévoir, Waally commença l'attaque au point du jour. La chaloupe avait eu le temps de rejoindre le *Raucocus*, et le bâtiment faisait force de voiles pour atteindre le cratère. La *Sirène*, d'autre part, était entrée dans la rade de l'ouest et s'avançait pour prendre la flotte ennemie par derrière : telle était la situation respective des partis quand Waally poussa son cri de guerre.

Sa première attaque fut dirigée sur le pont, qu'il comptait emporter sans résistance; il ne devait redouter, en effet, que les pièces placées sur le Sommet, et il voulait s'en rendre maître avant même que l'ennemi eût pu en faire usage. Sans l'arrivée de Bob au cratère, les Indiens, n'ayant plus qu'une demi-douzaine d'adversaires en face d'eux, devaient compter sur la réussite de ce plan.

Waally, trouvant le pont retiré, poussa un cri de colère, auquel répondit aussitôt une terrible décharge du poste placé sur le Récif. Cette attaque soudaine le déconcerta; il ne pouvait voir les hommes qui tiraient sur sa troupe, car ils avaient reçu l'ordre de se cacher dans les anfractuosités des rochers; il essaya de riposter avec ses vieux mousquets; mais, se rendant aussitôt compte du peu d'effet qu'ils produisaient, il se décida à donner l'assaut. Plusieurs centaines d'Indiens se précipitèrent à la fois dans le canal; Bob ne perdit pas son temps à les inquiéter. N'ayant plus d'intérêt à défendre le passage du pont, il se replia vivement vers la porte du cratère, et laissa les sauvages aborder sur le Récif et se ruer de tous côtés, avides de pillage et altérés de sang. Il pénétra alors dans l'enceinte du cratère et en referma soigneusement la porte. Il renonça à lutter contre l'invasion trop considérable des Indiens, sachant bien qu'ils ne pouvaient lui causer grand dommage tant qu'il resterait maître de la citadelle. A moins d'avoir des échelles, les sauvages ne pouvaient arriver au cratère qu'en passant par la porte; or il était aisé de la défendre, et elle était déjà commandée par une bonne caronade.

Ce fut une cruelle déception pour Waally que de constater l'impossibilité où il était d'escalader le roc nu; il eut soin tout d'abord de faire retirer ses hommes à l'abri des rochers, mais il s'aperçut vite que l'inaction en cet endroit de ses meilleurs guerriers n'était point faite pour produire de bons résultats. Quelques hommes, emportés par l'ardeur du pillage, quittèrent leurs positions; ils tombèrent aussitôt foudroyés sous les balles de l'ennemi : cette situation ne pouvait se prolonger

Waally, comme on l'apprit plus tard, avait onze cents hommes sous ses ordres, sans compter une centaine d'Indiens occupés à garder sa flottille; il rougit de rester plus

Le premier qui montra sa tête au-dessus du roc eut le crâne fendu par une balle.

longtemps en expectative, et donna l'ordre à ses guerriers de tenter l'escalade et de se hisser sur le plateau en montant sur les épaules les uns des autres. Ce plan aurait pu réussir avec des hommes aussi agiles et aussi robustes ; mais le premier qui montra sa tête au-dessus du roc eut le crâne fendu par une balle ennemie et tomba, entraînant avec lui ses compagnons, qui se brisèrent les os dans leur dégringolade.

Le chef indien, furieux, impuissant, renonça à ce moyen, qui ne devait avoir d'autre résultat que de décimer lentement, mais sûrement, sa troupe; en jetant les regards autour de lui, il avisa dans le chantier placé sur la rive, à quelque distance, des matériaux encore assez nombreux, servant à l'entretien des barques ; il résolut de s'en emparer pour abriter ses troupes pendant l'assaut. Il envoya une centaine de ses guerriers à la recherche de ces planches et de ces solives, avec ordre de les rapporter au pied du cratère. Bob vit ce mouvement ; il fit charger une caronade à mitraille et la fit pointer sur la pile de bois, objet des convoitises des sauvages ; à peine étaient-ils réunis sur ce point, qu'il mit le feu à sa pièce, et une douzaine d'Indiens furent atteints ; le reste disparut comme une poussière balayée par le vent.

A ce moment précis, les sentinelles du Sommet signalèrent l'arrivée du *Raucocus*. Le gouverneur avait entendu la fusillade, et il y répondait pour encourager les assiégés. Quelques minutes plus tard, une détonation se fit entendre à l'ouest, et Bob vit apparaître les voiles de la *Sirène*. Waally, refoulant sa rage au fond de son cœur, commença à battre en retraite : les Indiens se jetèrent de nouveau dans le canal. Bob eût pu les mitrailler une seconde fois ; mais les colons ne voulaient pas verser inutilement le sang de leurs ennemis. Ils les laissèrent quitter le Récif et emporter leurs morts et leurs blessés.

Mais si Waally pouvait aisément rejoindre ses canots, il

lui serait plus difficile de sortir des eaux du Récif, les deux bâtiments lui fermant la retraite. Waally, qui avait pensé un instant être obligé de se rendre, parvint pourtant à s'éloigner du réseau des courants : les colons ne l'inquiétèrent pas; ils avaient horreur de verser le sang sans nécessité, et ne souhaitaient pas davantage de faire des prisonniers.

Bob courut au-devant du gouverneur pour le saluer et lui exprimer toute sa joie de le revoir. Le danger était passé, et l'on savait bien que l'ennemi ne reparaîtrait pas de sitôt; aussi les passagers se précipitèrent-ils dans l'île avec l'empressement de gens restés à bord pendant de longs mois. Ils furent ravis du spectacle qui s'offrait à leurs regards et charmés de la fécondité du sol qu'ils allaient habiter désormais. Marc laissa tout ce monde à la joie et à l'enchantement d'une arrivée si vivement et depuis si longtemps désirée, et envoya Bob au Pic saluer sa femme et la mettre au courant, ainsi que les autres colons, des derniers événements dont ils n'avaient heureusement pas pu se douter. Bob avait en outre pour mission de ramener Brigitte au plus vite.

L'échauffourée de Waally n'avait point passé complètement inaperçue au Pic; on avait remarqué les allées et venues des sauvages, et l'on se tenait sur ses gardes; aussi la *Neshamony* rencontra-t-elle l'*Abraham* faisant force de voiles vers le cratère au moment même où elle doublait le cap sud. Brigitte était à bord; elle avait voulu venir elle-même confier à ses amis ses doutes et ses inquiétudes à leur endroit, et aussi profiter de l'occasion pour emporter au Pic certains objets qu'elle redoutait de laisser exposés au pillage.

Bob renforça l'équipage de l'*Abraham* et l'envoya au large, sous la conduite de Brown, pour observer l'ennemi et l'obliger à s'éloigner au plus vite. Il prit la femme de son gouverneur à son bord avec les femmes qui l'accompagnaient, et se dirigea de nouveau vers le cratère. Quand la *Neshamony* fut signalée, il y eut un moment d'inquiétude sur le Récif; mais Marc, ayant aperçu Brigitte sur le pont, descendit en toute hâte et courut au-devant d'elle. Il la prit dans son canot et la ramena à bord du *Raucocus*, mis à quai dans son ancien bassin, et qui gardait comme un vieil ami tous leurs souvenirs de famille.

Le soir de ce même jour, Woolston put constater que la première impression produite sur les colons était excellente : ils avaient visité le cratère et ses environs, et demeuraient dans l'admiration des merveilles et des richesses de ce climat privilégié.

L'*Abraham* rentra le lendemain matin, rapportant la nouvelle que les sauvages étaient partis, et qu'il était plus que probable qu'on n'en entendrait pas parler de sitôt. Brown pensait même qu'ils auraient de la peine à retrouver leur route, après une fuite sous le vent de plus de quatre cents milles. Mais c'était là un mince souci pour les colons, heureux d'en être débarrassés.

L'*Abraham* fut alors halé du quai, et les bagages des familles, une quarantaine environ, qui devaient habiter le Pic, furent immédiatement chargés sur le schooner. Trois jours après il mettait à la voile pour le Pic, emmenant une centaine de colons, y compris les femmes et les enfants. La *Neshamony* le précédait un peu, portant le gouverneur et sa famille, tous désireux de voir Anne, leur sœur, au plus tôt. Ils la trouvèrent fort bien installée, dans une belle habitation que Heaton s'était construite et avait placée dans une situation ravissante.

La plupart des nouveaux venus, arrivés seulement vers minuit, se couchèrent en plein air ou sous des huttes de feuillage préparées à la hâte pour les recevoir. Au réveil, leur enthousiasme fut à son comble quand ils virent le soleil se lever sur le splendide panorama qui se déroulait sous leurs yeux; jamais spectacle plus enchanteur n'avait frappé leurs regards; jamais ils n'avaient ressenti l'influence aimable d'un climat plus doux, ni eu l'occasion d'observer un sol plus fertile. La douceur du ciel, l'éclat du soleil, la variété du paysage, l'abondance des fruits et des fleurs, la magnificence de cette terre neuve qui allait devenir leur patrie, tout était fait pour réjouir les cœurs et affermir Marc dans l'idée qu'il avait fait une bonne œuvre en rêvant de coloniser ces îles qui l'avaient reçu autrefois, nourri durant si longtemps, et où son travail personnel avait encore ajouté aux richesses de la nature, même sur le Pic, déjà si favorisé, et créé la fécondité sur le roc stérile du cratère. Dieu avait béni son courage et sa persévérance, et jamais Marc ne s'en était senti plus reconnaissant.

CHAPITRE XX

La colonie avait dès lors pris un tel développement, et ses membres étaient devenus si nombreux, que le gouverneur dut songer, sans plus tarder, à établir d'un commun accord certains principes qui sont la base des sociétés dans le monde entier. Les hommes aiment le changement; quand ils vivent ensemble, les rivalités naissent promptement, les intérêts se heurtent et se choquent, les forts oppriment les faibles : la licence ne tarde pas à étouffer la liberté. Il importait donc de fonder une sorte de gouvernement bien déterminée, et appropriée le mieux possible aux besoins de la colonie naissante.

Le régime de la communauté des biens semblait une utopie à Marc, et il savait par expérience que l'homme qui jouit du résultat de son travail et en fait jouir les siens travaille avec plus d'ardeur. Aussi, en conséquence de ce principe, après avoir établi un pouvoir central et protecteur, résolut-il de diviser les biens et de les répartir entre tous de la façon la plus équitable; il songerait ensuite à créer des débouchés pour les produits coloniaux et à faire naître des relations commerciales.

Le gouverneur commença par le recensement exact de la

population. Il était résolu, sauf les cas d'exception, à ne plus augmenter le personnel des îles; on avait choisi les premiers colons avec grand soin, ce n'était pas le cas d'en admettre maintenant à la légère. Le conseil colonial, devant lequel la question fut portée, partagea absolument l'avis de Woolston.

Le conseil colonial fut établi sur de nouvelles bases : il se composa de neuf membres, élus par le suffrage de tous les hommes majeurs, et nommés à vie. Il était formé de la manière suivante : MM. Heaton, Pennock, Bob Betts, C. et A. Woolston, frères du gouverneur; Charlton, Saunders, Wilmot et Warrington.

Tous ces hommes étaient les plus capables et les plus instruits de la colonie, sauf Bob, qui était sans instruction, mais que ses réels services avaient rendu digne de faire partie du conseil, bien que sa modestie l'eût portée à tout tenter pour éviter cet honneur. Charlton et Wilmot étaient des commerçants expérimentés qui étaient venus aux îles pour trafiquer des denrées indigènes; Warrington, le plus riche des colons, prenait le nom de fermier, bien qu'il eût reçu une éducation libérale, et qu'il fût l'homme le plus instruit et le plus compétent de la colonie après le gouverneur.

Des difficultés étant survenues entre Warnes et Harris, Marc en prit occasion pour régler la question judiciaire. Ne voulant pas s'attribuer à lui-même le droit de trancher le différend, il fit nommer juge Warrington, qui accepta ces fonctions, mais refusa le traitement qu'on lui offrait. Charles Woolston, qui avait fait de bonnes études de droit, fut nommé avocat général, ou avocat de la colonie, fonctions qu'il cumula avec celles d'inspecteur général. Comme il était sans fortune, il reçut deux cents dollars d'appointements. Le conseil voulait aussi attribuer une rétribution au gouverneur; Marc refusa, déclarant qu'il n'accepterait point de traitement, attendu qu'il avait une fortune suffisante pour s'en passer; mais il établit sur une base inébranlable le droit de propriété dans l'acception la plus étendue du mot, tant pour les biens et domaines qui lui appartenaient en propre que pour les revenus de la colonie, déterminant avec beaucoup de précision la part qui, dans toutes les opérations agricoles, commerciales ou autres, revenait soit à la communauté, soit au gouvernement, soit aux particuliers.

Le conseil partagea ensuite les terres en une foule de lots, et en fit la distribution la plus équitable. Des concessions plus importantes furent faites à Marc et à Bob Betts, considérés comme les premiers et uniques possesseurs, en retour de l'abandon qu'ils faisaient du reste aux membres divers de la colonie naissante. Bob eut cent acres de terre dans le voisinage du cratère; Heaton, dont le dévouement et l'habileté avaient rendu de si grands services à la petite société, se vit attribuer deux cents acres au Pic et autant dans les îles. Il fut dressé acte authentique de tous ces arrangements, qui furent signés et scellés, Marc ayant eu la précaution d'apporter des parchemins, de la cire et un sceau destiné à la colonie. Les simples colons, c'est-à-dire tous les hommes ayant atteint la majorité, entrèrent en possession de cinquante acres au Pic et de cent acres au Récif. Une autre distribution devait être faite plus tard à ceux qui étaient encore mineurs ; les terres ne manquaient point, mais le reste demeurait la propriété commune du petit État.

Ces opérations durèrent plus d'un mois; quand chacun fut mis en possession de sa part, le gouverneur fut à même de reconnaître que le système employé avait les plus grands avantages. En effet, les colons n'étaient pas plus tôt entrés en possession de leur part respective, qu'ils se mettaient à l'œuvre avec ardeur pour améliorer leur terrain et le cultiver.

Dans le début, d'ailleurs, le travail en commun vint en aide au travail individuel; la colonie fit les frais des grands aménagements : transports de sable et de limon, nivellement du terrain et irrigations.

Le gouverneur se préoccupa en même temps des habitations particulières à élever pour chaque famille. L'île Raucocus, très boisée, fut mise à contribution; on y établit une scierie, et les planches arrivèrent toutes préparées au Pic et au cratère.

Malgré ces soins incessants, Marc n'oubliait pas les graves intérêts qui se rattachaient à ses relations avec ses voisins : il fallait surveiller Waally et protéger les droits du fils d'Ooroony, dépossédé par le rival de son père. On résolut de faire une démonstration imposante : la *Sirène, l'Abraham* et un autre bâtiment construit par Bigelow devaient y prendre part.

Ce dernier avait transformé depuis un an l'île Raucocus et y avait trouvé une foule de richesses. Il y avait établi un chantier permanent pour la construction des navires; il avait utilisé le sol, impropre à la culture, mais excellent pour l'industrie des briques. Il avait bâti également des fours à chaux qui rendaient les plus grands services. On avait aussi emmagasiné une quantité considérable de bois de santal, et il était temps de renvoyer le *Raucocus* à Canton. Le gouverneur avait résolu de confier le commandement du navire à Saunders, très capable de le remplacer dans cet emploi.

L'heure venue d'appareiller pour les îles Betts, le *Raucocus,* la *Sirène, l'Abraham* et l'*Anna,* — c'était le nom du bâtiment construit pendant l'absence de Marc, — partirent de conserve. Il y avait là de quoi intimider l'ennemi, et lui donner une haute idée de la puissance de ses voisins.

Marc trouva Waally préparé à entrer en arrangement. Sa dernière campagne avait fortement porté atteinte à son autorité; il avait perdu beaucoup de monde; un certain nombre de canots, emportés par un grain pendant la retraite précipitée, n'avaient point reparu, non plus que les Indiens qui les montaient ; on lui gardait rancune. Il eut d'ailleurs la sagesse de se soumettre à sa mauvaise fortune, quand il vit arriver la flotte des blancs. Il offrit de restituer au jeune Ooroony l'héritage de son père et de se retirer dans ses possessions privées.

Marc y consentit, mais posa diverses conditions, qui toutes furent acceptées. Il prit dans la nation cent jeunes Indiens pour en faire des apprentis marins, qui devaient en même temps lui servir d'otages; il promettait de les traiter doucement, et nourrissait l'espoir de les initier à la vie civilisée et de les instruire dans la religion chrétienne.

Il embarqua en outre une centaine d'hommes robustes, qu'il prit à gage pour les faire travailler dans la colonie, s'engageant à leur donner une rétribution déterminée à l'avance et rémunératrice ; il ne voulait pas que les colons pussent jamais les employer gratuitement.

Outre les services très réels qu'il comptait tirer de ces hommes pour l'amélioration des terres et l'achèvement des constructions, Marc comptait par là resserrer les liens des deux peuples et parvenir plus tard à les faire vivre en paix côte à côte.

La flotte séjourna une quinzaine de jours aux îles Betts ; puis le *Raucocus* partit pour son grand voyage, et l'*Anna* se hâta de faire voile vers le Récif pour y annoncer que la guerre était terminée.

Waally, pour plus de sûreté, avait dû remettre son fils comme otage entre les mains du jeune Ooroony.

Après le retour de l'expédition des îles, une année se passa sans incident remarquable. Brigitte donna le jour à un garçon, et Anne mit au monde son quatrième enfant ; il y eut dans cette seule année soixante-dix-huit naissances dans la colonie ; un seul colon mourut, et encore à la suite d'un accident. La statistique établie à la fin de l'année donna un total de trois cent soixante-dix-huit âmes, sans compter les Kannakas, — nom donné aux naturels du pays.

Les Indiens travaillèrent avec ardeur, sinon avec intelligence, sous la direction des blancs; les champs étaient partout heureusement aménagés, et toutes les maisons particulières construites; elles étaient fort simples, mais commodes et appropriées au climat et aux besoins des habitants.

Lorsque tout son monde fut casé, le gouverneur posa la première pierre de deux habitations plus considérables que tout ce qu'on avait construit jusqu'alors dans les îles : l'une, au Pic, qui devait être sa propriété personnelle, et l'autre, au Récif, destinée à être la maison du gouvernement ou de la colonie. La demeure particulière de Marc fut établie assez simplement, bien que de la façon la plus confortable; assez peu élevée, elle couvrait une grande superficie : elle avait soixante pieds carrés. La maison du gouvernement fut faite sur de bien plus grandes proportions : elle avait deux cents pieds de long et soixante de large. Cette maison n'avait pas été établie pour servir de demeure au gouverneur, mais pour contenir le mobilier du gouvernement au rez-de-chaussée, et au premier étage tous les services publics; le second, qui ne fut point achevé, était destiné à recevoir de sérieux moyens de défense en cas d'attaque.

Elle était placée en face du pont-levis et à proximité de la source. En face de cette vaste construction, le gouverneur fit tracer par l'inspecteur général le plan d'une ville, avec des rues régulières, une place et une immense citerne pour recueillir les eaux; car la source se trouvait au delà du pont, et il fallait prévoir le cas où les communications seraient détruites.

Marc choisit aussi un vaste terrain qu'il fit disposer en jardin public; il s'efforça de lui donner tous les agréments possibles : beaux arbres, fleurs de toutes natures, vallonnements disposés avec art. Il n'y eut pas besoin de construire des rochers artificiels, ni de creuser des bassins; la nature

Maison du gouvernement.

fournissait d'elle-même tout ce que l'on pouvait souhaiter de mieux à ce point de vue.

Pour tous ces travaux, Marc dut encore s'adresser à Ooroony pour avoir un nombre suffisant de travailleurs; il aimait mieux employer les indigènes et laisser les colons à leurs travaux particuliers ; le gouvernement faisait les frais, ou même Woolston payait de sa poche. Les Kannakas n'étaient pas de fort bons ouvriers, mais ils servaient à transporter les terres, les pierres et autres matériaux; il suffisait de les faire conduire par un blanc, et la besogne allait assez bien et assez vite. Marc se plaisait d'ailleurs à utiliser ses relations avec ces sauvages pour les discipliner, les améliorer et leur donner le goût du travail. Ils avaient un goût singulier pour le jeu de la mine; ils ne se lassaient jamais de voir sauter en l'air des quartiers de roches : ce spectacle restait toujours merveilleux pour eux ; ils avaient toujours peur, mais ils demeuraient sous le charme.

Le gouverneur, qui avait étudié à fond le caractère des Indiens, ne se laissait point aller à une confiance aveugle; il prenait toujours avec eux toutes ses précautions. Ainsi il les admettait librement sur le Récif et les laissait, pour ainsi dire, pénétrer tous les secrets de la défense de l'île; il les employait sans réserve à tous les travaux de défense comme aux ouvrages d'utilité commune et d'ornementation, mais il ne leur permettait jamais de pénétrer au Pic; il voulait que cet établissement gardât toujours pour eux quelque chose de mystérieux. Ainsi aucun d'eux n'avait jamais pénétré dans l'anse Mignonne; ils ne savaient pas le nombre des blancs qui y étaient établis, et Ooroony lui-même, malgré la confiance que l'on avait en lui, n'y avait jamais été introduit.

On poussa plus tard, quand tous les travaux furent terminés, les précautions encore plus loin. Le conseil, d'accord avec le gouverneur, promulgua un règlement concernant la navigation, au terme duquel aucun canot ne pouvait se rendre du groupe de Betts aux îles de la colonie sans une permission expresse. Les échanges se faisaient dans un petit port désigné à cet effet et placé dans les possessions d'Ooroony; c'était le seul moyen d'éviter toute indiscrétion fâcheuse.

Saunders, parti pour vendre une cargaison de bois de santal et rapporter les objets nécessaires à la colonie, entre autres des vaches et des juments, avait aussi reçu la mission d'acheter un bâtiment convenable pour le transport du bois. Il s'était dirigé vers la côte occidentale du cap Horn, afin de faire ses achats dans l'Amérique du Sud; les bestiaux y étaient beaucoup moins chers, moins beaux à la vérité, mais il n'était pas obligé de doubler le Cap.

L'île Raucocus avait aussi été le théâtre de travaux importants; il y avait des moulins, des scieries, des fours à chaux et à briques, des carrières de pierre et d'importants chantiers de construction; il était nécessaire d'y établir des moyens de défense, surtout à cause du voisinage plus immédiat des sauvages. Marc y fit construire une assez vaste forteresse, suffisante pour abriter toute la population en cas d'attaque. On organisa aussi un système de défense plus général pour le cratère; le gouverneur fit installer des fortins et placer des batteries d'artillerie à l'entrée des quatre canaux qui conduisaient de la pleine mer au cratère. Le Pic, par sa situation, était à l'abri d'un coup de main; d'ailleurs tous les travaux de ce genre avaient été établis dès le début de l'établissement de la colonie, et l'on pouvait être tranquille de ce côté.

Marc s'efforçait aussi de diriger les relations, chaque jour plus intimes, entre les divers membres de la colonie; il les encourageait, les aidait tous de ses conseils et de sa bourse; et ses efforts, couronnés de succès, lui permettaient de jouir pleinement de son œuvre : l'entente était parfaite, tout prospérait autour de lui. Ses deux frères s'étaient mariés : l'aîné avec la sœur de John Pennock, le plus jeune avec une sœur du Révérend M. Hornblower.

On attendait maintenant de jour en jour le retour de Saunders; il devait ramener des émigrants; les colons avaient écrit à quelques-uns de leurs amis pour les engager à venir les rejoindre. Marc souhaitait néanmoins que leur nombre ne fût pas très élevé; il trouvait sa colonie complète et redoutait de la voir trop grandir.

Bientôt les vigies du Pic signalèrent sa présence à l'entrée de la rade du Nord. Marc partit aussitôt sur l'*Anna*, en compagnie de Bob, pour aller au-devant de lui et le ramener au Pic; il n'y avait en effet qu'eux deux dans la colonie qui pussent piloter ce grand navire à travers les passes étroites qui conduisaient au cratère. Ils trouvèrent à bord tout dans le meilleur état; la traversée s'était opérée dans d'excellentes conditions. Ils apprirent avec plaisir que le brick acheté par Saunders, et qui s'appelait *la Belle-Poule*, était en vue, et qu'il était chargé des choses les plus utiles à la colonie. Marc fut pourtant assez désappointé de voir le nombre considérable d'émigrants embarqués par le capitaine; ils n'étaient pas moins de cent onze. Marc fit contre fortune bon cœur, surtout quand il vit que tous étaient jeunes, bien portants, et qu'il apprit qu'ils étaient tous d'une moralité incontestable, et possédaient pour la plupart une petite fortune qui les mettrait tout de suite fort à l'aise.

Les émigrants furent immédiatement descendus à terre, dans une petite île qui se trouvait tout près de la rade où le navire avait pris son mouillage. Un des premiers colons, nommé Dunck, homme entreprenant et plein d'expérience, avait entrevu l'importance de cette petite île, isolée à l'extrémité de la rade; il avait demandé au conseil de la lui attribuer en échange des terres qu'on voulait lui donner, ainsi qu'aux autres colons, au cratère et au Pic. L'arrangement avait été conclu, et il s'était établi là avec sa famille et plusieurs de ses amis, formant une sorte de sous-colonie dépendante de la colonie du Récif; il avait construit une maison en pierre, sorte de forteresse qui le mettait à l'abri d'un coup de main, et le gouverneur lui avait envoyé une petite pièce de canon.

Il avait déjà défriché une centaine d'acres de terrain, et ses récoltes étaient fort belles. La fertilité de cette petite exploitation, sa bonne tenue et son air de prospérité réjouirent les nouveaux venus, et ils furent tout de suite enthousiasmés des merveilles de ce climat incomparable.

Marc envoya l'*Anna* pour faire préparer des logements pour les émigrants à la maison de la colonie, et il resta sur le *Raucocus,* attendant l'arrivée de la *Belle-Poule.* Il fut ravi des achats faits par Saunders : il ramenait vingt-cinq juments poulinières et vingt vaches, toutes achetées à Valparaiso.

Le transport s'était effectué sans accident; mais la traversée, un peu contrariée par les vents, avait duré plus longtemps qu'on n'avait pensé, et les provisions de fourrage et d'eau étaient à peu près épuisées depuis plusieurs jours. Depuis un mois, tous les bestiaux étaient à la demi-ration; mais ils sentaient la terre, et lorsque le gouverneur monta à bord, ils étaient dans un tel moment d'agitation et de fatigue, qu'on prit le parti de s'occuper d'eux tout d'abord.

Précisément le brick était à l'ancre sur un banc de sable fin, traversé par plusieurs cours d'eau et communiquant directement avec une prairie fort belle. Marc fit marché avec Dunck, et les deux équipages s'employèrent immédiatement à débarquer les bêtes.

L'opération était assez compliquée; mais elle réussit pleinement, et rien ne saurait rendre la joie qu'éprouvèrent les juments et les vaches en trouvant de l'eau pure et de l'herbe fraîche en abondance.

Les marins se mirent ensuite à laver à grande eau le pont de la *Belle-Poule;* il en avait grand besoin, après une aussi longue traversée; néanmoins le navire garda longtemps encore l'odeur de sa cargaison.

Les passagers reçurent également de Dunck le plus cordial accueil ; il leur servit des melons et des légumes, dont ils se firent un vrai régal.

Plus tard, les animaux furent répartis entre les diverses fermes déjà en activité, ou donnés aux arrivants pour leur établissement, aussitôt qu'on leur eut, comme aux anciens colons, distribué des terres. On fit également une équitable répartition des poules et des porcs ; et tout le monde se trouva abondamment pourvu et en mesure, non seulement de satisfaire à ses besoins, mais aussi d'amasser par son travail une petite fortune.

Les navires mirent ensuite à la voile pour retourner au Récif; et la colonie commença dès lors à mener une vie absolument régulière, qui donna à Marc les plus heureuses espérances pour l'avenir.

CHAPITRE XXI

Les bénéfices des cargaisons des bâtiments vendues sur le continent étaient partagées entre le gouverneur et l'État. Marc recevait la moitié pour lui-même en qualité de propriétaire du *Raucocus;* l'État prenait l'autre moitié en retour du travail des colons et du droit qu'il avait d'imposer les importations comme les exportations. De cette dernière moitié une partie était immédiatement distribuée aux colons, comme rémunération de leur travail personnel; le reste était capitalisé.

Chaque expédition avait rapporté dans les îles une foule d'objets de médiocre valeur, mais de première utilité; ils étaient mis, à très bas prix, à la disposition des colons. Saunders avait en outre gardé une somme considérable en numéraire : la moitié fut versée dans la caisse du gouverneur, et le reste dans les coffres de l'État. L'argent circulait déjà depuis un an dans la colonie; mais cet arrivage de numéraire donna un essor considérable aux transactions, et augmenta le besoin de thésauriser qui se manifestait déjà de tous côtés.

Le commerce prenait une allure régulière : les navires avaient rapporté du thé, du sucre, des épices, et une foule d'autres objets de menue consommation; ils avaient tous été livrés à des marchands, qui les revendaient au détail; il y avait trois boutiques très achalandées au cratère et une au Pic, et tous ces négociants faisaient de fort bonnes affaires.

Tous les bâtiments chargés des transports avaient été attribués par le conseil en propriété personnelle au gouverneur, sauf l'*Anna,* qui avait été construite pour la colonie. Aussitôt cette décision rendue, Marc se hâta de transporter la propriété de la *Sirène* et de l'*Abraham* à l'État: l'un pour servir de croiseur, l'autre pour faire les transports d'une île à l'autre. Bob était considéré comme propriétaire exclusif de la *Neshamony,* et il avait organisé un service de cabotage qui lui rapportait beaucoup.

Marc fit alors construire un sloop qui devait servir en même temps de paquebot et de navire marchand. Il fut mis à flot six mois plus tard, et portait quarante-cinq tonneaux; il le donna à Bob, son vieux camarade, pour l'aider dans son commerce, et le mettre en mesure d'augmenter sa fortune naissante. Ce dernier s'adonna tout entier au commerce: il renonça même à son titre de conseiller, jugeant lui-même qu'il n'avait point les connaissances ni l'instruction requises pour occuper une semblable situation. La nouvelle embarcation reçut le nom de *Marthe;* Bob, avec un mousse et un Kannaka, la manœuvrait parfaitement. Il allait souvent du cratère au Pic, emmenant des passagers moyennant une légère rétribution; il transportait des marchandises pour le compte des colons, et trafiquait aussi pour le sien propre; il poussait parfois jusqu'aux îles Betts, portant aux sauvages de vieux fers, des cuivres, même un peu de tabac, des légumes, surtout des melons, dont ils étaient très friands; il rapportait en échange du bois de santal, des tissus et des pagaies, des noix de coco, en un mot tout ce qui pouvait être utilisé et vendu soit aux îles Betts, soit dans la colonie.

Le *Raucocus*, remis en état, était prêt à prendre un nouveau chargement : le bois de santal n'était pas épuisé, mais il se faisait chaque jour plus rare, et il était à prévoir qu'avant peu cette branche de commerce n'offrirait plus grandes ressources à la colonie. Marc se préoccupait beaucoup de cette question, quand il se trouva engagé à donner au navire une autre destination qui devait exercer l'influence la plus favorable sur l'avenir de la colonie.

L'équipage du *Raucocus* avait remarqué dans sa dernière traversée, au vent des îles, un assez grand nombre de baleines. Un bon marin, Walker, placé sous les ordres de Saunders, et ancien second d'une chaloupe baleinière, avait persuadé à son capitaine de rapporter au Récif tous les engins nécessaires pour cette pêche. Marc fut donc amené comme providentiellement à organiser une expédition contre les cétacés, dont l'huile est si appréciée sur les marchés de l'Amérique et de l'Europe. Seulement cette entreprise demandait de l'industrie, du courage, de la persévérance et des capitaux : la colonie parut à Marc tout à fait en état de réussir et d'obtenir les meilleurs résultats.

Le *Raucocus* fut aménagé pour recevoir l'huile et la transporter plus tard en Amérique. Il fut dégréé, transformé en magasin, et amené à quai en face de hangars dressés à la hâte pour protéger les travailleurs et la marchandise. La *Belle-Poule* avait un vaste pont, une mâture solide et d'excellents agrès : elle fut équipée en baleinière ; l'*Anna* devait l'accompagner et marcher de conserve. Trois baleinières furent placées avec leurs équipages à bord du brick ; deux autres furent confiées à l'*Anna*.

Il se produisit alors dans toute la colonie un grand enthousiasme, chacun, même les femmes, voulant être de la partie. Le gouverneur se garda bien de contrarier cet élan spontané, ayant trop d'expérience pour ne pas en tenir compte. Il se décida à emmener sur la *Sirène* autant de passagers qu'il en pourrait prendre, et admit une quarantaine de femmes, au nombre desquelles se trouvaient Brigitte et Anne. Bob s'embarqua sur la *Marthe*, et l'*Abraham* voulut aussi être de la partie. La *Neshamony* fut envoyée en observation afin d'avoir l'œil sur les naturels, qui auraient pu essayer un coup de main sur la colonie, privée ainsi momentanément de ses meilleurs défenseurs.

L'expédition mit bientôt à la voile; les navires sortirent par les passes du Sud, chemin qui conduisait plus vite à la pleine mer.

La flotte fut bientôt en vue du Pic, et les colons demeurés à terre saluèrent les hardis pêcheurs de leurs acclamations, les encourageant de tout cœur et leur souhaitant bon voyage et bonne pêche.

La *Marthe* tenait la tête, toutes voiles déployées; la *Sirène* la suivait de près. Bob, avec la *Marthe,* plus lente, marchait à l'arrière. Par un hasard singulier l'eau jaillit tout à coup au vent des brisants, non loin de cette dernière embarcation. La *Belle-Poule* avait à bord tous les hommes expérimentés qui avaient autrefois pratiqué cette pêche difficile et dangereuse. Bob ne voulut pourtant pas laisser passer l'occasion qui s'offrait à lui. L'eau qui jaillissait à si petite distance indiquait la présence d'une baleine; il avait une chaloupe à bord et un équipage dont il était sûr; il poussa droit au monstre. Il monta dans une petite baleinière avec Socrate, qui avait souvent assisté à la pêche de la baleine, et tous deux accostèrent le terrible animal. Lorsque l'avant du canot se trouva immédiatement au-dessus de la bête, Socrate saisit son harpon et le lança si vigoureusement et si habilement sur la monstrueuse bête, que du premier coup elle fut frappée à mort. Bob, de son côté, manœuvra avec tant d'adresse que tout danger eut bientôt disparu.

Le gouverneur, qui avait assisté de loin à ce vigoureux coup de main, arriva sur les lieux au moment où Betts amarrait l'arrière de son canot au corps de la baleine morte.

Socrate saisit son harpon et le lança vigoureusement sur la monstrueuse bête.

Tous les bâtiments passèrent auprès du monstre, et les épuipages ne ménagèrent point leurs félicitations au vieux marin et à l'habile et courageux nègre; leur considération fut grandement augmentée par cet exploit, et l'on prit l'habitude de dire dans la colonie qu'avec Socrate le harpon en main et Bob à la barre, une baleine passait un mauvais quart d'heure.

Marc, très heureux du succès de son vieil ami, le complimenta chaleureusement; il le laissa héler sa prise vers le cratère, lui recommandant seulement de ne point déposer la carcasse de l'animal trop près des habitations, de peur des exhalaisons malsaines. Bob avait déjà un ancrage en vue; il amena sa proie sur le quai d'une petite baie isolée, à l'aide d'une quarantaine de Kannakas, qu'il employa tout de suite à la dépecer. La *Marthe* fut convertie en une immense cuisine, où de tout côté apparaissaient des chaudières pleines d'huile bouillante; les barils étaient tout prêts, et l'opération fut vite terminée.

Bob retira de sa pêche cent onze barils d'huile, dont trente-trois étaient de première qualité; il conduisit le tout au Récif, et l'huile fut déposée au premier plan du *Raucocus*.

Huit jours plus tard, Bob rejoignait le gouverneur, croisant toujours avec ses embarcations à la recherche de baleines qui ne se montraient point. Marc, se rappelant l'extraordinaire vue de son vieux camarade, le pria de monter dans les barres de hune et de jeter un coup d'œil sur la mer. Dix minutes après, Bob criait de sa voix de stentor : « Une baleine! une baleine! » Des signaux furent faits aux autres embarcations, et la flottille tout entière fit voile dans la direction indiquée. Le soleil allait se coucher au moment où l'on aperçut toute une troupe de cétacés prenant tranquillement leurs ébats à la surface des flots. Walker, très expérimenté dans la matière, déclara qu'on venait de trouver l'endroit où les baleines prenaient habituellement leur nourriture, que par conséquent on pouvait remettre l'attaque au lendemain, sans craindre de voir disparaître la proie.

Walker, dès le lever du soleil, s'avança en droite ligne vers l'ennemi, et une heure après il abordait une immense baleine, semblable à celle tuée par Socrate. Le harpon fut vigoureusement lancé, mais le résultat ne fut pas aussi prompt ; une lutte terrible s'engagea entre le pêcheur, habile et courageux, et le monstre défendant énergiquement sa vie.

Les femmes qui étaient à bord furent témoins d'un émouvant spectacle : la chaloupe fut traînée à la remorque de l'énorme poisson, qu'elle avait attaqué avec une vitesse d'au moins vingt nœuds à l'heure.

Selon l'usage, les navires se maintinrent au vent pendant l'attaque, afin de conserver la position la plus favorable pour rejoindre la baleinière quand la lutte aurait pris fin. Tant que l'animal vit, il n'y a pas autre chose à faire; ce serait folie d'essayer de le gagner au vent, car d'un bond il peut se porter à de très grandes distances; parfois l'animal, affolé par la douleur et la peur, échappe à la vue des bâtiments, poussant droit devant lui pendant quinze à vingt milles; il faut alors que la chaloupe le suive, malgré le besoin qu'elle peut avoir du voisinage du navire, d'où seul peut lui venir le secours en cas d'accident. La prudence engage souvent les pêcheurs à abandonner alors leur proie après l'avoir ainsi frappée; et l'on a pris souvent des baleines qui avaient un harpon dans le corps, et même plusieurs ensemble, traînant après elles deux cents brasses de corde.

Le harpon, il n'est pas inutile peut-être de le rappeler en passant, est une sorte de lance barbelée, attachée au bout d'une corde mince, mais solide. La baleinière accoste le cétacé, le bossoir par l'avant; la chaloupe est pointue des deux bouts, afin de pouvoir fuir rapidement à reculons aussitôt que l'animal a été frappé. La baleine harponnée plonge de suite; il faut alors laisser la corde se dérouler, autrement la chaloupe serait entraînée à une grande profondeur. L'animal ne peut rester longtemps sous l'eau, il lui faut remonter à la surface pour respirer; lorsqu'elle reparaît et s'arrête un instant, les pêcheurs, à l'aide du harpon et de la corde, se rapprochent graduellement de leur victime. Parfois le monstre plonge de nouveau, et il faut recommencer à lui donner du filin; et il arrive souvent que ce mouvement de lâcher et de retirer la corde se répète trois ou quatre fois. Enfin, lorsque la chaloupe est parvenue à s'approcher assez près de l'animal fatigué, l'officier qui commande l'embarcation saisit une lance longue et acérée et vise une des parties vitales; si le sang jaillit, le succès est complet; dans le cas contraire, il faut recommencer la lutte, l'animal se remettant à plonger de nouveau.

Lorsque le timonier Walker eut lancé son harpon et attaché solidement la baleine, l'animal blessé fit un long circuit autour de la *Sirène*, se maintenant à une distance qui permettait de distinguer tous ses mouvements; un moment il s'approcha si près du brick, qu'il fit jaillir l'eau jusque sur le pont, en frappant la mer de sa queue puissante; mais il ne tarda pas à se calmer, le sang s'échappant à flots de sa blessure, et bientôt on le vit flotter inerte sur les lames rougies, mais redevenues paisibles.

Les pêcheurs ne s'en tinrent pas là, et la campagne fut des plus heureuses; quatre baleines, outre deux autres prises par Bob et Socrate, furent remorquées dans le canal du Sud, vers une baie qui reçut le nom de baie des Baleiniers, et où Bob avait d'abord amené sa première prise. Cette anse était très sûre; elle avait une fond de sable et un quai naturel, comme nous l'avons dit, dont le *Raucocus* lui-même approchait sans peine. Il y avait là de l'eau douce en abondance, et cet endroit fut tout à fait approprié au dépècement des baleines et à la préparation de l'huile. Marc en fit le centre et l'entrepôt de la pêche. On y construisit de vastes hangars, et ce point devint l'un des plus importants de la colonie.

La tentative faite par le gouverneur avait donc pleinement réussi, et il était aisé de prévoir qu'elle allait prendre dans l'avenir de très grandes proportions. Ainsi cette première expédition, qui avait duré deux mois, n'avait pas rapporté moins de deux mille barriques d'huile, qui furent rangées dans la cale du *Raucocus*. Aux prix ordinaires des marchés d'Amérique, le produit de la pêche pouvait être évalué à une somme de plus de cent mille dollars; c'était là un résultat magnifique, et les colons se rendaient compte qu'aucune opération commerciale, si heureuse qu'on la supposât, n'eût pu leur faire réaliser de semblables bénéfices.

Il parut même un jour, tant l'ardeur pour la pêche à la baleine était devenue grande, que le gouverneur lui-même devait faire preuve de vaillance et d'habileté en attaquant un de ces gigantesques poissons. Marc monta quatre fois une chaloupe baleinière, et quatre fois il rentra, traînant à la remorque un cétacé harponné de sa propre main. Bientôt les embarcations devinrent insuffisantes; on se mit à l'œuvre, et six mois plus tard le *Dragon* et le *Jonas* étaient à l'eau.

Pendant ce temps, la fortune publique et particulière s'était augmentée : Bob avait si bien réussi dans son commerce, qu'il songea à faire l'acquisition d'un des nouveaux navires. Il s'en vint un matin au gouvernement trouver Marc, qui, selon son ordinaire, se tenait dans son cabinet à la disposition des colons qui avaient besoin de lui.

Ce cabinet était fort bien meublé; l'île Raucocus produisant des bois admirables, on les avait utilisés pour le mobilier de la maison coloniale; d'autre part, chaque bâtiment revenant de la Chine rapportait des tables, des chaises en laque, des nattes finement tissées, des porcelaines de tout genre. Brigitte avait mis la main à la disposition de tous ces objets et rangé tout avec un goût parfait. Marc aimait la simplicité, mais il trouvait aussi qu'il ne fallait rien négliger de ce qui pouvait relever l'importance de ses fonctions aux yeux de ses administrés.

« Tout est bien changé ici, dit Bob après avoir salué le gouverneur et en jetant un coup d'œil sur les richesses de l'appartement; que tout cela est beau!

— Vous avez raison, mon vieil ami, tout est bien changé ici. Où est le temps où nous ne demandions qu'un toit pour nous couvrir, et où un peu de limon et un paquet d'herbes marines étaient un trésor pour nous? Aussi devons-nous nous montrer chaque jour plus reconnaissants envers qui de droit, et j'espère, Bob, que vous n'oubliez pas plus que moi ce grand devoir qui nous incombe à tous deux.

— Je fais ce que je puis, gouverneur, je fais de mon mieux. Mais venons, s'il vous plaît, au but de ma visite; il ne convient pas de vous faire perdre un temps précieux. Je vous félicite, gouverneur, des deux nouveaux bricks que vous venez de lancer à la mer.

— Je vous remercie, mon ami; mais votre visite a-t-elle donc quelque rapport avec mes navires?

— Parfaitement. J'ai bien regardé, et de près, je vous assure, le *Dragon*, et il me semble que je serais bien aise de vous l'acheter.

— Y pensez-vous, Bob? Ne savez-vous pas qu'il vaut au moins huit mille dollars? Où pourriez-vous trouver pareille somme?

— Je n'ai certainement pas la somme en espèces; mais si l'huile vaut de l'argent, j'ai de quoi faire l'appoint en nature. J'ai là trois cents barils tout prêts, dont cent, en vérité, sont de première qualité.

— Soit, dit le gouverneur; j'achète votre huile, et vous aurez le brick en retour. Je suis bien aise qu'il devienne la propriété de mon vieux camarade.

— Monsieur le gouverneur, dit Betts en se rapprochant

de Marc et en baissant le ton d'un air de mystère, ne pensez-vous pas que le *Dragon* pourrait battre le *Jonas* d'un demi-nœud à la course? C'est du moins mon avis.

— C'est aussi le mien. Je n'ai rien dit pour ne pas décourager les constructeurs du *Jonas.*

— Voilà qui me donne la certitude que je ne me suis pas trompé, car personne n'est meilleur juge que vous, monsieur Marc. Eh bien! je ne laisserai pas le *Dragon* s'endormir, je vous en réponds. »

Cette acquisition augmenta encore dans la colonie l'importance de Betts, et sa fortune s'accrut aussi davantage. Une société de négociants acheta le *Jonas,* et la *Marthe* fut reprise par l'État; on l'employa dès lors à un service régulier établi entre les îles: deux fois par semaine elle allait du Récif à l'anse Mignonne, et tous les quinze jours à l'île Raucocus. Elle prenait des voyageurs et des marchandises, se chargeait des commissions et portait les lettres; tous les services publics s'organisaient ainsi petit à petit et dans des proportions en rapport avec le chiffre de la population, l'importance des affaires et l'étendue du territoire occupé par la nouvelle colonie.

Le gouverneur résolut alors d'entreprendre, en compagnie de ses auxiliaires les plus intelligents, la visite de tous les établissements de la colonie, et de dresser une statistique générale en vue d'une législation simple et pratique à appliquer, — le mot ne semblera-t-il pas trop prétentieux? — à appliquer dans ses États.

Il s'embarqua sur la *Marthe,* et comme cette expédition devait être en même temps un voyage d'agrément, il admit à son bord les femmes des principaux fonctionnaires de la colonie. Il gouverna d'abord vers le volcan isolé au milieu de l'Océan, et dont il voulait essayer de faire pour la première fois l'ascension.

L'île, complètement isolée, avait deux milles de diamètre; elle était formée de cendres et de scories qui figuraient une petite montagne conique très régulière, au sommet de laquelle flottaient encore de rares flocons de fumée; car le foyer s'obstruait de plus en plus, et Marc vit que le cratère était à peu près éteint. Sans doute la fermentation intérieure, bien atténuée dans ces derniers temps, chercherait, en cas d'éruption nouvelle, à se frayer une autre issue; Marc trembla en songeant au Pic, devenu le séjour favori de sa famille, et où étaient entassées les richesses des colons; mais il ne s'arrêta point à cette pensée; elle était bien vague d'ailleurs, et rien ne faisait prévoir un pareil malheur.

La *Marthe* fit ensuite route vers l'île Raucocus, où elle arriva au coucher du soleil; on constata que le fort bâti pour la défense des établissements et des magasins était en parfait état, bien gardé, et de force à résister aux attaques des Indiens, si la fantaisie les prenait de se montrer en armes dans ces parages. Il y avait une cinquantaine de colons, en comprenant dans ce nombre les femmes et les enfants; c'était assez pour entretenir les fours à briques et à chaux et garder les chantiers. Le sol de l'île, amélioré, se fût prêté aisément à la culture; mais on avait assez de terres au Récif, et on laissait ici la plaine à peu près inculte. Il y avait pourtant des troupeaux de chèvres et de porcs qui commençaient à se multiplier, et il était aisé de prévoir qu'avant longtemps il faudrait leur donner la chasse pour éviter un accroissement trop grand.

Le Récif fut aussi inspecté dans toutes ses parties. Le gouverneur voulait reconnaître l'état de chaque exploitation, le nombre des ouvriers, la qualité des terres, des prairies et du bétail; il examinait les instruments, s'informait des procédés, et notait le rendement de chaque récolte; il se rendait compte des gains et des pertes des fermiers, et donnait à tous d'utiles conseils pour améliorer leur situation. Il alla visiter ensuite les établissements isolés dans les îles et sur les plages plus écartées, sans oublier la baie des Baleiniers, où s'étaient formés des ateliers de construction, de cordages, de serrurerie, etc. Le commerce d'huile était maintenant considérable ; il y avait là une cinquantaine d'habitations, et l'activité régnait partout.

Le *Raucocus*, revenu de Hambourg, était précisément à quai lors de la visite du gouverneur ; il s'était défait de sa cargaison aux prix les plus avantageux, et s'occupait déjà d'un nouveau chargement. Le capitaine Saunders était d'une activité surprenante, et son zèle stimulait encore l'ardeur des colons qui s'adonnaient à la pêche de la baleine.

La petite ville bâtie au Récif proprement dit présentait un aspect charmant : elle était construite sur un plan uniforme ; elle avait des jardins splendides, des rues propres, ombragées d'arbres vigoureux ; toutes les maisons, au nombre de soixante-dix à peu près, étaient précédées de vérandas garnies de vigne vierge et de plantes grimpantes, où l'on se retirait pendant les heures les plus chaudes de la journée.

Marc constata avec grande joie les améliorations survenues dans cette partie de la colonie, sur ce même roc où il avait naguère abordé si tristement avec son vieux camarade Bob.

Partout la couche de lave avait été défoncée, sauf sur les rives, où régnait un quai continu et solide, pour opposer une barrière aux envahissements des flots, et les arbres et les moissons couvraient maintenant toute la surface de l'île. Des routes commodes étaient établies dans toutes les directions, et l'on y voyait circuler les chariots chargés et les ouvriers des fermes se rendant à leurs travaux ; les canaux qui environnaient le Récif étaient couverts de barques ; l'activité et le travail régnaient partout avec la joie et l'abondance.

L'intérieur du cratère était néanmoins le point le plus fécond en fruits et en fleurs ; ce coin délicieux, abrité de tous côtés, était d'une fécondité merveilleuse, et en même temps d'une remarquable douceur.

Le gouverneur termina sa visite par le Pic; le sol était là si fertile, on l'avait trouvé planté de si belles et si bonnes essences, qu'il n'y avait eu, pour ainsi dire, rien à faire sous ce rapport. Peu de maisons avaient été construites, mais elles étaient toutes en pierres; elles se composaient uniquement d'un rez-de-chaussée, sauf celle du gouverneur, qui avait plus d'apparence et était pourvue du confortable le plus parfait et ornée avec le plus grand soin.

On avait établi deux écoles parfaitement aménagées, placées dans une situation délicieuse, et où se donnait une instruction sérieuse et variée. Mais Woolston avait pris soin qu'on n'y enseignât que des choses utiles, et par-dessus tout l'affection envers les parents, le respect de l'autorité, l'amour du travail et la piété envers Dieu.

La colonie avait donc atteint, — et ce fut la conclusion que l'on tira de cette visite générale, — le plus haut degré de prospérité désirable, moment toujours critique pour les sociétés comme pour les individus; car c'est souvent l'heure où les unes et les autres sont plus proches de leur ruine.

CHAPITRE XXII

Cette revue complète des établissements terminée, Marc Woolston passa une semaine entière à se reposer au Pic avec sa femme et ses enfants. Il jouissait dans ce séjour enchanteur, habité presque exclusivement par les membres de sa famille ou par ses amis les plus intimes, du plus grand calme et de toutes les douceurs de la vie privée.

Il aimait à se promener dans cet Éden avec Brigitte donnant la main à leur petit garçon, tandis que lui-même dirigeait les pas de sa petite fille. Il se plaisait, tout en goûtant la fraîcheur et la vivacité de l'air, tout en regardant l'Océan, à entretenir sa femme des projets, des améliorations qu'il méditait de faire encore dans la colonie, s'attachant, comme cela ressortait de chacune de ses paroles, de plus en plus à ce coin de terre; et il était heureux de constater chez sa compagne des sentiments semblables, un attachement pareil au sien et un aussi vif désir de voir tout prospérer dans ce petit État que Dieu leur avait donné.

Un jour qu'ils se promenaient ainsi avec leurs enfants, les yeux perçants de la petite fille, que Marc tenait par la main, découvrirent une voile, puis une seconde, puis une troisième, qu'elle montra successivement à son père. Sauf les embarcations de la colonie, Marc n'avait jamais vu aucun navire se montrer dans ces parages ; il fut vivement surpris et regarda attentivement les bâtiments signalés par l'enfant. C'étaient un trois-mâts et deux bricks; ils allaient évidemment de conserve, et gouvernaient au plus près dans la direction du sud-est, à mi-chemin à peu près entre le Pic et le cratère, c'est-à-dire à une distance d'environ six lieues, et par conséquent visibles de ces deux points.

Marc fit aussitôt prévenir Heaton d'empêcher les barques de sortir de l'anse Mignonne, afin de ne point livrer le secret de la passe à des étrangers.

Puis il continua à examiner les trois navires; avec son excellente lunette de mer, il vit bien que les trois bâtiments avaient des équipages nombreux, qu'ils étaient fortement armés; mais il ne put découvrir à quelle nationalité ils appartenaient. Cette dernière circonstance inquiétait Marc de plus en plus, et il envoya un second message à Heaton pour lui recommander de donner l'ordre aux colons de ne point se montrer et d'éteindre tous les feux, dans la crainte que la fumée ne révélât l'existence des habitations aux étrangers; il donnait en même temps l'ordre de faire tous les préparatifs de défense accoutumés en cas d'alerte, de réunir tous les hommes valides, et de faire préparer une chaloupe qui pût partir pour le Récif au premier signal.

Cependant les navires étrangers s'approchaient du Pic à toutes voiles; bientôt ils ne furent plus qu'à une lieue des rochers. Le plus grand pouvait être de six cents tonneaux, et semblait très fortement armé; les deux bricks n'étaient guère que de deux cents tonneaux, mais étaient également pourvus de tout ce qui est nécessaire aussi bien pour l'attaque que pour la défense.

L'escadre avançait toujours, mais sa marche n'indiquait point l'intention d'aborder au Pic; personne à bord ne devait connaître l'entrée de la passe. On pouvait maintenant, à l'aide de la lunette, passer, pour ainsi dire, en revue le pont de la frégate ennemie; Marc, en cherchant à distinguer à qui il avait affaire, aperçut à bord des chefs indiens revêtus de leur costume de guerre, et parmi eux reconnut Waally lui-même. Il n'y avait plus de doute : on avait affaire à des ennemis. Le chef indien avait depuis cinq ans rongé son frein en silence; mais il venait sans doute de trouver l'occasion de reprendre les hostilités; fort heureusement, ni lui ni les siens ne connaissaient l'existence de l'anse Mignonne, et l'on pouvait encore se croire en sûreté aux établissements du Pic. Mais il n'en était pas de même pour le Récif; les Kannakas, de ce côté, étaient mieux renseignés; ils savaient la topographie du pays et pouvaient conduire tant bien que mal un navire à travers les passes jusqu'au pied du cratère.

Aussi dès que les étrangers, gouvernant au sud-est, eurent tourné la pointe septentrionale pour longer les rochers en boulinant, le gouverneur donna à la chaloupe l'ordre de partir et de faire force de voiles. Pennock devait aussitôt rassembler les membres du conseil et prendre sans retard toutes les dispositions nécessaires pour la défense de l'île. Marc lui faisait part de ses craintes et promettait d'aller les rejoindre au plus tôt, dès que les forces de la colonie seraient réunies.

Il fallut plusieurs heures à l'escadre pour faire le tour du Pic; aussi la chaloupe envoyée au Récif était-elle hors de vue quand l'ennemi atteignit l'extrémité méridionale, gouvernant au sud-est et se dirigeant évidemment vers le volcan.

Le temps n'avait point été perdu, et Woolston, secondé par son beau-frère, avait armé tous les colons et pris toutes les autres dispositions commandées par les circonstances.

Marc était toujours fort inquiet, bien que l'ennemi, — et il ne pouvait y avoir de doute sur ses intentions, à cause de la présence de Waally à bord, — s'éloignât du Pic; il allait gagner le volcan, et de là, sans doute, marcher sur l'île Raucocus. Il envoya aussitôt une seconde barque pour prévenir les meuniers, les tailleurs de pierres et tous les ouvriers d'avoir à se mettre sur leurs gardes, et de se tenir prêts à recevoir des hôtes qui ne pouvaient avoir que de mauvaises intentions.

Le reste de la journée et la nuit se passèrent en préparatifs. Dès le lever du soleil, la chaloupe envoyée au Récif rentra dans l'anse; elle avait trouvé la côte libre au nord. Suivant l'avis du gouverneur, des messages avaient été expédiés dans toutes les directions; l'*Anna* était partie et devait rappeler les pêcheurs de baleines, et apprendre l'état des choses à Betts et à ses compagnons; le *Dragon* et le *Jonas,* qui croisaient à cent milles au vent des îles, furent également prévenus.

Le gouverneur résolut de demeurer encore au Pic durant quelque temps; c'était le point central et celui qui permettait de faire le mieux des observations qui pussent porter sur l'ensemble des possessions de la colonie; là il était à portée de tout.

Le lendemain, un canot arriva de l'île Raucocus; il apportait de mauvaises nouvelles. Les trois bâtiments s'étaient montrés la veille, au point du jour; Bigelow avait pris la direction des affaires; il avait envoyé les femmes et les enfants dans des refuges préparés dans la montagne, avec les objets les plus précieux, entre autres les scies des moulins, qu'il eût été impossible de remplacer; puis il avait couru sur la plage et s'était avancé au-devant des étrangers opérant leur débarquement. Il y avait là une centaine d'hommes, tous bien armés; ils s'emparèrent aussitôt du charpentier et le menèrent à leur chef. Son extérieur annonçait un marin, et il avait l'air rude et farouche.

Bigelow eut à répondre sur le nombre des habitants et des navires, à préciser la nature de leurs chargements, et

Marc aimait à se promener avec sa femme et ses enfants.

surtout à indiquer les lieux qui servaient d'entrepôt ; il devina tout de suite qu'il avait affaire à des pirates. Il mit donc une grande réserve dans ses réponses, tant de réserve même, qu'il éveilla les soupçons de l'ennemi; il se montra circonspect et comme un homme en proie à une influence mystérieuse, quand on l'interrogea sur le Pic. L'ennemi n'insista point; mais quand il voulut user du même système de réticence pour ce qui concernait le Récif, il fut brusquement mis en présence de Waally.

Il adopta alors un parti tout opposé : il se mit à tout exagérer, le nombre et la force des bâtiments; il laissa entendre que le gouverneur disposait de deux mille combattants. Le chef des pirates, qu'on nommait l'amiral, interrogea Waally sur ce point. Mais celui-ci ne sut que lui répondre; il savait que les colons étaient nombreux, et qu'ils avaient acheté et construit un grand nombre de bâtiments; il savait fort bien, par exemple, qu'ils étaient très riches et qu'ils avaient des matériaux en assez grand nombre pour construire une flotte entière.

Le pirate, abandonnant Bigelow sans même se donner la peine de l'inquiéter, se mit à parcourir l'île à la tête de ses compagnons; ils chassèrent un taureau, qu'ils tuèrent, ainsi que plusieurs porcs; chemin faisant, ils mettaient le feu aux habitations; par pure méchanceté, ils détruisirent les moulins et les fours à chaux. Ils savaient, sans doute par Waally, qu'il n'y avait point de butin à faire dans l'île; aussi se contentèrent-ils de mettre tout à sac, sans s'attaquer aux habitants, qu'ils ne recherchèrent point et ne surveillèrent pas davantage. Bigelow, la nuit venue, avait réuni quelques hommes, et, à la faveur des ténèbres, s'était embarqué pour apporter ces tristes nouvelles au gouverneur.

Après avoir entendu le rapport de Bigelow, Marc ne pouvait plus douter du caractère de ses ennemis : c'étaient des pirates, c'est-à-dire le rebut de la société, l'écume des nations, les adversaires les plus redoutables par leur cruauté et par l'impossibilité de traiter loyalement avec eux; leurs desseins étaient mauvais, et les désordres commis par eux à l'île Raucocus n'étaient sans doute que le prélude de leurs méfaits. La présence de Waally au milieu d'eux n'était pas faite pour rassurer, au contraire. Ils étaient venus sans doute dans ces parages pour piller les navires qui faisaient la pêche des perles, s'étaient abouchés avec les naturels et avaient appris d'eux l'existence de la colonie. L'espoir de se venger avait fait de Waally leur allié, et maintenant il s'agissait de lutter contre les uns et les autres; on était en mesure de se défendre; c'était une nécessité d'ailleurs, une question de vie ou de mort. Mais c'était la guerre, et quels désastres ne laisserait-elle pas après elle! quelles ruines n'allait-elle pas amonceler, dans ce petit coin si tranquille jusqu'à présent! Marc n'avait point d'inquiétudes pour le Pic : il fallait un hasard malheureux pour révéler même l'existence de ses établissements, et il était tout à fait en état de résister. Mais il n'en était pas de même du Récif; les chemins qui y menaient étaient connus des sauvages; son territoire était étendu, ses richesses bien connues, et on ne parviendrait pas à le défendre sans une lutte considérable et qui ferait bien des victimes. S'il venait à tomber aux mains des pirates, combien faudrait-il d'années pour s'en emparer de nouveau? Ne deviendrait-il pas lui-même le quartier général des corsaires? Et qui pourrait vivre dans un pareil voisinage?

Marc comprit que sa place était au Récif, et il se décida à partir sans retard; sa femme voulait le suivre : il lui dit que son intention était au contraire de diriger toutes les femmes et les enfants sur le Pic, et que sa présence était nécessaire au milieu d'elles pour les encourager et leur donner l'exemple. Brigitte n'insista pas; elle avait une trop haute idée de ses devoirs, et sa tendresse pour son époux s'alliait fort bien en elle à un caractère ferme et résolu.

En route, Woolston rencontra l'*Anna,* qui venait de donner l'alarme aux pêcheurs; Betts était à bord. L'*Anna* était la plus rapide des embarcations de la colonie; le gouverneur s'y établit avec son état-major, et il dépêcha une chaloupe au Récif, avec ordre à la *Marthe* de venir le rejoindre dans la baie des Baleiniers.

Marc trouva tout en ordre et les pêcheurs sur leurs gardes; il s'inquiéta néanmoins du grand nombre de Kannakas employés encore dans les divers établissements, — il y en avait notamment une quarantaine dans la baie des Baleiniers. — Pouvait-on compter sur eux, quand ils sauraient que Waally était avec les corsaires? Marc prit une résolution fort sage; il ne pouvait mettre en ligne que trois cent soixante-trois combattants, et si les Indiens prenaient parti contre eux, ils paralyseraient leurs efforts, car ils n'étaient pas moins de deux cents. Il donna en conséquence à Bigelow l'ordre de prendre avec lui des embarcations et d'emmener, sous un prétexte quelconque, tous les Kannakas en pleine mer et de les y retenir quarante-huit heures. On était au moins assuré que, de cette façon, ils ne pourraient pas se mettre en relation avec l'ennemi.

Après avoir pris toutes ces dispositions préliminaires, Marc quitta la baie et retourna en hâte au cratère; il rencontra, chemin faisant, à la hauteur du cap Sud, la *Marthe,* commandée par Betts. Les deux bâtiments, escortés de deux chaloupes bien armées, se mirent alors à courir de conserve des bordées pour surveiller activement l'Océan dans la direction de l'île Raucocus.

Au sud-ouest, les petites îles du groupe du Récif formaient une pointe longue et étroite, sous le vent de laquelle était une assez bonne rade. On nommait ce cap la Pointe de l'Aiguille; elle se dirigeait en droite ligne vers l'île Raucocus, et les barques parties de ce dernier établissement avaient l'habitude de gagner cette pointe, sûres de n'avoir qu'à se laisser dériver au sud-ouest pour arriver au cratère en quelques heures. C'était une sorte de procédé mathématique dont se servaient tous ceux qui étaient moins familiers avec les difficultés de la navigation en pleine mer.

Le gouverneur assigna comme point de ralliement à toute sa flotte l'Aiguille du Raucocus; il avait jugé que cet endroit était le mieux disposé pour surveiller l'ennemi, qui, conduit par Waally, ne manquerait pas de prendre cette route.

L'*Anna* arriva la première au rendez-vous; les autres embarcations suivirent, et toutes firent le même rapport : elles n'avaient point aperçu l'ennemi. Betts avait poussé une reconnaissance jusqu'au Pic; tout y était tranquille, et là non plus on n'avait point entendu parler des étrangers. Toute la soirée la petite flottille resta en observation.

A minuit, le gouverneur résolut d'établir une croisière; il envoya chaque embarcation dans une direction différente, avec ordre de ne point s'avancer au delà de sept lieues et d'attendre là jusqu'à la pointe du jour. Au lever du soleil, la vigie de l'*Anna* signala la *Marthe* à deux lieues au nord, et la *Neshamony* à la même distance vers le sud; les chaloupes, que l'on ne pouvait voir, étaient échelonnées au nord de la *Marthe*. Les signaux échangés de navire à navire apprirent au gouverneur que l'ennemi restait toujours invisible; il donna alors à la *Neshamony* l'ordre de cingler en droite ligne vers l'île Raucocus, et, au cas où il ne rencontrerait pas d'obstacles, d'aborder et de prendre des renseignements, puis, avant de rejoindre la flotte, de toucher au Pic en passant pour s'informer encore.

Le gouverneur devenait de plus en plus perplexe; cette incertitude lui était insupportable. Il eut un instant la crainte que les pirates n'eussent fait un grand détour pour venir fondre sur le Récif en l'attaquant d'un autre côté. Waally ne connaissait point les passes du vent, mais on n'était pas assuré qu'il n'y eût pas à bord un Indien qui les connût et pût indiquer cette voie détournée aux pirates.

L'attaque venant de ce côté eût été fatale; la difficulté de trouver ce chemin avait porté Marc à ne point le fortifier, et c'était précisément dans ces parages, qui semblaient presque inabordables, qu'on avait entassé toutes les richesses de la colonie.

Très impressionné par cette idée, que fortifiait en son esprit l'absence de nouvelles, Marc envoya une chaloupe par la rade, à travers les îlots, jusqu'au Récif; une autre chaloupe fut laissée en observation devant l'Aiguille, et aussitôt l'*Anna* et la *Marthe* commencèrent une course aussi rapide que possible à la recherche des corsaires.

Pendant sept heures, les deux bâtiments coururent, à deux lieues de distance l'un de l'autre, vers l'île Raucocus sans rien apercevoir de nouveau. Woolston, de plus en plus inquiet, donna à Betts l'ordre de gouverner seul dans la même direction, lui assignant rendez-vous pour le lendemain matin à la pointe de l'Aiguille; pour lui, il se dirigea vers le Pic afin de conférer avec Heaton, et savoir si de ce côté il y avait du nouveau. A son arrivée, toutes les femmes accoururent au-devant de lui pour apprendre des nouvelles; Marc leur fit connaître la situation; il embrassa à la hâte sa femme et ses enfants, et reprit aussitôt la mer.

Marc arriva à dix heures en vue de la pointe de l'Aiguille; les chaloupes, échelonnées de distance en distance, faisaient bonne garde. On lui signala aussitôt une voile à travers les passes intérieures : c'était l'*Abraham,* et Bigelow, qui le commandait, ne put lui donner aucun renseignement précis; il avait rallié tous les baleiniers et parcouru toute la côte du vent; il n'avait vu nulle part les corsaires, et il venait se mettre à la disposition du gouverneur.

Marc, sachant que l'*Abraham* n'était pas très bon voilier, ne l'envoya point en pleine mer; il lui donna l'ordre de louvoyer au vent le long des côtes, sans s'éloigner assez pour se laisser couper les communications avec la terre. Aucune voile ne pouvait s'approcher sans qu'on la vît; Bigelow, qui connaissait parfaitement tous les canaux, pourrait non seulement rentrer quand il le voudrait, mais, en cas de danger, renseigner tous les postes intérieurs sur la marche et les intentions de l'ennemi.

Tout demeurait dans le même état; aucune embarcation, revenue au rendez-vous, ne rapportait de nouvelles. Le cratère n'avait non plus rien à signaler; la *Neshamony,* envoyée à l'île Raucocus, n'avait pas reparu, mais elle ne pouvait beaucoup tarder. Marc ne savait que penser; il tremblait toujours qu'un Indien plus habile que les autres ne vînt à indiquer aux forbans l'un des passages détournés, et, malgré ses précautions, les lui jeter à l'improviste sur les bras.

La *Marthe,* sous les ordres de Betts, rentra; elle n'avait rien vu, et pourtant elle avait fait le tour du volcan. On signala la *Neshamony,* le gouverneur se précipita au-devant d'elle. Elle avait visité l'île Raucocus; les pirates y avaient tout détruit ou à peu près, — ils n'avaient pourtant point découvert les refuges, — et ils s'étaient réembarqués peu après le départ de Bigelow. Ils s'étaient dirigés vers l'ouest, comme s'ils avaient voulu rejoindre encore le volcan; mais la *Marthe* en arrivait, ils n'étaient donc pas là. Étaient-ils retournés aux îles du groupe de Betts? Renonçaient-ils à attaquer la colonie? Cette opinion n'était pas admissible. Il fallait pourtant s'en assurer; l'attente était trop pénible, et on ne pouvait laisser une situation pareille se prolonger sans chercher une solution. Marc donna l'ordre à Betts d'appareiller pour cette expédition, qui n'était pas sans danger; il devait aller jusqu'à un groupe d'îlots, où l'on avait chance de rencontrer des barques montées par des indigènes; on pourrait toujours se renseigner et se mettre en communication avec Ooroony; enfin il fallait savoir, savoir à tout prix ce qu'étaient devenus les corsaires.

Tout à coup une des chaloupes en observation signala l'approche de voiles inconnues du côté du vent. Le gouverneur retint Betts auprès de lui et donna à toutes les embarcations l'ordre de rallier au plus vite.

Une heure après tous les doutes étaient dissipés : c'étaient bien les corsaires ; ils arrivaient à toutes voiles, et l'*Abraham* était devant eux, se dirigeant en toute hâte vers le passage du cap Sud. Un instant on put craindre que les vaisseaux étrangers ne l'atteignissent ; la distance qui les séparait diminuait visiblement. L'*Abraham* se trouva alors dans une situation critique, et, d'autre part, il était à craindre qu'en s'engageant sous leurs yeux dans la passe, il ne leur indiquât le chemin qui menait plus directement au cratère. Marc prit alors une résolution hardie ; il lofa droit vers les pirates pour leur donner le change, et dans l'espoir qu'ils se diviseraient et se mettraient également à sa poursuite. Betts seconda habilement ce mouvement en serrant le vent dans les eaux de l'*Anna;* il lui fallut déployer toute sa toile pour se maintenir dans cette position. La manœuvre réussit au delà de toute espérance. Les deux bricks, placés plus au sud, tournèrent de leur côté et se mirent à leur poursuite ; la frégate continua seule à donner la chasse à l'*Abraham*. Marc n'eut qu'à s'applaudir d'un pareil résultat : il était évident qu'un navire d'un tirant d'eau aussi considérable ne s'engagerait point à la légère dans des passes étroites. La frégate, d'un port de six à sept cents tonneaux, avait douze pièces de canon de chaque côté dans ses batteries et huit ou dix sur les gaillards, et était obligée à de grandes précautions.

Il n'importe ! les trois navires étrangers paraissaient avoir des ailes et obéir à un chef plein d'audace et qu'aucun obstacle ne semblait devoir arrêter. Il fut heureux pour l'*Abraham* que le port fût si près, car au moment où il doubla le cap, la frégate allait l'atteindre ; il n'eut que le temps bien juste d'enfiler la passe. Le pirate, en le voyant s'échapper, lui lâcha toute sa bordée de tribord ; le grand mât du schooner fut coupé net, et un Kannaka qui était dans les barres de perroquet fut tué sur le coup. Cette dernière circonstance fut heureuse pour les colons; car les Indiens furent convaincus dès lors que les corsaires étaient leurs ennemis personnels, puisqu'ils les prenaient pour premières victimes, quand ils auraient pu, disaient-ils, les épargner et tuer les blancs.

La frégate, comme le gouverneur l'avait prévu, n'osa point s'engager dans la passe à la suite de l'*Abraham;* elle vira de bord aussitôt et commença à donner la chasse à l'*Anna* et à la *Marthe,* qui étaient alors à peu près au milieu du canal conduisant au Pic. Quand le gouverneur se fut assuré que l'*Abraham* s'enfonçait dans les îlots puis disparaissait enfin derrière un rideau d'arbres, il changea lui-même de direction, et, ne voulant pas attirer l'ennemi du côté du Pic, gouverna dans la direction de l'île Raucocus, en ayant le vent à bâbord. Les trois navires ennemis le suivirent, et, au bout d'une demi-heure, ils étaient assez loin du cap Sud pour qu'il n'y eût plus rien à craindre sur ce point, au moins pour le moment.

Les prévisions du gouverneur s'étaient donc jusqu'ici réalisées; ses ennemis étaient en pleine vue, à une lieue de lui, et ses embarcations n'avaient rien à redouter sur l'issue d'une course à faire sur une mer aussi tranquille; évidemment il échapperait autant qu'il le voudrait à la poursuite. Il parut néanmoins tout à coup vouloir renoncer à cet avantage; arrivé à une certaine distance, il changea brusquement de bord et gouverna au nord-ouest, en ayant le vent par le travers de tribord. Les corsaires se trouvèrent alors sous la hanche du vent, ce qui était pour eux un grand avantage et leur faisait gagner du terrain.

Le gouverneur avait pourtant ses raisons pour agir ainsi; devant était lui la pointe de l'Aiguille, et, pour la doubler, les corsaires devraient se tenir au large, ce qui leur donnait près d'une lieue de plus à faire, lorsque la *Marthe* et l'*Anna,* plus légères, pourraient passer au pied des rochers.

L'ennemi, les trouvant à portée, leur lâcha, chemin faisant, plusieurs bordées; mais il n'en résulta aucune avarie pour elles, et au bout de quelques instants elles se trouvèrent suffisamment abritées par la terre.

La chasse n'était pourtant pas terminée; elle ne faisait même que commencer. Vingt minutes après, les vaisseaux des pirates tournaient la pointe à leur tour et reprenaient immédiatement leur poursuite.

C'était là précisément ce que Marc avait voulu; c'était le résultat qu'il cherchait depuis le commencement de la lutte : l'ennemi tombait dans le piège, et le cœur de Marc, au moment où le danger semblait plus imminent, fut tout à coup soulagé d'un grand poids.

Waally allait sans aucun doute indiquer à ses alliés la seule passe qu'il connût, — Marc venait de les amener justement en face, — et, guidés par un pareil pilote, il ne leur faudrait pas moins de vingt-quatre heures pour arriver au Récif, exposés tout le long du chemin au feu des batteries disposées tout le long des canaux.

CHAPITRE XXIII

Marc n'avait poursuivi qu'un but : amener ses adversaires à la rade de l'Ouest; elle commandait les passages les mieux défendus, ses hommes la connaissaient mieux et y manœuvraient plus à l'aise, et à l'entrée de la petite île à l'abri de laquelle les navires étaient accoutumés à mouiller l'ancre, se trouvaient deux maisons en pierre et une batterie de deux canons de neuf livres. C'est là que les équipages débarquèrent et trouvèrent la batterie prête à servir. Le gouverneur fit aussitôt prévenir Pennock, qui commandait au Récif, pour le mettre au courant de ce qui se passait.

L'*Anna* était à l'ancre depuis une heure quand les navires étrangers parurent dans la rade; ils mirent en panne à un demi-mille environ de la batterie. Aussitôt ils hissèrent un pavillon blanc, indiquant ainsi l'intention d'entrer en pourparlers. Marc ne savait à quoi se résoudre : il ne voulait pas se mettre, lui ou quelqu'un de ses amis, à la discrétion de ces pirates; d'autre part il craignait d'être cause des plus grands malheurs s'il ne répondait aux avances qui lui étaient faites. Il monta une de ses chaloupes, arbora un pavillon blanc, et s'avança en avant du rivage, tout en restant sous la protection de ses canons. Une embarcation ne tarda pas à se détacher de la frégate, et bientôt elle vint se ranger à une longueur d'aviron du canot de Marc.

Outre les six rameurs, elle portait trois individus, dont l'un, comme on le sut plus tard, était l'amiral lui-même; le second était un interprète qui parlait l'anglais assez couramment, mais avec un accent étranger; le troisième n'était autre que Waally.

L'interprète demanda d'abord s'il y avait à bord quelqu'un qui fût autorisé à parler pour les autorités du pays.

« Oui, répondit Marc, sans faire connaître autrement qui il était; j'ai de pleins pouvoirs pour traiter avec vous.

— A quelle nation appartient la colonie? »

Woolston n'était point préparé à cette question; mais il riposta sans se déconcerter:

« Qui sont ceux qui m'interrogent, et sous quel pavillon voguent les navires mouillés dans ces parages? »

L'interprète répondit d'un ton de mauvaise humeur qu'un vaisseau de guerre ne se laissait interroger que par un vaisseau de guerre.

« Prétendriez-vous être des bâtiments de guerre? demanda Marc avec fermeté, mais le plus tranquillement du monde.

— Nous allons vous en donner la preuve, si vous le désirez. D'ailleurs nous ne sommes pas venus pour répondre à des questions, mais bien pour vous en faire; encore une fois, à quelle nationalité appartient cette colonie?

— Le pavillon des États-Unis flotte sur notre bord. »

Cette déclaration ne produisit aucun effet sur le pirate; il se mit à sourire et signifia de la façon la plus nette ce qu'il voulait. Oh! c'était la chose la plus simple du monde: livrer la flotte tout entière avec ses approvisionnements; le reste irait ensuite tout seul. On prendrait une centaine de porcs, du sel et des barils pour contenir ces provisions, et tout cela devrait être prêt dans les vingt-quatre heures. On ne demandait pas davantage, parce qu'on n'avait pas la place d'arrimer autre chose à bord ; on avait déjà chargé cinquante barils de farine à l'île Raucocus, et tout cela était fort encombrant. Le corsaire ajouta négligemment qu'il prendrait des otages à bord de sa frégate, et qu'il faudrait lui donner de bons pilotes, car il voulait se rendre à la capitale de la colonie, qu'on lui disait être située à vingt ou trente milles à l'intérieur ; faute de quoi il allait procéder au pillage et à l'extermination.

Encore une fois et sur le ton le plus froid, Marc demanda à qui il avait affaire; l'interprète garda le silence, et en deux mots Woolston formula tranquillement un refus très net.

On ne s'attendait apparemment pas à cette conclusion, car l'amiral entra aussitôt dans une violente colère et fut sur le point de passer des menaces aux voies de fait; mais jugeant sans doute qu'il eût été imprudent d'attaquer un ennemi couvert par le feu de l'artillerie, il s'éloigna en toute hâte en proférant les menaces les plus terribles.

Le gouverneur avait à peine eu le temps de regagner son mouillage, qu'un coup de canon se fit entendre; un boulet venu de la frégate vint tomber dans la batterie et fracassa le bras d'un Kannaka; c'était le signal des hostilités.

Marc se mit à la tête des siens pour riposter avec avantage, et de part et d'autre on se mit à se faire le plus de mal possible. Aux trente bouches à feu de la frégate, les colons ne pouvaient opposer que deux pièces : il est vrai qu'elles étaient fort bien servies et abritées derrière un bon rempart en terre; de cette façon la lutte n'était pas aussi inégale qu'on aurait pu le craindre. Marc et Bob pointaient chacun à leur tour, et tous leurs boulets entraient dans la membrure des bâtiments ennemis. Les bordées de la frégate étaient beaucoup moins assurées; elles passaient par-dessus la batterie ou s'ensevelissaient dans le parapet de terre qui la protégeait. Après une heure de combat les colons n'avaient toujours qu'un blessé; les forbans avaient déjà perdu sept combattants et comptaient une vingtaine de blessés.

Le corsaire reconnut sa faute et changea de tactique ; la batterie était établie pour tirer droit dans la rade, mais n'avait point d'embrasures à droite et à gauche. L'ennemi reconnut ce vice de construction et envoya un de ses bricks vers le nord, en dehors de la ligne des feux, de façon à enfiler la batterie sans avoir rien à craindre d'elle. La frégate s'était retirée dans la rade hors de portée; quand le brick ouvrit son feu, elle se rapprocha, devancée par l'autre brick, qui se rendait en avant pour éclairer la route; Marc vit bien que sa position n'était plus tenable et qu'il s'exposait à être coupé s'il s'obstinait; il se hâta de rejoindre ses embarcations. La retraite ne s'opéra pas sans peine, et il eut un homme tué à côté de lui et deux Kannakas blessés. Il réussit portant à ramener sa petite troupe à bord de l'*Anna* et de la *Marthe*.

La batterie fut tout de suite envahie par les ennemis ; ils brûlèrent la construction et enclouèrent les deux pièces ; puis, retournant à bord, ils enfilèrent la passe de l'Ouest, poursuivant les colons, déjà éloignés d'une portée de canon.

Cette passe de l'Ouest était remplie de sinuosités et de détours; elle était coupée par une infinité de petits canaux, parmi lesquels il n'était pas bien aisé de reconnaître la vraie route, d'autant mieux que plusieurs étaient de véritables culs-de-sac. Le gouverneur savait bien tout l'avantage que lui donnait une pareille disposition, et c'était pour cela qu'il avait tout fait pour amener l'ennemi à s'engager dans cette passe. Il avait son plan; il savait qu'à une lieue de distance, dans l'intérieur des îlots, se trouvait un canal d'une apparence attrayante, qui tournait vers le nord en s'éloignant des habitations et qui se rétrécissait tellement, qu'il était question de savoir si même l'*Anna* et la *Marthe* passeraient entre les rochers et parviendraient à gagner la baie placée au delà, non loin de l'île du Limon. Il était imprudent de

Quelques instants après, la frégate sauta avec un fracas épouvantable.

s'engager dans cette voie, car si l'on ne pouvait passer, on tomberait infailliblement entre les mains des corsaires; mais Bob affirmait qu'on passerait, et qu'il fallait tout tenter pour faire quitter à la frégate la piste du Récif. Le gouverneur résolut donc de tout risquer; il dépêcha la *Neshamony* à Pennock pour lui exposer la situation, et lui dire d'embarquer une pièce de douze avec son affût et de la conduire au plus vite à l'endroit où la passe se rétrécissait, et la mettre immédiatement en batterie; puis il s'engagea courageusement dans le canal en question.

Marc prit ses dispositions pour que l'*Anna* et la *Marthe* ne devançassent pas trop les pirates, leur légèreté leur permettant toujours de s'éloigner à un moment donné aussi vite qu'ils le voudraient, et de distancer sans peine des navires gréés à trait carré. L'eau avait partout assez de profondeur pour les deux embarcations de la colonie, et aussi peut-être pour les deux bricks, partout, sauf sur un point, et encore ce point n'offrirait de difficulté que pour la frégate, si on parvenait à l'y amener. Ah! alors la partie serait belle, et le corsaire ne parviendrait pas à s'en tirer.

Le gouverneur courut donc hardiment en avant avec le vent en poupe; l'ennemi se lança sans hésiter à sa poursuite, il établit même ses bonnettes pour gagner du chemin.

Dans cette voie détournée, le chemin était long pour atteindre au Récif; aussi le soleil allait se coucher quand le gouverneur arriva au bas-fond dont nous avons parlé. Il se mit à louvoyer tout autour durant quelque temps, espérant attirer la frégate de ce côté pendant l'obscurité; mais il avait affaire à un ennemi trop prudent; le corsaire, ne donnant point dans le piège, serra toutes ses voiles et jeta l'ancre. Il se croyait sur la route du Récif, — Waally lui en donnait d'ailleurs l'assurance la plus formelle, — et il ne voyait pas la nécessité de s'aventurer au milieu des ténèbres, puisqu'il était sûr maintenant que sa proie ne pourrait pas lui échapper.

Des deux côtés on prit ses dispositions pour passer la nuit sur ses ancres. L'*Anna* et la *Marthe* étaient alors à un mille de distance de cet étranglement du rocher à travers lequel il fallait passer de toute nécessité : il n'y avait plus à reculer; avec l'ennemi en face de soi, il n'y avait plus d'autre issue. La chose serait-elle possible? Marc voulut s'en assurer : il monta la *Marthe,* plus large que l'*Anna,* et se dirigea sans bruit, dans les ténèbres, vers ce rocher. L'*Anna* passerait toujours si la *Marthe* franchissait le défilé.

Tout d'abord marcha assez bien ; il arriva pourtant un moment où le sloop heurta les rochers à droite et à gauche, et ne put passer outre.

Bob s'était donc trompé : les circonstances étaient si graves, qu'il fallait trouver un moyen de se dégager. Les matelots saisirent en hâte tous les outils qui leur tombèrent sous la main, et vers minuit, après des efforts surhumains, l'obstacle avait disparu; un énorme quartier de roche était tombé à la mer, et la *Marthe,* continuant sa marche en avant, allait jeter l'ancre dans la baie.

Marc retourna alors sur son propre bord et amena l'*Anna* à un mille en avant, craignant que des canots ennemis ne vinssent l'attaquer dans l'obscurité; la précaution n'était pas inutile : au point du jour sept canots, envoyés dans diverses directions, rejoignaient la frégate, après avoir inutilement cherché le sloop et le schooner. Il est vrai qu'il fallait être bien familier avec le dédale des passes et des canaux pour se diriger dans ces inextricables méandres, pendant la nuit surtout.

Au lever du soleil, les pirates se disposèrent à reprendre les hostilités; la situation était désormais plus favorable pour les colons; la pièce de campagne empruntée au Récif était en place. Pennock avait fait dire que tout était prêt pour recevoir l'ennemi.

Toutes les embarcations se remirent en mouvement. La disparition de la *Marthe* étonna fort l'amiral ; il devina qu'elle avait pris les devants ; mais où se trouvait le canal qui lui avait livré passage? Il envoya un brick de chaque côté du détroit avec ordre de suivre la rive et de le chercher; il pensait, non sans apparence de raison, que sa frégate trouverait un chemin suffisant pour elle dans un canal ayant pu livrer passage au sloop.

Pendant ce temps, lui-même maintenait sa frégate au centre, tenant l'*Anna* en observation. Marc attendait patiemment auprès de l'écueil que le corsaire se décidât à le poursuivre.

Tout à coup, prenant son parti et ennuyé de son inaction, l'amiral fit un bond qui le poussa rapidement au delà du bas-fond, du côté sous le vent, afin de se rapprocher de l'*Anna*. Le gouverneur, qui s'amusait à courir des bordées de l'autre côté, vira de bord, comme s'il voulait revenir sur ses pas, et de nouveau essaya de gagner la pleine mer. L'amiral, ne voulant pas le laisser échapper, fit de même ; mais en exécutant cette manœuvre, comme l'avait prévu le gouverneur, il vint donner en plein sur l'écueil et y resta complètement cloué.

Marc, sans tarder, vira de bord de nouveau et défila hardiment devant la frégate, trop occupée de ses propres affaires pour songer à l'inquiéter.

Le navire du corsaire était échoué à moins d'un demi-mille du point où la pièce de campagne avait été établie. Deux minutes après l'accident les colons ouvrirent le feu ; la frégate leur présentait son travers, et au bout d'un instant, le tir étant réglé, tous les boulets portèrent. Marc donna l'ordre de conduire l'*Anna* hors de la passe pour la dérober à la poursuite des bricks, puis il sauta à terre et se mit à la besogne ; il avait fait débarquer une forge, et tout aussitôt il fit chauffer des boulets.

L'un des bricks s'était rapproché de la frégate pour lui venir en aide; l'autre, à proximité de la batterie, et lui envoyait des bordées pour la démonter ou la faire taire; mais un boulet vint tout à coup fracasser sa coque, et il dut s'éloigner au plus vite pour réparer l'avarie. Toute l'attention fut désormais concentrée sur la frégate.

Le corsaire, il faut en convenir, se trouvait dans une situation très critique; il avait précisément sous le vent toute la largeur de l'écueil, et il ne pouvait tenter de se dégager qu'en restant exposé au feu de la batterie. Il n'y avait qu'un moyen pour lui de sortir de là : il était échoué sur un fond de vase, et il ne pouvait s'en dégager qu'en établissant ses ancres au vent et en tirant sur les câbles, après avoir débarrassé le bâtiment de tous les objets de poids qu'il avait à bord. Les bricks ne pouvaient pas, dans la circonstance, être bien utiles à la frégate; ils semblaient d'ailleurs assez mal commandés: ils se tenaient à l'écart, hésitants; les équipages, comme cela arrive souvent sur les navires des pirates, n'obéissaient guère; aussi voyait-on les hommes courir en désordre de tous côtés sur le pont, plutôt en curieux qu'en marins disciplinés.

Marc, pendant deux heures, continua de battre la frégate de la façon la plus désastreuse pour elle, pendant que les forbans tâtonnaient ou se mutinaient, refusant d'obéir aux ordres d'un chef furieux et que la colère mettait hors de lui. Au bout de ce temps, Woolston put retirer un boulet rouge de sa forge; il chargea lui-même sa pièce, pointa avec la plus grande attention, et mit le feu à la mèche.

La charge porta en plein dans les œuvres vives du navire ennemi; une légère explosion se fit entendre, et aussitôt le désordre le plus complet se manifesta à bord. Marc envoya un second boulet rouge, qui pénétra également dans la coque, et dont l'effet acheva de démoraliser les forbans, si arrogants et si audacieux il n'y avait qu'un instant. Le gouverneur ne se donna plus la peine de charger à boulet rouge: il prenait les premiers qui lui tombaient sous la main, chargeait et tirait sans relâche.

Un quart d'heure après l'explosion dont nous avons parlé,

et qui avait semblé peu inquiétante, on vit tout à coup la fumée sortir par les sabords de la frégate; bientôt les flammes apparurent à leur tour.

Dès lors l'issue du combat n'était plus douteuse : toute subordination disparut des rangs des pirates; difficiles à gouverner en temps ordinaire, on ne pouvait plus rien attendre d'eux maintenant que le feu était au navire; ils se dispersèrent, chacun ne songeant qu'à soi et s'occupant uniquement de sauver sa part de butin.

D'ailleurs Marc n'était pas homme à les laisser respirer: il fit repasser le défilé à la *Marthe* et à l'*Anna,* la pièce de campagne fut établie à bord du sloop, entre les deux mâts, et l'on se mit en toute hâte à donner la chasse aux bricks, qui s'étaient déjà retirés à une lieue sous le vent, pour se garer des effets de l'explosion qu'ils jugeaient imminente.

L'amiral et ses hommes se jetèrent dans les chaloupes, contraints d'abandonner ainsi presque tout ce qu'ils possédaient; après le départ de la dernière embarcation, il restait à bord un certain nombre de pirates, qui, selon la coutume de ces gens-là, s'étaient mis à boire quand ils avaient vu le danger; on les abandonna à leur malheureux sort, ainsi que les blessés, au nombre desquels se trouvait Waally. Marc, aussi humain et pieux qu'il était résolu et vaillant, eût voulu aller à leur secours; mais c'était une entreprise impossible à tenter.

Il fit sagement de se tenir à l'écart du bâtiment, maintenant complètement en feu; car quelques instants après la frégate sauta en l'air avec un fracas épouvantable.

La *Marthe,* qui n'était qu'à un quart de mille du vaisseau incendié, reçut une masse de débris, et, chose qui parut toujours providentielle, le corps mutilé de Waally tomba sur son pont.

Dès lors les pirates ne songèrent plus qu'à effectuer leur retraite au plus vite; ils s'efforcèrent de gagner la pleine mer par le chemin le plus court. Marc s'avançait sur leurs talons, bien décidé à ne pas leur laisser le temps de respirer; il fit merveille avec sa pièce de campagne.

Le bruit de la défaite de l'ennemi s'étant vite répandu dans les établissements, les colons armés se montrèrent partout sur les rives et harcelèrent les corsaires à qui mieux mieux.

Waally mort, l'amiral, qui avait pris le commandement d'un de ses bricks, devait abandonner tout projet de conquête et tâcher de tirer du labyrinthe des passes ses bâtiments désormais sans pilote. Il eut l'inspiration, heureuse pour lui, de reprendre simplement la route qu'il avait parcourue pour venir jusque là, devinant trop tard qu'on lui avait tendu un piège, mais sûr au moins de pouvoir regagner l'Océan. Il s'éloigna donc au plus vite, sa retraite étant d'ailleurs accélérée par une brise favorable.

Néanmoins ce hardi flibustier n'était pas au bout de ses peines : il ne parut pas qu'une bonne intelligence régnât entre lui et les officiers qui commandaient le second brick; ils réclamaient avant tout une somme d'argent qu'il avait prise à son bord pour lui garantir leur obéissance et leur fidélité. Le voyant ruiné, déçus eux-mêmes par l'issue d'une expédition qui devait leur rapporter de gros bénéfices, ils voulaient l'abandonner à son malheureux sort et refusaient de lui obéir. Au milieu même de cette fuite précipitée, les forbans ne perdaient point de vue leurs intérêts, et leur querelle s'envenima terriblement; ils s'invectivaient réciproquement, tout en faisant force de voiles pour échapper à la poursuite de la *Marthe* et de l'*Anna*. Sans savoir le sujet de leurs débats, Marc reconnaissait très bien le défaut d'entente qui existait entre eux; il lui parut même, au moment où ils sortaient de la passe, qu'ils faisaient tous les deux des préparatifs de combat qui ne seraient certainement pas dirigés contre lui.

En effet, dès qu'ils eurent gagné le large, la lutte s'engagea entre les deux bricks; ils s'envoyèrent mutuellement plusieurs bordées; puis ils se rapprochèrent l'un de l'autre comme s'ils allaient tenter un abordage, et bientôt, la fumée les enveloppant, il devint impossible de les distinguer l'un de l'autre. Ils n'en vinrent pourtant point aux mains; après une canonnade très vive, ils se séparèrent pour réparer leurs avaries. La trêve fut de courte durée, ils recommencèrent à s'envoyer des boulets; heureusement ils s'éloignaient de plus en plus des côtes, et le gouverneur, assuré qu'il n'avait plus rien à craindre d'eux, les abandonna à leur mutuelle vengeance et reprit la route du Récif. Bientôt les deux bricks disparurent à l'horizon, et la colonie fut à jamais débarrassée de ces terribles ennemis.

CHAPITRE XXIV

Après l'heureuse issue de la guerre des Pirates, — nom que les colons donnèrent aux événements que nous venons de raconter, — les habitants des îles jouirent d'une paix profonde; tous leurs travaux furent couronnés de succès. La pêche de la baleine fut pour eux une source inépuisable de richesses. Le gouverneur, en particulier, vit sa fortune augmenter d'une façon considérable; pour la faire fructifier, il la plaça presque tout entière en Amérique. Les terres améliorées, les prairies créées, l'agriculture réalisa aussi de très beaux bénéfices; la fertilité du sol semblait inépuisable; les arbres portaient les plus beaux fruits du monde. Les palmiers s'étendaient de tous côtés; les orangers et les citronniers parfumaient l'air de leurs fleurs, et telle était la prospérité des îles, que tout s'utilisait sur place, sauf l'huile toutefois; et chaque transport ramenait une cargaison d'objets manufacturés qui trouvaient acheteurs à fort bon prix. L'avenir de la colonie était à jamais assuré.

Hélas ! cette prospérité même devait engendrer des causes de ruine, et nulle part peut-être la désagrégation ne devait être plus prompte. Nous ne dirons qu'un mot de cette période, suivie de si près par une catastrophe épouvantable, qui peut-être, dans l'ordre des desseins de la Providence, fut le châtiment de la perversion des colons.

Dans l'un de ses derniers voyages, le *Raucocus* avait ramené un publiciste, des hommes de loi, un imprimeur. Un journal fut bientôt fondé ; la constitution fut discutée, et le gouverneur lui-même personnellement attaqué. La spéculation effrénée commença aussi à faire des siennes ; des colons furent ruinés par un amour excessif du gain ; il y eut des revendications de toutes sortes. Les procès naquirent ; on s'aperçut qu'il fallait édicter des lois nouvelles, créer une police, avoir des sanctions pénales. Les mœurs ne tardèrent pas à se corrompre.

Ces hommes, si favorisés du ciel, connurent bientôt toutes les misères, tous les dissentiments humains. Les colons avaient tous voté la constitution; de nouveaux venus s'imaginèrent qu'elle ne pouvait les obliger; que, n'ayant pas été faite par eux, elle n'était pas faite pour eux.

Bientôt le journal *le Véridique du cratère* proposa de réunir une Convention pour modifier et améliorer la loi fondamentale. Ce cas avait été prévu dans les premières dispositions de la loi ; mais le législateur prudent demandait, pour qu'une Convention pût être convoquée et un changement fait au pacte primitif, le consentement du gouverneur, du conseil, et finalement du peuple. Cette marche était trop lente : il valait mieux faire une véritable révolution ; le journaliste devait être en cela beaucoup plus compétent que Woolston lui-même.

Le gouverneur, après tout, n'avait pas eu tant de mérites, et il était certes bien payé de ses peines; son naufrage avait été la source même de son bonheur : jeté sur ces îles, il les avait ensemencées tout doucement; il y avait vécu seul, mais il avait fini par ne point s'en trouver trop mal. Il n'avait eu qu'à appeler des compagnons, ils étaient venus en foule ; il leur avait partagé les terres ; mais qu'en eût-il fait s'il avait agi autrement? En somme, il avait eu soin de garder les meilleures pour lui et les membres de sa famille; tous les bénéfices de la colonie lui avaient profité; ce n'était même pas lui qui avait eu l'idée de la pêche à la baleine. Il s'était conduit bravement en face de l'ennemi; mais, en définitive, il était rentré sain et sauf dans sa maison, tandis que d'autres avaient laissé leur vie dans la lutte.

La colonie était divisée en sections; elles furent toutes appelées à voter, par oui ou par non, sur cette question : Est-il opportun de changer la constitution? Un quart des électeurs répondit à l'appel; les autres s'abstinrent, ou indifférents, ou opposés à la mesure proposée; il y avait dix sections : dans six, les idées nouvelles obtinrent une majorité de deux voix. Il n'y eut plus de doutes dès lors sur la volonté si nettement exprimée de la majorité, et l'on nomma de suite les membres de la Convention.

La révolution fut bientôt faite : on vota que nul ne pourrait rester gouverneur plus de cinq ans, et en aucun cas ne pourrait être réélu; c'était du premier coup mettre Marc Woolston en dehors de toute combinaison qui aurait la pensée de lui conserver le pouvoir. L'ancien conseil fut dissous; on le remplaça par deux assemblées législatives devant se faire équilibre. On recourut bientôt à de nouvelles élections générales : les corps nouveaux furent constitués; pas un des membres de la famille Woolston n'en fit partie.

Pennock fut nommé gouverneur; le journaliste devint secrétaire général de la colonie; un avocat fut chargé d'organiser la justice et les tribunaux; l'imprimeur eut mission de faire le budget.

Si le gouverneur eût voulu employer la force, il aurait eu facilement raison de cette révolution; mais il aima mieux se soumettre à tous ces changements pour que la paix ne fût point troublée par sa faute. Il consentit à n'être qu'un simple citoyen, sans aucune charge et ne cherchant à exercer aucune influence.

Il prit facilement son parti de ce nouvel état de choses et employa les premiers mois qui suivirent à mettre de l'ordre dans ses affaires particulières; il se proposait de faire une longue absence, Brigitte ayant déjà exprimé le vœu de revoir encore une fois l'Amérique. Ses deux garçons étaient d'ailleurs en âge de commencer des études sérieuses, et il avait toujours été convenu qu'on les enverrait en Pensylvanie quand le moment serait venu; il était tout naturel que leur père les conduisît lui-même, maintenant qu'il avait des loisirs.

Le *Raucocus* était en expédition; Marc attendit son retour. Les affaires de la colonie n'allaient pas toutes seules sous le nouveau régime; il n'y avait pas eu de places pour tous les ambitieux; on voulut organiser une contre-révolution. Marc se tint de plus en plus à l'écart; il observait et se décida enfin à dénaturer presque toute sa fortune et celles des siens afin de la transporter en Amérique; non pas qu'il renonçât à venir habiter les îles, il ne pouvait s'en détacher, et son souhait le plus intime était d'y revenir et d'y mourir en facc de son œuvre, un moment menacée, à la vérité, mais dont il ne pouvait détacher son cœur.

Le *Raucocus* revint enfin d'Amérique, où il avait été porter une cargaison d'huile, et son propriétaire annonça publiquement qu'il ferait partie du prochain voyage. Les deux frères de Marc, Heaton et sa femme, Betts et la sienne témoignèrent un vif désir de l'accompagner; ils voulaient revoir les bords de la Delaware, et sans doute pouvoir exhaler un peu plus librement le mauvaise humeur que leur avaient causée les derniers changements.

Woolston acheta ce qui restait d'huile à vendre dans la colonie, afin d'emmener une cargaison qui lui permît de réaliser encore des bénéfices, et en même temps de fournir aux habitants des îles le moyen d'écouler leurs produits. Attendre son retour ou équiper un autre navire eût été désastreux pour le commerce de la nouvelle société; il trouva une dernière fois le moyen de faire ses affaires et celles de ses amis.

Quand il eut réuni tout ce que lui et ses compagnons voulaient emporter, Woolston reconnut qu'il lui fallait un second bâtiment; il décida aisément Betts à reprendre son brick, occupé à la pêche de la baleine.

Deux mois plus tard, les deux navires étaient prêts. Marc avait voulu, avant de quitter cette terre, qui à tant de titres lui était si chère, lui faire en simple particulier une dernière visite, une visite d'adieux. Il avait loué au nouveau gouverneur l'*Anna* et partit d'abord pour l'île Raucocus, maintenant relevée de toutes ses ruines; il passa ensuite en revue tout le groupe d'îles, mais il n'eut pas beaucoup à se féliciter de cette promenade. Les habitants, qui se reprochaient de ne l'avoir pas soutenu, éprouvaient vis-à-vis de lui une gêne maladroite; ils se détournaient de l'ancien gouverneur ou essayaient de faire des excuses qui lui étaient plus pénibles que leur froideur. Seule la nature lui procurait de vives satisfactions; il dut prendre son parti de l'ingratitude, de la fausseté et de la faiblesse des hommes, et se dédommager en admirant ces plaines si riches, ces canaux bordés d'arbres, ces haies parsemées de fleurs, qui avaient partout remplacé l'aridité des premiers jours.

Il acheva pourtant sa tournée, voulant tout voir, emporter une image complète de ces lieux, peuplés, civilisés grâce à lui seul; il vint au Récif, où s'étaient opérées de véritables merveilles : la ville comptait alors plus de deux cents maisons; elle avait près de cinq cents âmes, et cependant les enfants n'y étaient encore qu'en petit nombre.

Le gouverneur éprouva là une dure mortification : le cratère était son œuvre personnelle et était resté dans le partage des biens sa propriété privée, nul n'ayant jamais osé élever la moindre prétention sur ce petit coin de terre où Marc avait échoué avec Bob, et qu'il avait créé, pour ainsi parler, pendant sa solitude complète.

On prétendit néanmoins que c'était une propriété publique, et l'on intenta à l'ancien gouverneur un procès en revendication; il est vrai qu'il avait laissé sa maison et son jardin à la libre disposition de ceux qui étaient établis trop près de la rive et qui, à certaines époques de l'année, pouvaient être exposés aux inondations.

Il ne voulut pas néanmoins se laisser exproprier sans lutter pour conserver son bien. L'affaire fut envoyée devant un jury. Woolston perdit son procès, bien qu'il se fût défendu lui-même avec beaucoup de noblesse et avec des arguments irrésistibles. Le nouveau gouverneur remit cependant l'exécution de la sentence à une époque ultérieure.

Marc monta enfin à bord du *Raucocus*, pendant que Bob s'embarquait sur son brick; les deux amis et tous ceux qui les accompagnaient en Amérique montèrent avec eux au Pic; tous voulaient prendre congé de ce paradis terrestre. C'était là vraiment la région privilégiée de tout le groupe; aussi était-il grandement question de procéder à une nouvelle répartition des terres, les nouveaux venus trouvant que les premiers colons s'étaient fait la part trop belle.

Semblables à des exilés qui contemplent une dernière fois la patrie, Marc et Brigitte, écartant de leur pensée toute idée pénible, tout sentiment désagréable, voulaient jouir une dernière fois de la beauté sublime du Pic, de ses grands aspects, de sa vue sans horizon sur l'Océan, de sa grâce incomparable, de la douceur, de la pureté du ciel et de l'air de ce véritable Éden.

Les deux bâtiments, toutes voiles dehors, ne tardèrent point à s'éloigner de l'anse Mignonne; ils se séparèrent au cap Horn, se rejoignirent à la baie de Rio, se perdirent encore de vue, et finalement arrivèrent à Philadelphie à une heure de distance.

Le retour de tous les Woolston et de leurs amis ne fut pas sans exciter une vive émotion à Bristol; les journaux s'en occupèrent, mais furent sobres de détails. Marc, voulant

Ils étaient en présence de la cime du Pic : le reste s'était abîmé sous les eaux.

à tout prix que l'existence de la colonie demeurât ignorée, obligea tous ses amis à garder la plus entière discrétion ; il ne voulait point attirer l'attention publique sur un établissement qui lui devait son existence, et l'heure lui paraissait mal choisie pour en saisir l'opinion.

La joie la plus vive éclata pourtant dans les deux familles d'Anne et de Brigitte; on les retrouvait si pleines de santé, si heureuses, si fières de leurs maris et de leurs enfants, que chacun voulait les féliciter et leur faire fête. Les voyageurs rapportaient une très belle fortune, détail qui n'était point sans influer quelque peu sur la façon dont on les reçut.

Au bout de quelques jours, ayant goûté les joies du retour et senti revivre en eux l'amour de la mère patrie, les frères de Woolston, à la tête d'une honnête aisance, déclarèrent qu'ils ne retourneraient point au Récif. Brigitte obtint aisément de son mari de passer avec ses enfants au moins une année auprès de son père, devenu infirme. Quant à Marthe, elle était trop attachée à sa maîtresse pour la quitter. On convint que Betts vendrait son brick, et pour le retour s'embarquerait sur le *Raucocus* comme passager.

La famille Heaton était assez hésitante; mais Anne ne voulut pas se séparer de sa belle-sœur, et elle prit également le parti de rester au moins momentanément en Amérique; même son mari, plus outré que Marc de l'ingratitude dont ce dernier avait été l'objet, et craignant de ne pouvoir assez se contraindre, fut aisément entraîné par l'exemple de sa femme. Tous deux regrettèrent le Pic, son air pur et salubre; mais ils étaient dans leur famille, dans leur pays; ils laissèrent Marc, dont le cœur ne pouvait se détacher des îles, et qui croyait toujours à un retour possible des esprits surpris à des idées plus saines, partir seul avec Bob, son vieux compagnon.

Le *Raucocus* ne tarda pas à mettre à la voile; il emportait une cargaison d'objets qui pouvaient être utiles aux colons. Marc eût pu s'en débarrasser avantageusement à Valparaiso;

mais il repoussa tous les offres : il voulait se venger des ingrats qui l'avaient dépossédé en leur faisant encore du bien.

D'ordinaire, entre Valparaiso et le Récif, la traversée durait cinq semaines ; il est vrai que cela dépendait un peu de la régularité et de la constance des vents alizés. Cette fois le trajet dura beaucoup plus longtemps ; Marc avait voulu essayer une nouvelle route : au lieu d'aller au groupe de Betts, il imagina de gouverner plus au sud, afin d'arriver directement au pic de Vulcain.

Un matin, par un temps superbe, l'ex-gouverneur, sortant de sa cabine, trouva le capitaine Saunders sur le pont, qui lui dit qu'il venait d'envoyer des matelots en haut pour chercher la terre ; d'après ses calculs, les îles ne devaient pas tarder à être en vue : il pensait n'être qu'à vingt milles du Pic ; il était même surpris de ne pas le voir encore apparaître. Il affirmait d'ailleurs que cela ne pouvait tarder ; car il était sûr de sa position, ayant vérifié tous ses calculs. Les matelots furent hélés ; ils répondirent qu'aucune terre n'était en vue sur aucun point de l'Océan.

Le bâtiment continua à courir vent arrière pendant une partie de la journée, et les vigies ne signalaient toujours rien à l'horizon. Enfin une île fut signalée ; le *Raucocus* fit aussitôt voile de ce côté ; la surprise de l'équipage fut grande : cette terre leur était inconnue. Le capitaine Saunders, Betts et Marc avaient pourtant la conviction que le Pic et le Volcan devaient être à quelques lieues au plus de l'endroit où ils se trouvaient, et pourtant ils n'apercevaient ni le Pic ni le Volcan. Qu'était-ce que cette île nouvelle? Un canot fut envoyé à terre pour examiner de près cet étrange phénomène.

En approchant, Marc reconnut aussitôt des contours qui lui étaient familiers, bien que l'île inconnue n'eût pas plus de trois cents pieds au-dessus du niveau de la mer. L'embarcation fila vers le nord, et il aperçut un arbre solitaire placé sur le point le plus élevé.

Un cri s'échappa aussitôt des lèvres de Woolston ; la

vérité lui apparut dans toute son horreur : il était en présence de la cime du Pic; cet arbre était celui qu'il avait désigné si souvent comme signal en cas d'invasion : le reste était abîmé sous les eaux.

Tous les hommes de l'équipage mirent pied à terre, et l'examen plus attentif des lieux ne fit que confirmer cette effrayante catastrophe. De ce paradis terrestre, de ce séjour enchanteur si aimé des colons, où toutes leurs richesses étaient entassées, il ne restait plus que le sommet rocailleux du Pic, déjà couvert d'une couche épaisse de guano; le reste avait été submergé, et lorsqu'on jeta la sonde pour juger la profondeur, il se trouva que le fond de la mer était à cent brasses de la surface de l'Océan.

Nous n'essayerons pas de rendre l'horreur dont Marc et ses compagnons furent saisis après cette douloureuse constatation. Il ne pouvait y avoir de doutes à cet égard : les feux intérieurs avaient amené une nouvelle commotion, et les résultats acquis avec tant de peines et de persévérance étaient à jamais détruits. La révolution souterraine, au lieu de soulever cette fois les roches, les avait ensevelies.

Les matelots passèrent tristement la nuit près de l'îlot; mais le lendemain ils appareillèrent dès la pointe du jour et gouvernèrent dans la direction du volcan; Marc l'avait vu en un jour surgir des profondeurs des eaux : il y était rentré. Arrivés sur la place qu'il avait autrefois occupée, ils coururent plusieurs bordées à droite et à gauche, puis mirent en panne, et filèrent la sonde jusqu'à deux cents brasses sans trouver le fond.

Marc dirigea ensuite sa marche vers l'île Raucocus; la commotion intérieure s'était fait sentir jusque-là : la montagne était également submergée; la sonde indiqua dix brasses d'eau; le bâtiment jeta l'ancre. Le lendemain matin, en appareillant, l'ancre ramena une partie du squelette d'une chèvre; elle était sans doute occupée à brouter sur le sommet quand la montagne avait été engloutie.

Le *Raucocus* se rendit ensuite au Récif; quand on fut arrivé aux environs, on n'avança plus que la sonde à la main, dans la crainte des écueils. Marc reconnut bientôt combien il avait agi sagement en prenant cette précaution; la commotion avait dû, comme la première fois, agir plus vigoureusement au Pic que de ce côté; en effet, le Récif ne s'était point enfoncé aussi profondément.

Le soir, comme on arrivait sur le centre du groupe, les vigies signalèrent la pointe de quelques brisants, à un demi-mille de distance, par le travers de bâbord. Le bâtiment mit en panne, et Marc monta une barque avec Betts pour pousser une reconnaissance de ce côté.

L'écueil signalé n'était autre que le Sommet du cratère; les saillies du roc, plus ou moins élevé tout autour, formaient les brisants qu'on avait aperçus. Avec son canot léger, Marc put avancer quand même et jeter la sonde au milieu du cratère; le plomb atteignit à vingt brasses. La petite ville du cratère était là tout entière, ensevelie sous les eaux avec ses habitants surpris par le tremblement de terre.

Comment se faisait-il qu'aucun débri n'eût flotté à la surface des eaux? Marc réfléchit que, dans ce cas, les courants avaient dû déjà depuis longtemps tout emporter au loin, et qu'il ne pouvait plus rester aucune trace qui permît de reconnaître l'emplacement habité naguère encore par tant de créatures humaines.

Le *Raucocus* séjourna quarante-huit heures sur ce point: Marc ne pouvait s'en détacher; il fallut pourtant s'éloigner de ces lieux maudits, et le navire se dirigea vers le groupe de Betts.

Marc trouva le jeune Ooroony gouvernant tranquillement sa peuplade; il ne connaissait point le sort des malheureux colons, il s'étonnait seulement d'être resté un temps si long sans entendre parler d'eux, sans avoir reçu la visite d'aucun de leurs navires.

Les relations avaient presque cessé après le départ de

l'ex-gouverneur; les Kannakas avaient tous quitté le service des blancs; n'étant plus traités avec autant de bonté et de justice que sous le gouvernement de Woolston, ils avaient préféré retourner à leurs anciennes habitudes.

Les Indiens ne purent rien dire de plus à Marc, sauf le récit d'un tremblement de terre épouvantable ayant eu lieu déjà depuis plusieurs mois, et qui avait surpassé en violence tout ce qu'on avait jamais ressenti dans ces régions. C'était sans doute au milieu de cette terrible convulsion de la nature que la colonie du cratère avait été ensevelie tout entière.

Marc remit à Ooroony de superbes présents et lui fit ses adieux. Il ne devait plus revenir jamais dans cette région, encore une fois transformée d'une façon si pénible pour lui. Puis il mit à la voile pour Valparaiso, et s'y défit avantageusement de sa cargaison avant de rentrer à Philadelphie, où il aborda après une absence d'une dizaine de mois.

Parmi ceux qui avaient vécu aux îles et qui avaient eu le bonheur d'échapper à la catastrophe finale, il fut rarement question de ce désastre; il semblait à ceux qui étaient dans le secret qu'ils s'ingéniaient tous pour y penser le moins possible. Ce souvenir était comme un cauchemar pesant sur eux, et qu'ils s'efforçaient de fuir par tous les moyens possibles.

Seul Marc repassait avec courage dans sa mémoire tous les événements de sa vie qui se rattachaient au Récif; il revoyait là-bas le *Raucocus* jeté au milieu des brisants, après la mort de son capitaine; son naufrage et son isolement complet lorsqu'il aborda pour la première fois le Récif; ce roc aride fécondé par ses soins et ceux de Bob; puis ce dernier emporté tout à coup par la tempête, et les îles surgissant de toutes parts au milieu d'un cataclysme épouvantable. Il se souvenait de l'heure bénie de l'arrivée de sa femme, ramenée par le fidèle Bob; les progrès de la colonie, la richesse des établissements, la fortune particulière et publique arrivant à son apogée; l'ingratitude des colons l'affectait encore péniblement, mais il leur pardonnait volontiers en pensant au sort funeste qui leur avait été réservé durant son absence sur le continent.

Quand ces tristes réflexions l'obsédaient plus douloureusement, il cherchait la solitude, mais ne pouvait y trouver le repos; il revenait alors vers Brigitte, — car leur vie était si intime, si cachée, qu'ils ne se quittaient guère. — Il ne lui parlait jamais du sujet de ses pénibles méditations; elle devinait tout quand, pour retrouver un peu de sérénité, il venait à elle, l'invitant à remercier avec lui Dieu, dont la bonté les avait toujours si ouvertement protégés.

Lorsqu'au retour de ces excursions douloureuses à travers son passé et ses souvenirs il revoyait ses enfants, il éprouvait un besoin subit de les presser sur son cœur, et retrouvait alors sa joie et sa sérénité.

FIN

18978. — Tours, impr. Mame.

BIBLIOTHÈQUE DES FAMILLES ET DES MAISONS D'ÉDUCATION

FORMAT GRAND IN-8° — 1re SÉRIE

VOLUMES ORNÉS DE NOMBREUSES GRAVURES SUR BOIS

ANTIQUAIRE (L'), de Walter Scott. Adaptation par A.-J. Hubert.
A TRAVERS LE TYROL, par Jules Gourdault.
A TRAVERS LE ZANGUEBAR, par les PP. Baur et Le Roy.
CASTEL BLAIR, par Flora Schaw.
CHASSES DANS L'AMÉRIQUE DU NORD (LES), par B.-H. Révoil.
CHEVALIERS DE RHODES (HISTOIRE DES), par Eugène Flandrin.
CRATÈRE (LE), de Fenimore Cooper, adaptation par A.-J. Hubert.
DERNIER DES MOHICANS (LE), de Fenimore Cooper, adaptation par A.-J. Hubert.
ESPAGNE (L'), par l'abbé Léon Godard. Illustrations par Gustave Doré.
ESPION (L'), de Fenimore Cooper, adaptation par A.-J. Hubert.
FABIOLA ou **L'ÉGLISE DES CATACOMBES**, par Son Ém. le cardinal Wiseman.
FRANCE COLONIALE (LA) : Algérie, Tunisie, Congo, Madagascar, Tonkin et autres colonies françaises, par A.-M. G., membre de la Société de géographie de Paris, de la Société royale belge de Géographie de Bruxelles, etc.
GÉNIE DU CHRISTIANISME, par le vicomte de Chateaubriand.
HISTOIRE NATURELLE EXTRAITE DE BUFFON ET DE LACÉPÈDE.
IMITATION DE JÉSUS-CHRIST, par le R. P. de Gonnelieu. Dessins [illegible].
IRLANDE (L'), depuis son origine jusqu'aux temps présents, par E. [illegible].
ITINÉRAIRE DE PARIS A JÉRUSALEM, par le vicomte de Chateaubriand.
JÉRUSALEM DÉLIVRÉE (LA), traduit de l'italien [illegible].
LAC ONTARIO (LE), de Fenimore Cooper, adaptation par A.-J. Hubert.
LEÇONS DE LA NATURE (LES), par L. Cousin-Despréaux.
LE ROYAUME DE L'ÉLÉPHANT BLANC, de Charles Bock, traduction par A. Tissot.
LES PLUS BELLES CATHÉDRALES DE FRANCE, par l'abbé Bourassé.
MARTYRS (LES), par le Vte de Chateaubriand.
MÉMOIRES D'UN GUIDE OCTOGÉNAIRE, par F.-A. Robischung.
MOYEN AGE ET SES INSTITUTIONS (LE), par Oscar Havard.
PILOTE (LE), de Fenimore Cooper, adaptation par A.-J. Hubert.
PRAIRIE (LA), de Fenimore Cooper, adaptation par A.-J. Hubert.
PREMIERS [illegible] (LES), par l'abbé E. Georges, de Troyes.
QUATRE DERNIERS PAPES (LES), par Son Ém. le cardinal Wiseman.
QUENTIN DURWARD, de Walter Scott, adaptation par A.-J. Hubert.
[illegible] (LA) EN 1687 ET 16[illegible], par [illegible].
ROME, ses églises, ses monuments, ses institutions.
TUEUR DE DAIMS (LE), de Fenimore Cooper, adaptation par A.-J. Hubert.
UN TOUR EN SUISSE, par Jacques Duverney.
VIES DES SAINTS POUR TOUS LES JOURS DE L'ANNÉE. Dessins de Rahoult.
VOYAGES DANS LE NORD DE L'EUROPE, par Jules Leclercq.
WAVERLEY, de Walter Scott, adaptation par A.-J. Hubert.

BIOGRAPHIES NATIONALES

BAYARD (HISTOIRE DE), par A. Prudhomme.
BLANCHE DE CASTILLE (HISTOIRE DE), par Jules-Stanislas Doinel.
COLBERT, ministre de Louis XIV (1661-1683), par Jules Gourdault.
FRANÇOIS DE LORRAINE, duc de Guise (VIE DE), par Ch. Cauvin.
GODEFROI DE BOUILLON, par Alphonse Vétault.
HENRI DE GUISE LE BALAFRÉ, par Ch. Cauvin.
JEANNE D'ARC, par M. Marius Sepet, ancien élève de l'École des chartes.
JEUNESSE DU GRAND CONDÉ (LA), par Jules Gourdault.
LOUVOIS, d'après sa correspondance, 1641-1691, par le général baron Ambert.
MARÉCHAL DE VAUBAN (LE), 1633-1707, par le général baron Ambert.
MARÉCHAL FABERT (LE), par L. de Bouteiller, ancien député de Metz.
MONTMORENCY (LE CONNÉTABLE ANNE DE), 1493-1567, par le général baron Ambert.
RICHELIEU (LE CARDINAL DE), par Eugène de Monzie.
SAINT LOUIS ET SON SIÈCLE, par le vicomte Walsh.
SUGER, par Alphonse Vétault, ancien élève-pensionnaire de l'école des chartes.
SULLY ET SON TEMPS, par Jules Gourdault.
TURENNE (HISTOIRE DE), par L. Armagnac.

www.ingramcontent.com/pod-product-compliance
Lightning Source LLC
LaVergne TN
LVHW020606110826
845149LV00002B/381

* 9 7 8 2 0 1 2 1 5 1 0 9 3 *